KB270902

무경사학정종

武經射學正宗

무경사학정종

武經射學正宗

■ 고영 著 / 민경길 譯

한국학술정보㈜

　명나라 말기인 서기 1637년에 고영(高穎)[1]이 편찬한 ≪무경사학입문정종(武經射學入門定宗)≫(상·중·하 3권)과 ≪무경사학정종지미집(武經射學定宗指迷集)≫(1∼5권)은 동아시아 궁술(弓術)의 발전에 일대 전기(轉機)를 마련한 글이다. 이 글은 일본의 궁술에도 매우 큰 영향을 미쳤고 에도(江戶) 막부 시대 일본 유학(儒學)의 대가인 오기유소라이(荻生徂來: 서기 1666년∼1728년)[2]는 역대 궁술교범들 중 독창적 글은 이 글밖에 없다고 격찬했다. 우리나라에도 이 글이 알려져 있었음이 분명하다. 지금껏 알려진 조선시대 우리나라 궁술교범은 청나라 주용(朱墉)의 ≪무경칠서휘해(武經七書彙解)≫에서 사법(射法) 부분을 복간(復刊)한 글과[3] 조선조 후기 실학자인 서유구(徐有榘, 1764년∼1845년)가 쓴 「사결(射訣)」[4] 정도인데 전자는 거의 대부분 고영의 이 글을 각색해 놓은 것에 불과하고, 후자의 경우에도 앞 어깨 단련에 관한 연비법(演臂法) 장과 활 제작에 관한 조궁법(造弓法) 장에 고영의 글을 직접 인용한 구절이 보인다.[5]

---

1) 아호(雅號)는 숙영(淑英)이고 경력은 알려진 것이 없다. 본문 중권 변혹문(辨惑門) 서문에 자신은 과거에 급제했고 무과시험 때는 쓰는 대로 명중시켰다는 구절도 있지만, 서기 1603년에 무과 향시(鄕試)에 응시했고, 10년 후 43세 때 북경에서 시험에 응시했을 때는 활솜씨에 문제가 있었지만 3년 후에는 북경에서 시론(時論)으로 천거를 받았다는 등의 구절도 보인다.

2) 주자학의 도덕적 자연론을 배격하고 현대적 인문과학의 효시로 경험과학적 사고법(思考法)이라고 할 수 있는 고문사학(古文辭學)을 확립한 인물.

3) 영조 15년(서기 1739년) 평양감영은 이 부분을 ≪사법비전공하(射法秘傳攻瑕)≫라는 제목을 붙여 단행본으로 발간했다. 서기 1772년에는 일본에서도 같은 내용의 ≪무경사학비수공하(武經射學秘授攻瑕)≫라는 글이 발간되었다.

4) ≪임원경제지(林園經濟志)·〈유예지(遊藝志)〉≫에 수록되어 있다.

5) 일제강점기에 서울·경기 지역 궁술인들이 결성한 조선궁술연구회의 위촉에 따라 국문학자 이중화(李重華) 선생이 집필한 ≪조선의 궁술≫이란 책자가 있는데 이 책의 궁술교범 부분은 당시 궁술인들의 증언을 토대로 작성한 것이라고 했지만 그 내용을 분석해 보면 당나라 왕거(王琚)의 ≪사경(射經)≫, 명나라 고영의 ≪무경사학정종≫ 및 청나라 주용의 ≪무경칠서휘해≫ 등을 참고한 부분이 보인다. 뒤의 부록(≪조선의 궁술≫·사법교범) 참고.

고영의 이 글이 등장하기 전의 전통적인 중국 한족(漢族) 사법의 특징은 별절(撇挈 또는 撇挈) 혹은 질절(搜挈 또는 搜挈)이라는 발시(發矢) 방법이었다. 중국 최고(最古)의 체계적 사법서인 당나라 왕거(王琚)6)의 ≪사경(射經)≫에서 말한 미기소(靡其弰)가 바로 별(撇) 또는 질(搜)이고, 염기주(厭其肘)와 앙기완(仰其腕)이 바로 절(挈 또는 挈)이며, 이 두 가지를 합해 별절 혹은 질절이라고 한다. 미기소(靡其弰)란 발시 순간 활의 위 고자를 앞으로 던지듯이 쓰러뜨려서 조준점을 향하게 만드는 앞손의 동작이다. 앞손이 이런 힘찬 동작을 취할 때 뒷손을 시위에서 벗겨 내는 힘이 약하면 화살이(우궁의 경우에) 왼쪽으로 치우치기가 쉬우므로 시위를 붙들고 있는 뒤 팔의 팔꿈치를 낮추면서 뒤 팔을 뒤로 쭉 펴서 손바닥이 하늘을 보도록 뒷손을 시위에서 힘차게 떼어 내는데 이런 동작 중 뒤 팔의 동작을 염기주(厭其肘)7)라 하며, 뒷손의 동작을 앙기완(仰其腕)이라 한다. 남송(南宋) 시대에 진원정(陳元靚)이 편찬한 일종의 백과사전인 ≪사림광기(事林廣記)≫에는 앞뒤 두 팔과 손의 이런 동작들을 정확하게 묘사해 놓은 도해(圖解)가 수록되어 있다.

그러나 고영(高潁)은 별절 혹은 질절의 발시 동작은 겉보기에는 좋을지 몰라도 발시 때 팔이 흔들리고 앞뒤 두 팔의 균형을 맞추기 어려워서 화살이 빗나가기 쉽다고 비판하면서 척확세(尺蠖勢), 즉 '자벌레 자세'라는 독특한 궁체를 창안했다. 고영의 견해에 의하면 근육이 아니라 골절의 힘으로 활을

---

6) 측천무후(則天武后, 서기 624년~705년) 때의 인물로만 알려져 있고 생몰 연도나 경력 등은 알려져 있지 않다.

7) 왕거의 ≪사경≫ 총결(總訣)에는 염기주(厭其肘)로, 보사총법(步射總法)에서는 압기주(壓其肘)로 되어 있지만 후대 의사법서들은 이를 모두 압기주(壓其肘)로 인용한다. 염(厭)은 덮어 숨긴다는 뜻의 글자로 염기주(厭其肘)는 발시 전에는 뒤를 보고 있던 뒤 팔꿈치를 발시 후에는 밑을 보도록 한다는 뜻이다. 압기주(壓其肘)는 그렇게 하려면 먼저 뒤 팔꿈치를 낮추어야 한다는 말이다. 결국 염기주(厭其肘)와 압기주(壓其肘)는 같은 뜻이다.

벌려야 가득 벌린 후에도 힘에 여유가 생겨서 앞뒤 두 손에 균형을 맞추어 화살을 정확히 내보낼 수 있다면서, 그와 같이 하려면 우선 앞 어깨를 과녁방향으로 돌려 낮추고 앞 팔을 땅을 향해 내려 뻗은 후에 뒤 어깨와 뒤 팔꿈치를 위로 치켜든 자세에서 활을 벌리기 시작해야 하고, 활을 가득 벌렸을 때는 북쪽에서 남쪽 과녁을 쏠 경우라면 상체가 서북쪽을 돌아보는 것과 같은 자세가 되어야 비로소 골절이 모두 펴진 것이라고 했다. 이어서 그는 낮추어 놓은 앞 어깨는 그대로 두고 내려 뻗었던 앞 팔만 들어 올리면서 높여 놓은 뒤 팔꿈치는 낮추어서 앞 손이 눈높이로 오고 뒷손이 귀 높이로 온 후에 앞 어깨를 올리면서 그 기세로 앞 주먹을 앞으로 밀고 뒤 팔꿈치를 등 뒤로 돌리면서 그 기세로 뒷손을 조용히 시위에서 벗겨 내야 하며, 이때 두 팔과 어깨가 일직선을 이루게 되면 화살이 저절로 시위를 떠나게 되는데, 이렇게 화살을 내보내야 화살이 힘차고 정확하게 표적을 향해 날아간다고 했다. 이는 매우 효과적 동작이며 후대의 중국 사법뿐 아니라 일본과 조선의 사법에도 큰 영향을 미쳤다. 그러나 우리나라의 경우에는 고영의 원문이 축약된 형태로만 전해졌고 특히 ≪지미집(指迷集)≫의 마지막 권에 수록된 도해(圖解)가 전혀 전해지지 않았기 때문에 원문의 취지가 정확하게 전달되지 못한 것으로 보인다.

  고영이 창안한 소위 '자벌레 자세'는 매우 효과적인 동작임은 분명하지만 그가 비판했던 별절 또는 질절은 본래의 별절 또는 질절이 아니라 자신의 시대에 유행하던 변질된 동작이었을 뿐이다. 고영은 별절 또는 질절 동작의 예로 자신과 동시대 인물인 정자이(程子頤)의 ≪무비요략(武備要略)≫에서 말한 발시 동작을 그림을 곁들여서 설명하고 있다.8) 이 그림과 설명에 의하면

---

8) ≪지미집(指迷集)≫ 제5권, 무비요략살방도(無備要略撒放圖).

정자이는 앞 손의 별 또는 질 동작을 활의 위 고자를 약간 앞으로 쓰러뜨리면서 시위를 활대 위로 가게 하는 동작으로 보았다. 요즘 우리나라 활터에서 가끔 보이는 소위 '고자채기'와 같은 동작이다. 청나라 기감(紀鑑)의 ≪관슐심전(貫虱心傳)≫이나 이공(李塨)의 ≪학사록(學射錄)≫에서도 별 또는 질을 '일양(一讓)', 즉 위 고자를 앞으로 수그리는 동작을 말한다고 한 것을 보면 명나라 말기는 물론 청나라 때도 별 또는 질을 그와 같은 동작으로 이해하고 있었던 것으로 보인다. 그러나 본래의 별 또는 질은 그런 동작이 아니었다.

별절 또는 질절에 관한 최초의 기록인 왕거의 ≪사경≫에서는 "앞 손의 호구(虎口)를 약간 풀고 하삼지(下三指), 즉 중지, 무명지 및 새끼손가락으로 줌통을 돌려 옆으로 눕히면 위 고자가 화살을 쫓아 과녁을 가리키고 아래 고자는 왼쪽 겨드랑이 밑으로 들어온다. 이를 미기소(靡其弰)라 한다(左手開虎口微鬆 下三指轉把臥側 則上弰可隨矢直指的 下弰可低胛骨下 此謂靡其弰)."고 했고,[9] 진원정의 ≪사림광기≫에 수록된 도해(圖解)를 보면 활이 완전히 눕혀지면서 위 고자는 과녁을 향하고 아래 고자는 앞 팔 겨드랑이 밑으로 들어와 있으며 시위는 활대의 아래로 가 있다.[10] 이를 보면 본래의 별 또는 질 동작은 엄지의 뿌리인 반바닥으로 줌통을 밀면서 하삼지를 더 세게 감아쥐어서 줌통을 비틀어서 시위가 활대 밑으로 가도록 하고 위 고자를 앞으로 쓰러뜨려 조준점을 향하게 하는 동작으로서 외적으로나 내적으로나 매우 활기차고 힘찬 동작이다. 명나라 말기에 이런 본래의 별 또는 질 동작을 정확하게 구사하지 못했던 근본적인 이유는 줌통 쥐는 방법의 차이 때문이었을

---

9) 보사총법(步射總法).
10) 졸저(拙著), ≪조선과 중국의 궁술≫(한국학술정보, 2010년), 232쪽에 이 그림을 수록해 놓았다.

것이다. 왕거의 ≪사경≫을 보건 진원정의 ≪사림광기≫에 수록된 도해를 보건 적어도 송나라 때까지는 줌통을 쥘 때 우리나라 사법과 같이 엄지의 뿌리인 반바닥을 줌통에 대고 줌통을 쥐었을 것으로 보인다. 그러나 명나라 말기에는 손바닥 가운데 하단 부분이 아니면 새끼손가락 아래 손바닥 하단 부분을 줌통에 대고 줌통을 쥐었던 것으로 보이는데 이렇게 줌통을 쥐면 뒷손의 힘찬 동작인 절 동작과 균형을 이룰 정확한 별 또는 질 동작을 취할 수 없다. 뿐만 아니라 ≪무비요략≫에서 말한 뒤 팔과 뒷손의 동작도 역시 본래의 절 동작과는 전혀 무관한 당대의 동작이었을 뿐이다. ≪무비요략≫에 의하면 발시 때 뒤 팔과 뒷손의 동작은 가슴 앞에 "애기를 안는 듯한(如抱嬰孩)" 동작으로 손바닥이 위를 보게 하고 있지만[11] 이는 본래의 절 동작과 무관한 자세이다. 앞서 말했듯이 본래의 절 동작은 뒤 팔을 뒤로 쭉 펴면서 손바닥이 하늘을 보게 하는 동작이다.

고영은 이와 같은 당대의 별절 또는 질절 자세를 정당하게 비판했지만 그가 이런 비판에 앞서 본래의 별절 또는 질절 동작이 어떤 동작인지를 설명하지 않은 것은 필자에게는 큰 의문이다. ≪지미집(指迷集)≫은 예부터 전해 내려오는 중요한 사법유훈(射法遺訓)들을 빠짐없이 분석했고 또한 당대에 많이 읽히던 중요한 사법서의 내용도 상세하게 소개하고 있는데 왜 한족(漢族) 최고(最古)의 궁술교범으로 천 년 이상 세월 동안 중국 활쏘기의 교범 역할을 했을 왕거의 ≪사경≫에 대해서는 한마디도 없는지 의문이 아닐 수 없다.

하지만 고영은 당대의 잘못된 사법을 비판하면서 새로운 궁체를 창안하는 과정에서 사법의 핵심요소들을 정확하고 알기 쉽게 설명해 주었고 이 부분이

---

11) ≪지미집(指迷集)≫ 제5권, 무비요략살방도(無備要略撒放圖).

야말로 그가 사법 발전에 기여한 큰 공로라고 아니 할 수 없다. 옛날부터 사법의 핵심을 언급한 비결들은 많지만 모두 간단한 몇 마디 말에 불과해서 그 깊은 뜻을 이해하려면 오랜 시간이 필요하며 그사이에 나쁜 고벽(痼癖)들이 몸에 배서 결국 활쏘기의 진정한 즐거움을 느껴 보지 못한 채 활을 쏘게 되기 십상이다. 그런 예들 중에 하나가 ≪예기(禮記)≫에서 사법의 핵심으로 언급한 "심고(審固)"라는 말과 전한(前漢) 유향(劉向)의 ≪열녀전(烈女傳)≫에 보이는 "후수발시 전수부지(後手發矢 前手不知)"라는 말이다. 이런 말들의 통상적 뜻은 누구나 알 수 있지만 그 깊은 의미를 알기 쉽게 구체적으로 설명해 놓은 글로는 고영보다 한 세대 앞 인물인 명나라 척계광(戚繼光) 장군(서기 1528~1588년)이 ≪기효신서(紀效新書)≫에서 "심고(審固)"라는 말 중의 "심(審)"의 의미를 설명한 것을 제외하면 고영의 이 글밖에는 없다. 고영의 글을 읽다 보면 옛 한적(漢籍)이 아니라 근대 이후의 과학적이고도 분석적인 체육학 논문을 읽는 듯한 느낌이 든다. 어려운 활쏘기 동작을 명쾌하고도 일관된 논리로 구체적으로 설명해 놓았기 때문이다.

　지금껏 전해진 중국의 옛 사법서 중 가장 대표적인 것은 왕거의 ≪사경≫과 척계광의 ≪기효신서≫ 중 사법 부분 및 고영의 이 글 두 편이다. 왕거는 중국 한족의 전통적 발시 동작인 별절 또는 질절을 정확하게 후대로 전해 주었고, 척계광은 통상 조준을 의미하는 것으로 풀이되는 "심(審)"이라는 글자의 깊은 뜻은 ≪대학(大學)≫의 "여이후능득(慮而后能得)"이라는 구절 중 여(慮)라는 글자의 뜻과 같다고 설명함으로써 활쏘기에서 정신집중과 수양의 가치를 강조했다. 반면 고영이 말한 사법의 가장 큰 특징은 활을 벌릴 때는 먼저 앞 어깨를 낮추어 놓아야 활을 여유 있게 가득 벌릴 수 있고 경쾌하게 화살을 내보낼 수 있음을 지적한 부분인데 이는 옛 사법을 부정한 것이 아니라 옛 사법서들이 언급하지 못한 사법의 미세한 핵심을 지적한 것으로 보는 것이 옳을 것이다.

여하간 우리나라의 옛 궁술은 세계가 모두 인정해 주는 궁술이고 아직도 전국 각지에 수많은 활터가 운영되고 있으며 많은 사람들이 활쏘기를 통해 심신을 수련하고 있음에도 불구하고 이 중요한 사법서가 널리 알려져 있지 않은 것은 실로 유감이 아닐 수 없다. 앞서 말했듯이 ≪무경칠서휘해≫의 사법 부분은 그 상당 부분이 고영의 글을 각색한 것이지만 고영의 원문을 그대로 소개한 것이 아니라 각색해 놓은 것이기 때문에 이 글만으로는 고영의 사법을 정확하게 이해하기가 어렵다. 서유구의 ≪사결≫ 역시 고영의 사법을 이해하는 데는 별로 도움이 되지 않는다.

중국의 경우에도 고영의 글은 후대에 큰 영향을 미쳤음에도 불구하고 원본을 찾아볼 수가 없다고 하며 다만 그의 글이 일본으로 전해진 후에 오기유소라이가 방점(傍點)과 일본어 토씨를 붙인 글이 그가 죽고 58년 후인 서기 1786년 경도(京都) 유리창(琉璃廠)에서 발간한 그의 ≪사서유취국자해(射書類聚國字解)≫에 수록되어 후대로 전해진 것으로 알려져 있는데 우리나라에서는 이 책도 구할 수 없으며 서울대학교 도서관에 수장되어 있는 궁도강좌(弓道講座)12)에 그 요약본과 해설문만 보일 뿐이다. 그러나 최근 국립중앙도서관이 공개한 책자들 중에 오기유소라이의 ≪사서유취국자해≫가 발간되기 10년 전에 우게이우(宇惠)란 인물이 오기유소라이의 국자해본(國字解本)을 교정하고 주석을 붙여 놓은 ≪무경사학입문정종≫13)과 ≪무경사학정종지미

---

12) 나카시카 가네오(長坂金雄) 편(編), 동경(東京), 웅산각(雄山閣), 소화(昭和) 12~16년(서기 1937년~ 1941년). 청구번호: 9970-16-1~20

집≫14)의 교정본(校訂本)이 발견되었다. 필자는 최근 ≪조선의 궁술≫을 현
대어로 설명하고 중국의 대표적 사법서들을 우리말로 번역한 ≪조선과 중국
의 궁술≫(한국학술정보, 2010년 2월)이라는 책자를 출판했는데 고영의 글은
분량이 많아서 전문을 수록하지 못했고 일부 핵심적인 내용만 수록해 놓았다.
그러나 고영의 사법을 정확하게 이해하려면 전문을 모두 읽어 볼 필요가 있
기 때문에 이제 이를 별도의 책자로 출판하게 되었다.

庚寅 仲春 민경길 씀

---

13) 문각당(文刻堂)·재문당(載文堂)·수옥당(水玉堂) 발행의 목판본. 청구번호: 古古 8-79-11. 이 책
앞에 있는 우게이우(宇惠)의 서문(序文)에는 이 서문의 작성 연도가 안영(安永) 병신년(丙申年), 즉 서기
1776년으로 되어 있으나 책 후미에는 발행 연도가 안영 9년, 즉 서기 1780년으로 되어 있다.

14) 문각당(文刻堂)·재문당(載文堂)·수옥당(水玉堂) 발행의 목판본. 청구번호: 古古 8-79-9. 이 책
내표지에는 ≪무경사학입문정종≫이 먼저 발행되었다는 안내문이 있고 책 후미에는 이 책의 발행 연도가
천명(天明) 5년, 즉 서기 1785년으로 되어 있다.

무경사학입문정종(武經射學入門正宗)

무경사학입문정종 전서(武經射學入門正宗 前序)

서무경사보(序武經射譜)

무경사학입문정종(武經射學入門正宗) 권하(卷下)

무경사학정종지미집(武經射學正宗指迷集) 권삼(卷三)

녹무비요략사법(錄武備要略射法)〈공계육단(共計六段)〉

무경사학정종지미집(武經射學正宗指迷集) 권사(卷四)

잡록사법유언(雜錄射法遺言)〈공계십육단(共計十六段)〉

무경사학입문정종

(武經射學入門正宗)

무경사학입문정종 전서(武經射學入門正宗 前序)[1]

夫射之有法 猶匠之有規矩也 匠能與人以規矩 不能與人以巧者 以規矩
有形而巧無形 有形者可言 無形者不可言也 巧雖不可言 而所以適於巧之
路與害巧之弊 以助其巧之具 未始不可言

활쏘기에 사법(射法)이 있는 것은 장인(匠人)에게 설계도가 있는 것과 같
다. 장인이 남에게 솜씨를 줄 수는 없어도 설계도를 줄 수는 있는 것은 설계
도는 형체가 있지만 솜씨는 형체가 없기 때문이다. 형체가 있는 것은 말과 글
로 표현할 수 있지만 형체가 없는 것은 말과 글로 표현할 수가 없다. 다만 솜
씨를 발휘할 수 있는 적합한 방법과 도움이 될 연장이 있고 해(害)를 끼칠 잘
못된 방법이 있는 법인데 이들까지 말로 표현할 수 없는 것은 아니다.

古今言射者衆矣 第言如何而善 如何而不善 言善而不言所以適於善之
路 言不善而不言所以去其不善之根 則雖終日敎人射 總屬浮言 是欲其入
以閉之門也 學射而不得其所以適於善之路與去其不善之根 則雖終日習
射 而茫無畔岸 是不得其門而入也

예부터 활쏘기에 대한 말은 많지만 모두가 이리하면 좋고 저리하면 나쁘다
고만 할 뿐이지 좋은 것은 왜 좋고 나쁜 것은 어떻게 고쳐야 하는지는 말해

---

1) 이 글은 저자 고영(高穎)이 직접 쓴 서문이다.

주지 않기 때문에 온종일 남에게 활쏘기를 가르쳐도 모두 헛일이 되고 만다. 이는 마치 남을 자신의 집 안으로 들어오라고 하면서 대문을 닫아 놓은 것과 다를 바 없다. 활쏘기를 배우면서 좋은 것은 왜 좋은지 그리고 나쁜 것은 어떻게 고쳐야만 하는지를 모르면 평생 연습을 해도 아무런 발전도 없게 된다. 이는 집으로 들어가는 대문을 찾지 못하기 때문이다.

愚帙中 所云捷徑門者 所以適於巧之路也 辨惑門者 所以去其不善之根也 擇物門者 所以助其巧之具也 由其徑 去其惑 執其物 而射之道 昭如也 學者由此而進 庶乎得其門而入 不爲旁門別徑所惑 故名爲射學入門定宗云 此皆得之歲年廣稽博採 歷試屢驗而成

이 글의 상권 첩경문(捷徑門)은 활솜씨를 갖출 수 있는 방법을, 중권 변혹문(辨惑門)은 활솜씨를 갖추는 데 해(害)가 될 병폐(病弊)의 근원을 고치는 방법을, 하권 택물문(擇物門)은 활솜씨를 갖추는 데 도움이 될 장비를 각각 논한 것이다. 확실한 길을 따라가되 병폐의 근원을 고치고 좋은 장비를 골라 쓰는 것이 바로 사도(射道)이다. 활을 배울 때 이 사도를 따라서 가면 곁문으로 빠지지 않고 대문을 찾아 집으로 들어가게 되므로 이 책 이름을 사학입문정종(射學入門正宗)이라고 했다. 이는 오랜 세월에 걸쳐서 널리 자료를 모으면서 견문을 넓히고 또 누차 검증을 통해 완성된 내용이다.

覽斯帙者 勿偏心以自是 勿隘心以自足 勿粗心浮意淺嘗之而遂謂道終不可得而自棄 惟凝神體認深造不已 乃能入其門而居其室 漸臻巧妙之域 以追古人善射之踪 皆始於此

이 책을 읽고 활쏘기를 배울 때는 자신의 생각만 옳다면서 자족하는 편협한 마음을 버려야 하고, 대충 배우다가 자신은 아무래도 사도(射道)를 알 수 없다며 포기해서는 안 된다. 정신을 집중해서 끊임없이 수련해야 대문을 통해 집으로 들어가 좋은 솜씨를 갖출 수 있다. 이것이 옛 선사(善射)들의 뒤를 이을 수 있는 길이다.

雖然 斲輪小技也 甘苦疾徐之妙 父不能傳之子 而況射乎 其機 緘動於
意色之微變化 據於形神之際 意也 神也 非奉臂諄諄 耳提面語不能盡也
然不得其人而授之 而穎年已老 又不及待 不得已而托之簡編 以寄其懷
淺言之而不能盡其詳 深言之而不能闡其幻 雖微辭婉轉極意磨研 而筆墨
限量 僅可達其皮膚骨節之粗 其間 隱如躍如之態

그러나 나무를 깎아 바퀴를 만드는 것은 작은 솜씨에 불과하며 이를 수레
에 끼워서 잘 구르게 만드는 수준 높은 솜씨는 아비라도 아들에게 전해 줄
수 없는 법이다. 활솜씨는 더욱 그렇다. 활솜씨는 마음의 작은 변화에 따라
자취를 드러내기도 하고 감추기도 한다. 마음이란 것이 몸과 정신의 사이에
있으므로 정신의 뜻대로 몸이 움직이지는 않는다. 내가 터득한 이 사법은 이
를 누구에게 직접 말로 전해 주려고 해도 끝이 없겠지만 그나마 이를 직접
말로 전해 줄 사람을 만나지 못했는데 이제는 나이가 들어서 누구를 더 기다
릴 처지도 못 되기에 부득불 글로나마 이를 전해 보려고 한다. 하지만 몇 마
디 글로는 모두 전해 줄 수 없고 긴 글로도 그 오묘한 경지를 모두 전해 줄
수는 없다. 아무리 궁리해 보아도 글에는 역시 한계가 있어 피상적 설명에 그
쳤을 뿐이다. 나의 말 가운데는 뜻이 겉으로 드러난 경우도 있지만 숨겨져 있
는 경우도 있을 것이다.

時速時緩 時行時止 一種先後天成自然之節 不能寫也 在敏悟者 因言
以契其意 因意以會其神 庶幾 復習之久 形與神通 揣摩之深 機與道洽
＜骨節相對 體勢堅完 之謂形 熟而生巧 莫知其然而然 之謂神 疾徐甘苦 適相湊泊 之謂機
行乎其所不得不行 止乎其所不得不止 是之謂道＞2) 而予欲吐 不能吐之苦 心或得

---

2) 이 책에는 이곳과 같이 작은 글자로 쓴 간주(間註)들이 여러 곳 보이는데 이들은 저자 자신이 써 넣은 간
   주(間註)인지 오기유소라이(荻生徂來)의 국자해본(國字解本)이나 우게이우(宇惠)의 교정본(校訂本)에서
   써 넣은 간주(間註)인지는 분명하지 않다.

藉　是以宣暢

　　변화무쌍한 천성자연(天成自然)의 일들을 모두 글로 표현할 수는 없지만
영민한 사람은 글을 보면 그 의미를 알 수 있고, 그 의미를 통해 그 정신을
알 수 있다. 대체로 오래 노력하다 보면 형(形)이 신(神)에 통하며, 깊이 헤아
려 보면 기(機)와 도(道)가 무르익게 된다. <골절(骨節)들이 맞물려 궁체(弓體)가 견
고해지는 것을 형(形)이라 하고, 솜씨가 무르익어 모르는 사이에 잘되는 것을 신(神)이라 하며,
수준 높은 솜씨를 갖추게 되는 것을 기(機)라 하고, 가야만 할 때는 가고 멈추어야만 할 때는 멈
추는 것을 도(道)라 한다.> 그러나 나는 표현하고는 싶어도 표현하지 못하는 것이
있는데 다만 마음으로 깨우친 것을 표현해 보고자 노력했을 뿐이다.

　　而夫人之巧力　欲發而未能發者　亦因是以奮揚　乃可謂曠世同符千里神
合者矣　若而人者予雖不及見其面也　較之見予面而不知予之法　習予法而
不能窮其奧者　相去遠矣　悲夫

　　솜씨와 힘을 발휘하고 싶어도 발휘하지 못하던 사람이 이제 이 글로 인해
서 명성을 휘날릴 수 있게 된다면 그는 나와는 광세동부(曠世同符) 또는 천
리신합(千里神合)이라는 말과 같이 멀리 있어도 서로 통하는 사이라고 할 수
있을 것이다. 그런 사람은 비록 멀리 있어서 내가 그의 얼굴을 보지는 못해도
늘 내 곁에 있으면서도 내 사법을 모르거나 내 사법을 배우고도 그 심오한
내용은 깨우치지 못하는 사람과는 크게 다른 사람일 것이다. 슬픈 일이로다.

崇禎丁丑仲春　高潁自述

서기 1637년 음력 2월에 고영(高潁)이 쓰다.

서무경사보(序武經射譜)

往余需次司馬門 凄凊不遇 未繇少分 君父焦勞 深以爲恥 每與修齡<諱鶴 總督尙書> 右君<諱朝 佐兵垣> 參之<諱贊 化侍御史> 少鶴<諱嘉 禾開府> 諸君子 抵掌當世經綸之業 謂文章雖可華國 無關戡亂 士生 其間 欲以武事兼講究則詩書六藝之中無與射也 迺相與嘆惜一時

내가 궁궐 문을 지키는 불우한 신세에 처했을 때 조금도 마음이 흔들린 적은 없지만 황제께서 노심초사하던 시절이라 나 자신이 심히 부끄러웠었다. 당시 수령(修齡)<이름은 학(鶴), 총독상서(總督尙書)>, 우군(右君)<이름은 조(朝), 좌병원(佐兵垣)이었다.>, 참지(參之)<이름은 찬(贊), 시어사(侍御史)가 되었다.>, 소학(少鶴)<이름은 가(嘉), 화개부(禾開府)> 등의 군자들과 늘 세상일을 논하고는 했었는데 우리는 문장은 세상을 아름답게 꾸밀 수는 있어도 전란(戰亂)의 평정에는 도움이 되지 못하고 사생(士生)들이 무사(武事)와 학문을 겸비하기에는 육예(六藝) 중에 활쏘기가 으뜸이라면서 한때 탄식한 일도 있었다.

紳衿但知毛錐陰食承平富貴 而未聞以一矢一劍濟變流鴻 是以一當有事則束手驚弓捧頭竄斃 畢露書生底蘊貽笑 犬羊甘心辱中國 而血黔黎致使所在 多故征討 無人財糜 師老 掃蕩愆期 空煩五位之憂 不絶三陸之警此皆徒文不武爲之厲階也 伊誰之咎 然而猶可說焉

지식인들은 문장, 음식, 태평, 부귀 등은 알아도 전란을 평정하는 것은 화살과 칼날임을 모른다. 그러니 일이 터질 때는 속수무책이고 화살에 놀란 새가 시위소리만 들어도 놀라듯이 머리를 감싸고 달아나다가 자빠져서 서생(書生)들의 본색을 드러내고는 비웃음거리가 된다. 이러니 개나 돼지와 같은 무리들이 우리 중국을 넘보고 백성들이 피를 흘리는 변고가 빈번해도 사람과 재물은 흩어지고 군대는 무력해서 도적 소탕의 때를 놓치니 관리들은 걱정이나 하고 궁궐에서는 늘 놀라기만 한다. 이는 모두 문(文)만 숭상하고 무(武)에 소홀하기 때문이다. 누구 탓인지 더 말할 필요도 없다.

萬一更閱三五寒暑而擧朝 仍是靡靡不醒 天下事尙忍言哉 頃頓 今上英武震世 宵旰拊髀 惟恐邦政日墮 邊腹痿痺 夷狄因之藐玩中土 乃慨允臺省所請 輒敕儀臣 急下所司 大轉波頹之局

다시 온 조정(朝廷)이 떨치고 일어나서 늘 군사를 점검한다 해도 정신을 차리지 않으면 장래를 장담할 수가 없다. 영무(英武)하심이 세상에 알려진 금상(今上)께서는 부지런히 정무(政務)를 살피시고 있지만 중앙행정은 날로 허술해지고 지방행정은 마비된 틈을 타서 이적(夷狄)들이 중원(中原) 땅을 업신여길까 염려해서 대성(臺省)의 소청(所請)을 쾌히 윤허하시고 바로 의신(儀臣)들에게 칙서(敕書)를 내리고 담당관을 급파해서 어려운 형세를 돌려놓고 계신다.

力飭國初之制 因時問射求材於全 以帖括爲功名嚆矢 以破的爲將吏先聲 俾在庭在野文文武武 咸歸有用干于皇家 各期無羞於乃職 獨慮未必士士然時時勤 而卽以文人向忽之射還責 彼躬練其長駕遠馭 以徵其第不第之優劣進退 是聖王極奥之微權也 在歲試 可使乳臭癡兒不得挾父兄而圖合式 有碍孤寒 在科考 可使空疎邁臾 毋容努衰力而倖主皮 妄希 貪逐庶幾風簷寸晷之下曉然 去此兩種不堪 實一千秋快事

그러나 국력이 왕성했던 국초(國初)의 제도를 보면 수시로 활쏘기 인재를 과거(科擧)를 통해 선발했으므로 활솜씨로 장리(將吏)가 되어서 명성을 날릴 수가 있었고 조정에 있거나 변방에 있거나 문무(文武)에 모두 통달해서 누구든 조정에 들어오면 황가(皇家)의 기둥으로 직책을 수행했었다. 또한 게으른 관리가 있을까 염려해서 문인이라도 활쏘기를 소홀히 하면 곧 문책이 있었기 때문에 모두가 말타기와 전차(戰車) 몰기를 연습했으므로 합격자나 불합격자나 우열에 큰 차이가 없었다. 이는 성왕(聖王)의 극히 사려 깊은 인재활용 정책이었다. 물론 당시에도 자격 미달자가 부형(父兄)을 끼고 과거에 급제할 수도 있었고 문제 있는 자가 시험장에서 요행히 과녁을 맞힌 후 연줄 덕분에 급제를 기대할 수도 있었으니 이런 두 가지 문제만 확실히 근절할 수 있었다면 실로 천추(千秋)의 쾌사(快事)가 되었을 것이다.

夫然後圍中識拔旁　及弓旌必皆英英僑昐　文武壯猷　入則樞密鹽梅巍巍鐘鼎　出則吉甫虎臣雲龍輩起　於以奪氈裘斬跋扈　而煥萬載平安之色　孰非一射之所誘而始乎　其垂勳正不小　而何大地肉食之人　弁髮其鶡冠　跗注如盟約之牢　不可破　自旣不能以汗馬酬爵祿　又不欲尊重一千城　以解億兆倒懸　則安用此章句爲耶　甚矣　射之不可一日緩也

이제 이런 썩은 곁가지들을 잘라 내고 군제(軍制)를 잘 정비한다면 문무(文武)의 묘책을 지닌 자들이 조정으로 들어와 중요한 묘책을 쏟아 내서 나라가 부강해질 것이고 그들이 변방으로 나가면 훌륭한 무장(武將)들이 구름 같이 모여 날뛰는 오랑캐를 몰아내서 태평성대가 올 것이다. 활쏘기를 장려하는 일이야말로 이런 일의 시작일 것이니 그 효용이 참으로 큰 것이다. 대지(大地) 위에서 음식을 먹고사는 자로서 상투머리에 갈관(鶡冠)을 쓰고 있다면 한 번 소를 잡고 행한 맹약(盟約)은 이를 어기면 안 된다. 나는 말을 몰며 관작(官爵)과 봉록(俸祿)에 보답할 수 없는 처지고 많은 식읍(食邑)을 바라는 것은 아니지만 백성들의 위난이 해결되었다면 이런 글귀가 어디에 필요하랴? 하루라도 활쏘기를 게을리해서는 안 된다.

但古者自天子射以至士　莫不以盛德之容　禮樂之節　寓樿伐而銷禍亂　使林總共知之　爾顧必雍雍　歌騶虞秦貍首陳采蘋德官備　肅會時　衎循法　以宴以射　彼的爾爵　君臣盡志　則燕則譽　未嘗鹵莽以視也　此豈不文事歟　夫文至聖人極矣　聖至尼山　芮以加矣　猶不廢耦候獲容　張弛審固　射於矍相之圃　觀者如堵　而況桑弧蓬矢志在天地四方　乃男子之所有事　人人而然者乎　故毋論君臣衆士一遊澤宮則有慶讓益削　爲稱德稽功　彼欲食君祿者有不視算善息　繹正體直　注白蒼而張朱綠　以遞射己之鵠哉

옛날에는 천자(天子)로부터 하급관리까지 모두 활을 쏘아서 성덕(盛德)이 일어나고 예악(禮樂)의 절도가 생겨서 화란(禍亂)이 없었던 일을 세상이 다 알고 있다. 평화롭던 시대를 돌아보면 추우(騶虞)와 이수(貍首)와 채번(采蘋)을 노래하면 덕관(德官)이 채워졌고 상하가 때를 맞추어 모였고 법(法)이 시행되었다. 연례(宴禮)를 열면 활을 쏘고 과녁을 명중시켜 벌주(罰酒)를 사양했고 군신(君臣)이 정성껏 활을 쏘았으니 연례를 열면 명예가 휘날렸고 활쏘기를 소홀히 하는 일이 없었다. 활쏘기를 어찌 문사(文事)가 아니라고 할 수 있겠는가? 무릇 문사(文事)에서는 성인(聖人)이 극히 존귀한데 성인 중 성인인 공자(孔子)도 활쏘기를 쉬지 않았다. 공자가 확상(矍相)[1] 활터에서 활을 쏠 때 구경꾼이 담장을 두른 듯 많았다. 더욱이 활쏘기는 천지사방(天地四方)에 뜻을 두는 것이니 이는 남자의 일로서 군신(君臣)과 중사(衆士) 누구도 예외가 없었다. 천자는 택궁(澤宮)에서 활을 쏘게 한 후 제후(諸侯)의 영지를 넓히는 상을 주기도 하고 영지를 줄이는 벌을 주기도 하면서 그 덕(德)을 기리고 공(功)을 논했었기 때문에 국록(國祿)을 받으려면 활쏘기를 쉴 수 없었고 마음과 몸을 바르게 한 후 정신을 집중해 자신의 목표를 향해 활을 쏘았던 것이다.[2]

---

1) 지명(地名).

2) 이 구절은 ≪예기(禮記)≫, 〈사의(射義)〉 편에 있는 구절을 약간 각색한 것이다. 이 〈사의(射義)〉 편을 청나라 사법서들은 〈사경(射經)〉이라고 부르는 경우가 있다.

雖然 射之道固非粗事 而射之法亦不易造 非有內外交養 獲以翽旄而能
得心 應手縱送樹鏃也者 矧射者 貫與不貫 準諸鵠 而學者 善與不善 信
諸傳語云 小道必有可觀者 蓋得其傳也 否則恐汩汩迷塗終不符其正法

　그러나 사도(射道)는 실로 험난한 길이고 사법(射法)은 쉽게 터득할 수 없
다. 마음과 몸을 잘 단련해야 천자(天子)의 선택을 받을 수 있었으며 뜻대로
손이 움직여야 화살을 숲 모양으로 명중시킬 수 있었다.3) 더구나 활쏘기에서
는 과녁 관통 여부를 떠나 홍곡(鴻鵠)을 맞혀야 하는데 활쏘기를 배울 때는
잘 맞힐 때도 있고 그렇지 못할 때도 있다. 옛날부터 전해 오는 말이 많은데
조금이라도 취할 만한 것이 있으면 이를 존중해야 한다. 그렇게 하지 않는다
면 어지러운 미로(迷路)에 빠져 올바른 사법을 터득할 수 없다.

　眼此射譜之所繇作也 譜爲吾友叔英先生手著耗十年之苦心 羅生平之秘
學 凡射之精微病 弊習之暗犯 明夠罔弗 纖折搜剔 一一譜而出之 爲海內
醫射救射之宗 彼初學未入門者 誠不敢不宗縱學 久而未得肯綮者 幷不容
不藉 此爲指南所以 是譜一行 紙價飛騰 不獨趨趨將種志封拜者 盡棄紀
效武略諸書之筌蹄 窹寐斯編 卽靑靑子衿 亦莫不袖診 而津梁之噫宗 斯
譜者總是師叔英也 然則叔英之射已儼然敎天下矣 儻嗣是韜鈐 家有以高
氏射訣殺奴虜滌寇氛 是則叔英之報主也 不愈於身魁 虎榜萬萬耶 又奚必
爭此 一第而爲遇 不遇也 客曰 當此 聖明右武而欲以射奠四維 幸有叔英
靖獻而欲以射敎天下 是媚玆一人吾從周也

　이 사서(射書)는 나의 벗 고영(高穎) 선생이 오랜 세월 고심해서 완성한
평생의 비법(秘法)을 기록한 역작(力作)이다. 무릇 활을 쏠 때 모르는 사이에
생기는 세세한 병폐(病弊)들을 빠짐없이 찾아내서 일일이 기록해 놓았으므로

---

3) ≪주례(周禮)≫, 〈지관(地官)〉 편, 보씨(保氏) 조에서 말한 오사(五射) 중에 정의(井儀)라는 말이 있는데
　후한(後漢) 정현(鄭玄)은 이에 대한 주(注)에서 "화살 넷을 쏜 것이 모두 관중해서 '井' 자 모양으로 꼽혀
　있는 것(四矢貫候 如井之容儀)"을 말한다 했다. 또 시경(詩經)에도 "네 화살 꼽힌 모습 숲과 같네(四矢
　如樹)."라는 구절이 있다. 쏘는 대로 겨눈 곳을 맞춘다는 말이다.

이를 바로잡는 데는 이 책이 나라 안에 으뜸가는 사서(射書)이다. 활쏘기를 배우면서 아직 사법을 모르는 사람은 이를 배워야 할 것이며 오래 활을 쏘고도 아직 사법을 터득 못 한 사람도 이를 배워야 한다. 이제 이 책은 활쏘기를 배우는 필수서(必須書)가 되어서 나라 안의 지가(紙價)를 치솟게 했다. 쟁쟁한 장수들은 ≪기효신서(紀效新書)≫, ≪무비요략(武備要略)≫ 등 종전 사서(射書)들이 말하는 사법(射法)들을 버리고 자나 깨나 이 책의 사법만 연구할 뿐 아니라 젊은이들은 이 책을 소매 속에 넣고 다닐 정도다. 이 책의 내용은 모두가 고영 선생의 가르침이니 이제 그의 사법이 천하에 알려진 것이다. 이를 잘 배우고 익힌다면 누구와도 겨룰 수 있다. 이제 고영 선생의 사결(射訣)이 있어 오랑캐의 침략을 격퇴할 수 있게 되었으니 이는 그가 황은(皇恩)에 보답한 것이다. 이로써 몸 상할 걱정을 덜게 되었으며 또한 무과(武科) 급제자가 쏟아져 나왔다. 어떤 사서(射書)도 이와 어깨를 견줄 수가 없다. 이 책을 따라 연습하면 무과에 급제해서 뜻을 펼칠 수 있다. 어떤 이는 이제 성명(聖明)께서 상무(尙武)의 기풍을 높이고 활쏘기로 예의염치(禮義廉恥)를 가르치려 하는데 다행히 고영의 충성스러운 노력의 결과가 있어서 활쏘기로 천하를 가르칠 수가 있게 되었으니 오로지 그의 가르침만 따르겠다고 한다.

何復有竪儒學究自顧 無能決拾 乃反簧鼓 世之子弟 非貶之鄙之謂不足學 遂阻之慟之謂不必學 上梗作新之明旨 下排學憲之通行 必欲分文武爲兩 以偏枯介胄爲快 此當按以何律 余曰我國家以武功定鼎 是人而不知之矣 然一統之後 隨用八股 以亨無事之福者 蓋欲借其朱墨之靈不靈爲坐老英雄計耳詎眞 欽輕公侯腹心 而忘我武維揚耶 彼竪儒學究誕妄不倫 是輓季之人 妖謗訕之魑魅也 罪且不勝誅矣 何足與語 崇禎丁丑 姑洗 試茶日 花塢樵人江起龍 書于草草亭之夢墨樓

책갈피를 들추며 고민이나 하고 악기(樂器)는 다루어도 활은 쏘지 못하는 더벅머리 유생(儒生)들이 있어서야 되겠는가? 세상의 젊은이들은 활쏘기를 얕보지 않고 아직 배움이 모자랄 뿐이라고 하다가도 결국은 활쏘기를 굳이 배울 필요가 없다고 한다. 위에서 새 지혜를 가로막고 아래에서 배움의 길을 배척하면 반드시 문무(文武)가 둘로 나뉜다. 반신불수가 되어 버린 군비(軍備)를 바로잡으려면 무엇이 필요한가? 우리나라는 무공(武功)으로 세운 나라인데 사람들은 이를 모른다. 나라가 세워진 이후 정형화(定型化)된 팔고(八股) 형식의 문장만 잘 익히게 되면 출세도 하고 편안하게 복을 누리게 된 후손들은 대개 옛글에 주석(註釋)이 잘됐는지 잘되지 못했는지 여부나 따지다 무력해지고 말았다. 영웅(英雄)은 진실해야만 하는데 공후(公侯)의 비위나 맞추려고 하고 나라의 무위(武威)를 떨칠 일은 잊고 있다. 탄망(誕妄)한 불륜(不倫)이나 뒤좇는 더벅머리 유생(儒生)들은 남을 헐뜯거나 비웃기나 하는 요괴(妖怪)들에 불과하다. 그들은 죽어야 마땅한 죄인일 뿐이니 그들과 더불어 무엇을 논할 수 있겠는가?

서기 1637년 5월 시차일(試茶日),
초초정(草草亭) 몽묵루(夢墨樓)에서 화오초인(花塢樵人) 강기룡(江起龍)

첩경문(捷徑門)

첩경문서(捷徑門序)

夫射之道 若大路 然入路自有次序 得其路而由之 始而入門 旣而昇堂
又旣而入室 計日可到 不得其路而由之 一入旁門 猶適燕越轍 逾趨逾遠

무릇 사도(射道)는 대로(大路)와 같지만 이 길로 들어선 후에도 순서가 있
다. 길을 따라가다 보면 대문을 만나고 대문을 지나 집 안으로 들어가면 다시
마루로 올라가게 되고 마루로 올라간 다음에는 방으로 들어갈 수가 있듯이
시간이 지나가면 목적지에 도달할 수 있다. 그러나 길을 잃고 잘못된 길을 따
라가다 한 번 곁문으로 들어가면 북쪽의 연(燕)나라로 가려다가 남쪽 월(越)
나라로 수레바퀴가 향하듯이 갈수록 목적지와는 멀어진다.

當其年少 初習時 病<骨節不直之病>未入骨 筋力强 神氣銳 引弓可殼 機
勢一熟 便可中的 習射旣久 病根一深 不過數年 精神未及衰老 引弓遽爾
難殼 逾久而矢離的逾遠 回視昔年中的時 若兩截人物

젊어서 활을 배울 때는 병<골절이 펴지지 않는 병>이 뼛속 깊이 파고들지 못하

고 근력은 강하며 신기(神氣)는 넘쳐서 활을 가득 벌릴 수 있고 곧 익숙해져서 과녁을 맞힐 수도 있다. 그러나 세월이 지나 병이 깊어지면 몇 해 못 가 정신은 흐려지고 근력은 떨어져서 문득 활 벌리기가 어렵게 되고 세월이 더 지나면 화살은 과녁을 점점 더 빗나가서 과녁을 잘 맞히던 옛날에 비해 전혀 다른 사람이 된다.

今人莫曉其故　此無他　只因習射之初　妄自引弓　或爲掘射　所誤　偶入旁門　不得正門而由耳　若過循正路　則射逾久法逾熟　烏有射久而逾不如前者乎　所云正路者何　一曰審　二曰彀　三曰均　四曰輕　五曰注　穎請以法　祥著於篇　使人得循途而進　不爲邪徑所迷　近不過百日　遠不過期年　命中可幾矣　其功最捷　故名其門曰捷徑云

요즘 사람은 잘 모르지만 그 이유는 간단하다. 처음 활을 배울 때 함부로 시위를 당겨 멋대로 쏘기 때문이다. 즉, 대문을 찾지 못하고 곁문으로 들어간 것이 잘못이다. 옳은 길을 찾아서 꾸준히 따라가면 쏘면 쏠수록 사법에 익숙해지는 것이니 어찌 오래 쏜다고 과거와 달라질 수 있을까? 그러면 옳은 길은 어떤 길인가? 첫째는 심(審), 둘째는 구(彀), 셋째는 균(均), 넷째는 경(輕), 다섯째는 주(注)이다. 나 고영(高穎)이 이제 사법을 상세히 기술해 놓았으니 활을 배우려 하는 사람들은 이 길을 따라가기 바란다. 허황된 길로 빠져 헤매지 않는다면 짧게는 100일 내에, 길어도 1년을 넘기지 않아 쏘는 대로 과녁을 명중시킬 수 있게 된다. 효과가 매우 빠르게 나타날 것이기 때문에 나는 이 글의 이름을 첩경문(捷徑門)이라 했다.

世人只欲旦夕[1]期效　一聞期年之說　便爾駭然詎之　無法之射　逾趨逾遠白首而無成　穎所云期年者　合法之射　計日可到　期年之期　豈不爲捷徑乎

---

1) 홍콩의 동양궁시 연구가 셀비(Stephen Selby)의 저본에는 원문의 '夕'이 '熙'로 되어 있는데 오자(誤字)일 것으로 보인다. ≪Chinese Archery≫, Hong Kong, Hong Kong University Press, 2000, p.324.

요즘 사람들은 빠른 효과를 원할 뿐이라서 1년 정도 시간이 필요하다는 말을 들으면 곧 놀라면서 이 방법을 포기하고 만다. 그러나 사법을 모르고 쏘면 갈수록 목표는 요원해져서 백발이 되어도 이에 도달할 수 없게 된다. 나 고영(高穎)이 1년을 말한 것도 사법에 따라서 매일 쏘는 경우를 말한 것이다. 1년이라는 기간을 어찌 지름길이라 하지 않을 수 있는가?

1. 논심법(論審法〈第一〉)〈조준법〉

發矢必先定一主意 意在心而發於目 故審爲先 審之工夫直貫到底 與後注字相照應 俱以目爲主 故欲射 先以目審定 而後肩臂衆力從之而發 然審法不同 有審鏃於臨發矢者 有審於弓左者 皆非也 審於臨發矢者 固己倉卒且專心於箭鏃 恐鏃對而箭桿不對 發矢亦邪 若審於弓左者 箭在弓右目不見鏃注的 不淸矢之遠近 何從分別 總之 以意度之耳

화살을 내보내려면 우선 의지를 한곳에 모아야 하는데 의지는 마음속에 있지만 화살을 내보낼 때는 눈으로 보고 내보내기 때문에 '심(審)', 즉 조준(照準)이 우선이다. 조준은 활쏘기의 모든 단계에 영향을 주며 특히 뒤에 다시 말할 '주(注)', 즉 목력집중(目力集中)과 서로 호응하는 것으로서 양자 모두 눈이 그 주체이다. 우선 눈으로 조준한 후 어깨와 팔의 힘을 모아서 화살을 내보내지만 조준방법이 누구나 같은 것은 아니다. 발시 순간에야 비로소 촉을 통해서 조준하는 사람도 있고 활의 왼쪽을 통해 조준하는 사람도 있는데 이는 모두 잘못이다. 발시 순간에 조준하는 사람은 대개 촉에만 마음이 쏠리므로 촉은 표적을 향해도 화살대는 표적을 향하지 못해서 화살이 빗나갈 수 있다. 화살은 활 오른쪽에 있으므로 활 왼쪽을 통해 조준하면 촉과 표적을 못 보고 화살이 얼마나 멀리 갈 것인지 분명하게 확인할 수 없다. 그들이 화살이 얼마나 멀리 나갈 것인지 무엇으로 분별하겠는가? 결국 어리짐작에 의할 수밖에 없을 것이다.

故審之正法　惟於開弓時　先以目視的　而後引弓將彀時　以目稍自箭桿至
鏃　直達於的　而大小東西了然　是之謂審　然此審法　射遠乃爾　若五十步以
內者　俱視在弓左　與騎射同　騎射　非十步二十步內　不發　射近而亦用前審
法　則矢揚而大矣　故射近者　前手低於後手　安能審在弓右乎　此又不可不知

올바른 조준법을 말하자면 활을 벌릴 때는 우선 눈으로 표적을 본 후 활이
가득 벌어졌을 때는 화살대와 촉을 거쳐 표적을 보아야 좌우원근을 뚜렷이
확인할 수 있다. 이를 '심(審)', 즉 조준이라 한다. 그러나 이는 먼 표적을 쏠
때 쓰는 방법이고 50보(步) 내의 가까운 표적은 말을 타고 쏠 때와 같이 시
선을 활 왼쪽에 둔다. 말을 타고 쏠 때는 10∼20보 내에서만 쏘기 때문이다.
가까운 표적을 쏘면서 같은 방법으로 조준하면 화살은 위로 떠올라 표적을
넘긴다. 가까운 표적을 쏠 때는 앞손을 뒷손보다 낮추는데 어찌 활의 오른쪽
을 통해서 조준할 수 있겠는가? 이를 모르면 또한 안 된다.

2. 논구법(論彀法〈第二〉)〈활을 가득 벌리는 법〉

彀者　引箭鏃至弓弝中間之謂　乃射之根本　巧妙之所從出也　惟彀　則前
段審的工夫　有所托以用其明　後勻注之功有所托以收中之效

'구(彀)', 즉 활을 가득 벌린다는 것은 화살촉을 줌통 중간에까지 당기는
것을 말한다.[2] 이는 활쏘기의 기본으로서 모든 솜씨는 이로부터 나온다. 활을
가득 벌려야만 이를 기초로 해서 앞서 말한 조준방법도 효과를 거둘 수 있는
것이고 또 뒤에서 말할 '균(勻)'과 '주(注)' 역시 효과를 얻을 수 있다.

儻引弓不彀　骨段節未盡　肩臂俱鬆　猶不根之木　生意　何有發　喪心之人

---

2) 당나라 왕거(王琚)의 《사경(射經)》에서는 촉을 줌통 옆까지 당기는 것을 만(滿), 촉끝을 줌통 중간까지
당기는 것을 영관(盈貫)이라고 했으며, 명나라 이정분(李呈芬)의 《사경(射經)》에서는 촉을 줌통을 지나
서 더 들어오도록 당기는 것을 탈파전(脫弝箭)이라고 했고 이렇게 당겨서 쏘는 사람을 명가(名家)라고 했
다. 화살을 많이 당겨서 쏘는 것이 잘 쏘는 것이라는 뜻이다. 고영은 왕거가 말한 만(滿)을 가득 당기는 기
준으로 말한 것이다.

百務必不集　縱有巧法　安從施哉　世人講射法者紛紛　但不講所以彀之法
其舍本逐末　老而不精　故射之根本　必先於彀

활을 가득 벌리지 않으면 골절이 펴지지 않고3) 어깨와 팔이 모두 느슨해져서 뿌리 없는 나무같이 된다. 의욕만으로 어찌 활을 쏘랴? 근본이 잘못되면 무엇을 해도 효과가 없으며 솜씨가 있다고 한들 그 솜씨를 펼칠 수가 없다. 사법을 가르치는 사람들은 수없이 많은 말을 하지만 활을 가득 벌려야만 하는 이유를 말하는 사람은 없다. 이는 근본을 버리고 말단을 좇는 것으로서 세월이 흐를수록 솜씨는 퇴보한다. 활쏘기의 근본은 활을 가득 벌리는 데 있다.

然彀法不同　有鹵莽彀　有氣虛彀　有氣泄彀

그러나 활을 가득 벌리는 방법이 모두 같지는 않다. 노망구(鹵莽彀)도 있고 기허구(氣虛彀)도 있고 기설구(氣泄彀)도 있다.

夫鹵莽彀者　引弓將彀時　將射　鏃露半寸許於弓弝外　臨發時　急抽箭鏃
至弓弝中間而出　是全以氣質用事　急求於彀　激動箭鋒　矢發必不準　名曰
鹵莽彀4)

노망구(鹵莽彀)란 활을 벌릴 때 촉의 반 치(寸)가량을 줌통 밖에 남겨 두

었다 발시 직전에 비로소 촉의 끝을 급히 줌통 중간까지 가득 당겨서 발시하는 것으로 기질이 급해서 그런 것이다. 활을 급히 벌리려 하면 촉끝이 흔들려서 화살은 반드시 빗나간다.5) 그래서 '거친 벌림'이라고 한다.

氣虛彀者 引弓迅速 急抽箭鏃至弓弝中間 不及審的 後手力量已竭 膽氣俱虛 曾不能少留 隨卽發出 矢亦不準 名氣虛彀 以形彀而氣不彀也 此皆非彀之正法

기허구(氣虛彀), 즉 '힘없는 벌림'이란 활을 급히 벌려 촉이 줌통 중간에 도달하면 과녁을 조준도 하기 전에 뒷손에는 힘이 빠지고 담력과 기력이 모두 딸려서 잠시도 머무르지 못하고 그대로 화살을 놓치듯 내보내는 것을 말한다. 그렇게 하면 화살은 역시 빗나간다. 이름을 '힘없는 벌림'이라고 한 것은 외양은 활을 가득 벌린 것처럼 보이지만 기(氣)가 가득 펼쳐지지 못했기 때문이다. 이런 방법들은 모두가 활을 가득 벌리는 올바른 방법이 아니다.

夫正法者 只有一條大路 世人不知 偶合一二者有之 然非心知其善 亦未必能守也 及習射旣久 病<骨不直之病>根漸增 始之偶合者<偶然骨節稍直> 亦稍消滅<久射筋疲 始之骨稍直者 漸歸不直> 原歸不彀矣

무릇 올바른 길은 큰길 하나뿐인데 사람들은 모른다. 우연히 과녁을 좀 맞히는 사람도 있지만 원리를 모르면 오래갈 수 없고 쏘면 쏠수록 병<골절이 펴지지 않는 병>의 뿌리가 점점 깊어져 처음에는 우연히 제대로 하다가<우연히 골절이 어느 정도 펴지다가> 점차 잊어버리고<오래 쏘면 근육이 피로해져서 처음에 제법 펴지던 골절이 점차 펴지지 않게 된다.> 결국 활을 가득 벌리지 못하게 되고 만다.

---

5) ≪조선의 궁술≫에서는 "화살이 만작되어 내보낼 즈음에는 짤긋짤긋 당기다가 내보내야 한다. 그렇게 아니 하고 만작되어 잔뜩 멈추었다가 내보내면 화살을 내보내기에 앞서 토해 냈다가 내보내기 쉽다. 이는 사법에 맞지 않는다."라고 했다. 지금도 우리나라 활터에서는 이런 방법을 권장하며 이를 가입(加入)이라 한다. 이 곳에서 말하는 노망구(鹵莽彀)는 이와는 달리 앞에 남겨두었던 촉을 발시 전에 급히 당겼다가 화살을 내보내는 것을 말한다.

彀之大路云何　彀法根本　全在前肩下捲　前肩旣下然後　前臂及後肩臂
一齊擧起　與前肩平直如衡　後肘屈極向背　體勢反覺朝後　骨節盡處　堅持
不動　箭鏃猶能浸進　方可言彀　人之長短不齊　各以其骨節盡處爲彀　則力
大者不能太過　力少者不能不及　此天造地設之理

무엇이 활을 가득 벌릴 수 있는 옳은 길인가? 활을 가득 벌리는 기초는 전
적으로 앞 어깨를 앞으로 돌려서 낮추는 데 있다.6) 먼저 앞 어깨를 낮추어
놓고 앞 팔과 뒤 어깨와 뒤 팔만 들어 올린 다음 다시 앞 어깨와 함께 저울
대같이 곧게 펴 주면서 뒤 팔꿈치를 힘껏 구부려 등 쪽으로 돌리면 몸이 뒤
를 돌아보는 듯한 자세가 되면서 골절이 모두 펴지고 전혀 흔들림이 없게 된
다. 이 상태에서 화살촉이 마치 물이 스며들듯 서서히 끌려 들어와야 활을 가
득 벌렸다고 말할 수 있다. 그러나 사람마다 체격이 다르므로 각자 자신의 체
형대로 골절이 모두 펴졌을 때 활은 가득 벌어진 것이다. 따라서 힘이 세다고
가득 벌린 후 더 벌릴 수 있는 것도 아니며 힘이 약하다고 해서 가득 벌릴
수 없는 것도 아니다. 이는 자연의 이치이다.

今人不知彀法　全持力而引弓　鏃至弓弝爲彀　骨節平直之法　置而不講
則就一人之身　一日之間　力亦有衰旺　夫人朝氣銳　晝氣惰　暮氣歸　氣銳時
則力旺而彀　氣衰而不彀矣　彀不彀分　而矢之遠近亦因之　安有定衡乎

요즘 사람은 활 벌리는 방법은 모르고 근육의 힘으로만 시위를 당기면서
촉이 줌통까지 오기만 하면 가득 벌렸다고 알고 골절을 곧게 펴는 방법은 모
른다. 그러나 근육의 힘은 하루 중에도 기복이 있다. 아침에는 기(氣)가 솟고
낮에는 쇠하고 저녁에는 멈춘다. 기가 솟으면 힘도 왕성해 활을 가득 벌리기

---

6) 뒤의 논균법(論勻法) 항에는 "앞으로 돌려서 낮추는 것을 권(捲)이라 한다[向前番下爲捲]."는 주(注)가 있
다. 그리고 뒤의 ≪지미집(指迷集)≫에서는 이에 해당하는 동작을 '전비번직향지(前臂番直向地)'라고 표
현하면서 이를 그림으로 설명해 놓았다. 이 그림을 보면 앞 어깨를 과녁 방향으로 돌려서 낮추고 앞 팔을
땅바닥을 향해 뻗어 주는 동작을 말한다. 주용의 ≪무경칠서휘해≫는 '向前番下爲捲'을 '回前番下爲捲'
으로 인용하고 있다.

쉽지만 기가 쇠하면 가득 벌릴 수 없다. 가득 벌렸다 못 벌렸다 하면 화살 나가는 거리가 달라지는데 어찌 일정하게 화살을 내보낼 수 있겠는가?

惟以骨節盡處爲彀 則長人用長箭 短人用短箭 力大用勁弓 力少用軟弓 矢鏃俱引至弓弛中間爲彀方有定準7)

골절이 완전히 펴져야 활을 가득 벌린 것이 된다. 따라서 키가 큰 사람은 긴 화살을, 작은 사람은 짧은 화살을, 힘이 센 사람은 억센 활을, 약한 사람은 부드러운 활을 써서 활을 가득 벌리면 화살촉이 줌통 중간에 도달해야 언제나 일정하게 활을 가득 벌릴 수 있다.8)

然骨節平直工夫 全在前肩下捲 下前肩法 今人絶不講 間有言及者 俱出耳聞 不得其竅 此所以前肩不得下 欲彀而未能耳 下肩法 詳於辨惑門 潦草引弓章內 宜細求之 則肩不期下而自下 弓不期彀而自彀矣 此下手入彀工夫也<此段宜與指迷集四卷中 或問十發章合看>

하지만 골절을 완전히 펴려면 앞 어깨를 앞으로 돌려 낮추어야 하는데 요즘은 앞 어깨를 낮추는 원칙을 말하는 사람이 전혀 없고 혹 있어도 어디선가 들은 이야기를 옮기는 것일 뿐 구체적 방법은 모르기 때문에 앞 어깨를 낮추지 못해서 활을 가득 벌리려고 해도 그렇게 하지 못한다. 앞 어깨를 낮추는 방법을 뒤의 변혹문(辨惑門), 요초인궁지혹(潦草引弓之惑) 장에 상세히 설명해 놓았으니 그대로만 잘 따라 해 보면 앞 어깨를 낮추려고 하지 않아도 저절로 낮출 수 있고 활은 가득 벌리려 하지 않아도 저절로 가득 벌릴 수 있다. 이것이 초보자가 활을 가득 벌릴 수 있는 방법이다<이 논구법(論彀法)은 ≪지미집(指迷集)≫ 제4권, 혹문십발(或問十發) 장(章)과 함께 보아야 한다.>.

---

7) 원문 마지막의 '爲彀方有定準' 부분을 ≪무경칠서휘해≫, 초간본(初刊本)을 복간(復刊)한 평양감영의 ≪무경칠서휘해≫는 '發矢力有定準'으로 각색 인용했고 중간본(重刊本) ≪무경칠서휘해≫는 '發矢方有定準'으로 수정했다.

8) 뒤의 택물문(擇物門)에 활과 화살을 고르는 구체적 기준이 제시되어 있다.

주석(註釋)9)

體勢反覺朝後<大抵引弓　前後肩臂俱有相因之勢　後手引弓極彀時　至體勢反覺朝後
方爲彀弓之妙境　然體勢朝後者　前肩必前突出　則有括臂之病　故又須前拳斜側　向肩前觕出
二寸許　與肩齊　但前拳過觕則前肩必然退縮　故又須將前肩極力向前番下捲實　令肩上潭窩前
向　同臂番直向地　則前拳雖觕而肩不退縮矣　然肩之根在於背　欲肩窩前向　又須將肩背骨向
前番下送　前肩番出則肩窩方得向前　此皆相因之勢　不可缺一　不然　背骨不番　則肩窩必不能
向前　肩窩不向前　則前拳必不能前觕而免括臂之病可以收　體勢朝後　彀弓之功乎>

몸이 뒤를 돌아보는 듯한 느낌<활을 벌릴 때는 앞뒤 어깨와 팔이 서로 영향을 미친다.
활을 가득 벌렸을 때 몸이 뒤를 보는 듯한 자세가 되어야 활을 가득 벌린 정확한 모습이다. 그러
나 몸이 뒤를 보는 듯한 자세가 되어도 앞 어깨가 솟아오르면 팔이 펴지지 않는 병이 있는 것이
다. 그러므로 앞 주먹만 비스듬히 기울여서 어깨보다 2치쯤 높이 올려서 어깨와 같은 높이가 되
도록 해야 하는데 이때 보통 앞 주먹을 높이 올리면 앞 어깨도 솟아오르기가 쉬우므로 먼저 앞
어깨를 있는 힘껏 앞으로 돌려서 낮추어서 견와(肩窩: 어깨 위 움푹 파인 곳)가 앞을 보게 한 다
음 팔과 함께 밑으로 내리뻗어야 한다. 이렇게 하면 앞 주먹을 높이 올려도 어깨가 다시 솟지 않
는다. 이때 어깨 뿌리는 등에 있으므로 견와가 앞을 보게 하려면 견배골(肩背骨)10)도 역시 앞으
로 돌려서 낮추어야 한다. 앞 어깨를 낮추어야 견와가 앞을 향한다. 이와 같이 각 부위가 서로 영
향을 주므로 어느 하나라도 빠지면 아니 된다. 견배골을 낮추지 않으면 견와가 앞을 보지 못하고
견와가 앞을 못 보면 앞 주먹만 높이 올릴 수 없어 결국 팔이 펴지지 않는 병을 피할 수 없다.
몸이 뒤를 돌아보는 듯한 자세는 활을 가득 벌린 결과이다.>

3. 논균법(論勻法〈第三〉)〈앞뒤 균형을 맞추는 법〉

勻者　前後肩臂分勻而開之謂　所以終彀之功　而啓後輕注之巧妙者也

균(勻), 즉 균형이란 앞뒤 어깨와 팔을 균형을 맞추어서 벌리는 것을 말한
다. 활을 가득 벌린 다음 뒤에 언급될 경(輕)과 주(注)의 솜씨를 발휘할 수
있도록 연결해 주는 요소이다.

---

9) 이 책에는 이곳과 같은 형식의 주석(註釋)이 몇 군데 있는데 이들은 저자 자신의 주석인지 오기유소라이(荻
生徂來)의 국자해본(國字解本)이나 우게이우(宇惠)의 교정본(校訂本)에서 붙인 주석인지는 분명하지 않다.
10) 우게이우(宇惠)의 교정본(校訂本)에는 '견배골(肩背骨)'에 대해 '반시골(飯匙骨)'이란 주(註)가 있다. 어
깨와 붙은 등뼈를 말하는 같은 용어이며 견갑골(肩胛骨) 또는 배골(背骨)이라고도 한다.

今人當引弓旣彀時 骨節盡而筋力竭 信手便發 何暇浸進而加勻之功 勻
開之功不加 發矢時 䩸11)酌不淸 所以矢之大小左右 俱不暇顧 發矢一偏
則彀之工夫總爲無用 此彀之後當繼之以勻 而勻開之功爲最急

요즘 사람들은 활을 가득 벌렸을 때쯤에는 골절과 근육에 힘이 고갈된다.
이때 손의 힘만으로 화살을 내보내려 하면 화살촉을 물이 스며들듯이 끌려
들어오게 해서 균형을 맞출 수 있는 여유가 없어진다. 균형을 맞추어 앞뒤 어
깨와 팔을 벌리지 못하면 조준이 흩어져서 화살이 날아갈 방향과 거리를 짐
작할 수 없다. 발시 때 균형이 안 맞으면 활을 가득 벌리려고 기울인 노력이
모두 무용지물이 되고 만다. 따라서 활을 가득 벌렸으면 필히 균형을 맞추어
야 한다. 균형을 맞추어 어깨와 팔을 벌리는 것이 매우 중요하다.

然勻之法 莫妙於用肩而勿用臂 何也 臂之力少而肩之力厚也 引弓旣彀
時 筋力已竭12) 欲使兩臂分勻而開 勢必不能

균형을 맞추는 가장 큰 비결은 팔힘이 아닌 어깨힘을 쓰는 데 있다. 팔힘보
다 어깨힘이 넉넉하기 때문이다. 활이 가득 벌어질 때쯤에는 근력이 거의 고
갈되므로 앞뒤 두 팔로는 이를 감당할 수 없게 된다.

惟肩力厚 則能旋運<旋運有口訣 筆不能盡>而悠長 弓彀之時 臂力將盡 以
肩力繼之 前肩極力下捲<向前番下爲捲> 後肩堅持洩開 則箭鏃從弓弝中間
徐徐而進 如水之浸滴然 豈非勻之正法乎

그러나 어깨는 힘이 넉넉해서 느긋이 오래 운행할 수 있다<이에 관한 구결(口
訣)이 있지만 글로는 표현할 수 없다.>. 활이 가득 벌어질 때쯤 팔의 힘이 고갈되면
어깨의 힘으로 이어받아야 한다. 앞 어깨를 힘껏 돌려서 낮추고<앞으로 돌려서

---

11) 셀비(Selby)의 저본에는'䩸'이 '斠'으로 되어 있다. 같은 글자이다.
12) 셀비(Selby)의 저본에는'已竭'이 '將盡'으로 되어 있다. 같은 뜻이다.

낮추는 것을 '권(捲)'이라 한다.> 뒤 어깨를 힘주어 서서히 벌리면 촉은 마치 물이 스며들듯 줌통 중간까지 천천히 진입한다. 이것이 어찌 균형을 맞추는 올바른 방법이 아니랴?

今人當彀之後 只用臂力分開 臂之力少 如何能開 必將殫力而抽 箭鏃 急進 激動前臂 發矢必邪 前功盡棄

요즘 사람들은 활이 가득 벌어진 후 오직 두 팔의 힘만으로 화살을 내보내려 한다. 그러나 팔 힘은 약한데 어찌 가능하겠는가? 결국 힘껏 잡아채듯이 당겨서 화살촉을 급히 끌고 들어오게 될 것이고 이때 앞 팔이 흔들리면서 화살은 빗나갈 것이다. 지금까지 기울인 노력이 모두 물거품이 되고 만다.

故曰 勻之法 莫妙於用肩而勿用臂 古云 胸前肉開 背後肉緊者 此也 此勻之下手工夫也 今人講勻不講下手工夫 則說得 行不得 說之何益 下 手工夫 獨得之秘 當爲智者之道也

따라서 균형을 맞추는 가장 큰 비결은 팔의 힘이 아니라 어깨의 힘을 쓰는 것이라고 한다. 가슴 근육을 벌리고 등 근육은 조인다는 옛말은 이를 말한다. 이것이 균형을 맞추는 기초적 방법이다. 요즘 균형을 맞추라는 말만 알고 행하는 방법을 모르는 것이다. 말이 무슨 도움이 되리오. 내가 말한 방법은 홀로 터득한 비결로서 매우 좋은 방법이다.

주석(註釋)

旋運而悠長<引弓旣彀之時 臂力已盡 惟持前肩之下捲 達上而出矢 後肩之聳起 運臂 自高瀉下而脫弦 此時用力 皆在兩肩並實 凝成一片 前肩下而後肩瀉 悠悠兩開 剛而且柔 猛而且緩 故云旋運而悠長也>

느긋이 오래 운행한다<활을 가득 벌렸을 때는 팔의 힘이 모두 떨어지므로 앞으로 돌려서 낮추었던 앞 어깨를 위로 올리면서 발시하되 들어 올렸던 뒤 어깨를 뒤 팔을 움직여서 아래로 쓸어내리면서 뒷손을 시위에서 벗겨 낸다. 이와 같이 힘을 쓸 수 있으려면 우선 두 어깨를 마치 하나와 같이 단단히 굳혔다가 앞 어깨는 더욱 내리고 뒤 어깨는 서서히 내리면서 두 팔과 어깨를 서서히 벌리되 굳세면서 부드럽고 힘차면서도 느릿해야 한다. 따라서 느긋이 오래 운행한다고 한 것이다.>.

胸前肉開 背後肉緊 <註釋詳于指迷集四卷或問第八章 玆不載>

가슴 근육을 벌리고 등 근육은 조인다[주석이 ≪지미집(指迷集)≫ 4권, 혹문십발(或問十發) 장, 제8절에 있다. 이곳에서는 생략한다.].

4. 논경법(論輕法〈第四〉)〈경쾌한 발시법〉

輕者 後拳與前拳相應 輕鬆而發矢也 然輕之功極細 發矢時 若欲輕而不敢用力 矢鏃必然吐出 卽使不吐而定 發矢亦覺無氣 氣怯 則矢發 必傷於小 懼其小也 而稍用力 則力微而矢不能進 懼其不進也 而極力求進 必然一抽而出 就著氣質機神衝動 不能凝注 矢不能不少偏矣

경(輕), 즉 경쾌한 발시(發矢)는 앞뒤 두 주먹이 서로 호응하면서 경쾌하게 화살을 내보내는 것을 말한다. 이런 경쾌한 발시는 매우 미묘한 것이다. 화살을 가볍게 내보내려고만 하고 과감히 힘을 쓰지 않으면 반드시 화살촉을 토해 내게 되고, 촉을 토해 내지 않도록 고정시켜도 발시 때는 기(氣)가 모자라게 되며, 기(氣)가 모자라면 화살 날아가는 거리가 반드시 짧아지게 된다. 화살 날아가는 거리가 짧아질 것이 염려되어 조금 더 힘을 쓴다고 해도 힘이 모자라면 촉을 끝까지 당기지 못한다. 그러나 촉을 끝까지 당기지 못할 것을 우려해서 있는 힘껏 화살을 끌어당기려고 하면 반드시 화살을 단번에 잡아채게 되고 그렇게 되면 기(氣)와 정신에 충동이 일어나 집중력을 잃게 되고 그 결과 화살이 필히 짧게 나가거나 빗나가게 된다.

故旣勻之後 後肩瀉開時 箭鏃已至弓弝中間 決機命中全在於此 後拳必將筋力緊收 與前掌相應 前後肩臂殫力 並實堅凝一片 輕輕運開後拳與前掌 約勻平脫 後肘又垂下向背 若拳平脫 後肘不垂 發矢無勢

따라서 균형을 맞춘 후 뒤 어깨를 쓸어내려서 줌통의 중간까지 촉이 도달한 후에도 경쾌하게 발시해야만 명중을 기약할 수 있다. 뒤 주먹에 힘을 줄 때는 항상 앞 손바닥이 함께 호응해야만 한다. 앞뒤 어깨와 팔의 힘이 떨어지려 하면 한 덩이로 단단히 굳혀 놓고 뒤 주먹과 앞 손바닥에 고르게 서서히 힘을 가하면 뒤 주먹이 시위에서 수평으로 벗겨진다. 이때 뒤 팔꿈치는 아래로 내리면서 등 쪽을 향하도록 해야 한다. 뒤 주먹을 시위에서 수평으로 벗겨 낸다고 해도 뒤 팔꿈치를 내리지 않으면 화살이 힘없이 날아간다.

如此肘垂而拳平脫 氣質 煙火之性 泯然不露 如蜻蜓點水 輕揚活潑 如瓜熟蒂落 全出天然 鬆而且脆 矢出如荳 細衝至的 此下手用輕之工夫 古云 後手發矢前手不知者也

이렇게 뒤 팔꿈치를 낮추면서 뒤 주먹을 시위에서 수평으로 벗겨 내면 화살이 나가는 기세가 불꽃이나 연기와 같이 형체를 드러내지 않고 그윽하고, 물 위를 스치는 잠자리같이 가볍고 활발하며, 농익은 오이꼭지가 줄기에서 떨어지듯 자연스럽고 가벼우면서 시원해서 활을 떠난 화살이 콩알같이 날아가 정확하게 과녁에 꽂히게 된다. 이것이 초보자가 화살을 경쾌하게 내보내는 방법이다. 옛말에 "뒷손이 화살 내보내는 것을 앞 손이 모른다."는 말이 바로 이것이다.

5. 논주법(論注法〈第五〉)〈정신집중법〉

注者 目力凝注一處 精神聚而不分之謂 與前審字相應 夫人一身之精神 皆萃於目 目之所注 神必至焉 神至 而四體百骸筋力精氣俱赴矣

주(注)란 목력(目力), 즉 눈의 힘을 한곳으로 모은 결과 정신이 분산되지 않고 집중되는 것을 말하며 앞에서 말한 심(審)과 서로 호응한다. 무릇 인간의 정신은 모두 눈으로 모인다. 눈이 어느 한곳을 응시하면 정신도 그곳으로 가고 정신이 가는 곳으로 온몸의 근력(筋力)과 정기(精氣)가 모두 따라간다.

李將軍射石一發沒鏃者 以虎視石也 神之至也 故發矢時 目力必凝注一塊 目注而心到意到手到 發無不中矣 古云 認的如仇者 此也 此下手用注工夫也

한(漢)나라 이광(李廣) 장군이 쏜 화살이 바위를 뚫고 들어갔던 것은 돌을 호랑이로 알고 정신을 집중했었기 때문이다. 발시 순간 반드시 눈의 힘을 한곳으로 집중해야 한다. 눈의 힘을 한곳으로 집중하면 마음도 뜻도 손도 따라가게 되니 화살이 명중되지 않을 수가 없다. "과녁 보기를 원수 보듯 하라."는 옛말은 바로 이를 이르는 말이다. 이것이 초보자가 눈의 힘을 집중시키는 방법이다.

然注與審不可分爲二事 引弓之初 以目視的 是之謂審 發矢時 以目注的 亦謂之審 總之皆用目力 原非二事 何爲分審與注之名也

그러나 주(注)와 심(審)은 별개의 것이 될 수 없다. 시위를 당기기 시작할 때 표적을 보고 조준할 곳을 보는 것을 심(審)이라고 하며 발시 때 눈의 힘을 조준한 점에 집중시키는 것도 심(審)이라 한다. 양자 모두 눈의 힘을 사용하는 것으로 원래가 별개의 것이 아니다. 그러면 심(審)과 주(注)로 이름을 나눈 이유는 무엇인가?

只爲世人引弓時 誰能目視的 及旣彀之後 筋力已竭 信手便發 無暇認的 精神散漫 發矢俱偏 故于勻輕之後 復立一注之名 以提醒世人 使發矢時 目認的間一塊 或認的之心 或認的之足與首 精神手法俱向此一塊而發

요즘 사람들 중에는 시위를 당길 때는 표적을 볼 수 있지만 활을 가득 벌린 후에는 근력(筋力)이 떨어져서 표적을 볼 틈도 없이 바로 화살을 내보내는 경우가 있다. 그렇게 하면 정신이 분산되어 화살은 빗나간다. 따라서 균(勻) 항과 경(輕) 항 다음에 다시 주(注) 항을 만들어 주의를 환기시킨 것이다. 발시 순간에 그 중심이건 바닥이건 꼭대기건 표적의 어느 한 점을 보고 정신과 손을 모두 그곳으로 집중시켜 화살을 내보내게 하려는 것이다.

故注之名 原爲世人之拙射而設者 善射之人 手一擧弓 目力便審 精神便凝注一塊 自始至終 神氣精專 弓一穀而勻輕以出矣 何待勻輕之而後而注哉 善學者不可不察

따라서 주(注)는 함부로 활을 쏘는 사람을 위해서 만든 말이다. 활을 잘 쏘는 사람은 한 번 활을 들어 올리면 눈의 힘을 집중해서 정신을 어느 한 점에 모은 다음에 시종일관 신기(神氣)를 흩뜨리지 않으며 활을 가득 벌린 후 앞뒤 두 팔과 어깨에 균형을 맞추어서 경쾌하게 화살을 내보낸다. 균(勻)과 경(輕) 단계에서만 눈의 힘을 집중시키는 것은 아니다. 활을 잘 쏘려면 이를 명심해야 한다.

주석(註釋)

目認的間一塊<目認的之法 極活 不可執一 或隨風而變 或隨弓之軟勁而變 弓軟則認的之首 弓勁則認的之足 甚者 弓勁風順 則不及認的 而以鏃頂半路者有之 或弓軟風逆 或頂的于左手掌下者有之 若東風 則頂之左 西風則頂的之右 甚者 弓軟風大 則認的之左右丈餘者有之 弓勁風微 則頂的之左右尺寸亦漸減 東西南北皆然 故頂風認的 隨時而變 不可執一 斟酌在人也>

표적의 어느 한 점을 본다<눈으로 표적을 보는 방법은 극히 유동적이라서 어느 하나만 고집할 수는 없다. 바람에 따라서도 변하고 활의 강약에 따라서도 변한다. 활이 약하면 상단을 보고 활이 강하면 하단을 본다. 심할 경우 활도 강한데 순풍(順風)까지 불면 아예 표적을 보지 않

고 촉으로 표적까지 중간의 땅을 겨눌 경우도 있고 활은 연한데 역풍까지 불면 앞 손을 높이 들고 앞 손 밑으로 표적을 겨눌 때도 있다. 동풍(東風)이 불 때는 표적 동쪽 끝을 겨누고 서풍(西風)이 불 때는 표적 서쪽 끝을 겨눌 때도 있다. 심지어 활은 약한데 옆바람이 거세면 표적 좌우의 1장(丈)쯤 떨어진 곳을 볼 때도 있다. 활도 강하고 바람도 약하면 표적의 적당한 곳을 겨누기도 한다. 동서남북 어느 곳에서 바람이 불건 모두 그러하다. 따라서 바람이 불 때 표적을 보는 방법은 때에 따라 변하며 어느 하나만 고집할 수는 없다. 이를 정하는 것은 사람이다.>.

첩경문 총결(捷徑門 總結)

審彀勻輕注 雖爲五段 其實一貫 審與注 首尾相應 總之皆用目力 審於開弓之時 注於發矢之頃也

사법을 심(審), 구(彀), 균(勻), 경(輕), 주(注)의 다섯 단계로 나누기는 했지만 실제는 모두 일맥상통하는 것이다. 특히 심(審)과 주(注)는 시작과 끝에서 서로 호응하는 것으로서 양자 모두 눈의 힘을 사용하는 것인데 다만 심(審)은 활을 벌릴 때 하는 것이고 주(注)는 발시 순간에 하는 것이 다를 뿐이다.

中間彀字 乃開弓之根本 勻者 乃所以終彀之力量而斟酌發矢之機宜 世人言射 只言彀字 一彀便發 大小左右俱不暇顧 詎知 彀者 乃發矢遠到之本 非中的之本也 彀而不勻 發矢皆偏 何取於彀 惟於彀之後 復引箭鏃 勻調浸進分許 斟酌旣定 而預爲出矢輕鬆之地 故有勻之功 而彀力始不虛

그 중간의 구(彀)는 활을 벌리는 기본원칙이며 균(勻)은 활이 가득 벌어질 때쯤 화살을 내보낼 준비를 하는 것이다. 활쏘기를 말할 때 가득 벌려야 한다는 말만 알고는 활이 가득 벌어지면 좌우(左右) 원근(遠近)을 헤아릴 여유가 없이 바로 화살을 내보내는 사람들도 있다. 그러나 구(彀)는 화살을 멀리 보낼 수 있는 기초일 뿐 명중시킬 수 있는 충분조건은 아님을 알아야 한다. 활을 가득 벌려도 균형을 안 맞추면 화살은 빗나간다. 활을 가득 벌려 무엇을 얻었는가? 활이 가득 벌어진 후에는 앞뒤 균형을 맞추어 가면서 마치 물이

스며들 듯 화살촉이 약간 더 끌려 들어올 수 있어야 비로소 경쾌하게 화살을
내보낼 준비가 된 것이다. 따라서 균형을 맞추는 공이 더해져야 활을 가득 벌
린 힘이 비로소 효과를 거둘 수가 있다.

輕者 乃竟勻之機 而發必中節者也 上文勻之時 矢猶未發而斟酌定矣
輕者 承勻之後而輕鬆以出 發矢以準 故有輕之功而後 勻之妙始著

경(輕)은 균형 맞추기를 끝낸 다음 반드시 명중의 효과를 거둘 수 있게 하
는 방법이다. 앞서 말한 균(勻)의 단계에서는 화살을 내보내지는 않고 준비만
갖춘다. 경(輕)이란 균(勻)의 뒤를 이어 경쾌하고 정확하게 화살을 내보내는
것이다. 따라서 경쾌한 발시를 위해 공을 들여야 균형을 맞추려고 들인 노력
이 효과를 볼 수 있다.

注者 又合衆法之精神 萃而歸之的 以終審彀勻輕之大成也

주(注)는 이런 여러 사법들을 위해 기울인 정성을 모두 표적으로 보내서 심
(審), 구(彀), 균(勻), 경(輕)을 마무리할 수 있는 방법이다.

自審而彀而勻而輕而注 相通一氣 一審便彀 一彀便勻輕而注 發以達於
的 捷於呼吸 猶人一身 自頂至足 疾痛相關 不隔一縷 而射之道盡矣

그러나 심(審), 구(彀), 균(勻), 경(輕), 주(注)는 일기 상통(一氣相通)한다.
조준했으면 활을 가득 벌리고 활을 가득 벌렸으면 균형을 맞추어서 경쾌하게
화살을 내보내되 표적으로 눈의 모든 힘을 집중시켜야만 화살은 순식간에 표
적에 명중된다. 마치 사람 몸에서 어느 한곳에 병이 생기면 머리끝에서 발끝
까지 두루 영향을 미치듯이 심(審), 구(彀), 균(勻), 경(輕), 주(注) 중 어느
하나라도 소홀히 하지 않는 것이 바로 사도(射道)이다.

然有終身習之 而不得其門者 亦是爲拙射所惑 偶入斜路白首難改 猶學
文者 一入惡套揮之不去 又猶學書者 把筆一差到老仍誤習舛 若一更改
反覺不便 此初射者 斜正之門 不可不辨 而下文辨惑之門 所由作也

하지만 평생 활을 쏘아도 올바른 문을 찾지 못하면 제대로 쏘지 못한다. 한
번 잘못된 길로 들어서면 늙도록 고치기가 어렵다. 마치 문장을 배우는 사람
이 한 번 잘못된 문투(文套)에 익숙해지면 평생 이를 떨쳐 버리지 못하고 서
법(書法)을 배우는 사람이 한 번 붓 잡는 방법을 잘못 배우면 평생 잘못된
버릇에서 벗어나지 못하는 것과 같다. 잘못을 고치려 해도 불편만 느끼게 되
는 법이다. 따라서 처음 배우는 사람은 어느 문이 잘못된 문이고 어느 문이
옳은 문인지를 구분해야만 한다. 이를 위해 잘못을 식별하고 고치는 방법들을
정리해서 다음에 변혹문(辨惑門)이라는 제목하에 기록해 놓았다.

변혹문(辨惑門)

변혹서(辨惑序)

初習射之人 挾弓矢升場 見灣弓角射者 紛紛 人自多其能 賢否莫辨 眞
贋混淆 何異 小兒入市 百貨具陳 燕石混玉 魚目混珠 烏知其非 見紛紛
角射中 有一人中的多者 就以爲善 而學之 不知若人之中 未必合正法 或
者 其人多力 前手能强持而中 或弓力勁銳 偶然對的而中 或日逐習射 機
熟而中 或年少得意神揚氣旺 得失不介懷而中 或其人少有小慧獨創 一見
而中 此總屬偶然 非正法也 今日用之而中 他日守之未必中也 此人用之
而中 他人用之而未必中也 偶也 非可爲訓也 可訓者 正法也

처음 활을 배우는 사람이 궁시(弓矢)를 갖고 활터로 나가면 많은 사람들이
활을 쏘는 모습을 볼 수 있는데 사람들은 저마다 재능을 자랑하지만 그중 현
명한 사람, 어리석은 사람, 잘하는 사람, 못하는 사람이 뒤섞여 있어도 구분
못 하는 것은 당연하다. 어린아이가 장터에서 많은 물건들을 보고 좋은 물건
나쁜 물건을 구분할 수 없는 것과 같다. 명중률 높은 사람을 보면 잘한다고
여기고 그를 배우려 하지만 그중에서도 사법(射法)에 맞지 않는 사람이 있음
은 모른다. 힘이 세고 앞 손이 강해서 맞히거나, 활의 힘이 좋아서 우연히 맞

히거나, 오래 쏘다 보니 익숙해져서 맞히거나, 젊어서 혈기가 넘치고 두려움이 없어서 맞히거나, 작은 꾀나 좀 특이한 재주가 있어 한 번 보고는 맞히는 사람도 있는데 이는 모두 우연히 맞힌 것이고 사법(射法)대로 쏘아서 맞힌 것은 아니다. 그런 사람은 오늘 맞히다가 내일 못 맞히고 다른 사람이 그를 따라 해 보아도 못 맞힌다. 우연히 맞힌 것을 보고 따라서 하면 안 되고 올바른 사법을 배워야 한다.

夫正法者 其引弓也 骨節相對 堅持岳立 不可搖也 其審視也 明如日月 大小左右錙銖 不爽不可濁也 其持盈也 浸進有節 無停機也 其發矢也 輕鬆脆裂 無凝滯也 其欲事物也 精神必赴 意思精專 利害不惕 不可紛也 其道坦吏如大路 然敎人者 可以循規按法 昭告於人 學法者 可以由淺入深 循序而進 如此則是 舍此則非 只有一條大路 皆出自然 絶無勉强 矯拂之艱 如天之生 人只有仁義爲正路 舍此則爲旁門惡徑 禍端百出矣 雖其學法旣成之後 巧拙由人殊 而初學入門必須按法 安可舍此正路而妄趨哉

올바른 사법은 활을 벌릴 때 골절들이 단단히 맞물려서 흔들림이 없어야 하고 분명한 조준으로 대소좌우(大小左右)에 조금도 오차가 없어야 한다. 또한 화살을 가득 당기되 물이 스며들듯이 유연하게 당겨야 하고 주저 없이 경쾌하게 화살을 내보내야 한다. 또 표적에 정신과 의지를 집중해야 하고 결과를 우려해서 정신과 의지를 흩뜨리면 아니 된다. 사도(射道)란 넓고 평탄한 길이지만 남을 가르칠 때는 원칙을 확실하게 가르쳐야 하고 사법을 배울 때는 순서대로 단계적으로 배워야 한다. 이것이 옳은 방법이다. 사도는 대로(大路)이고 유일한 길로서 억지 없이 자연의 이치를 따른 길이며 하늘이 정한 거역할 수 없는 인의(仁義)의 길이다. 인의를 버리면 곁문으로 들어가서 나쁜 길로 빠져 수많은 화근이 생긴다. 사법을 모두 배운 사람도 솜씨 차이는 있겠지만 처음 배울 때는 사법을 제대로 배워야만 한다. 이런 옳은 길을 버리고 허황된 길을 따라가면 안 된다.

若初學之人 一見其人 偶然中的 不辨眞贋 據爾學之 學其陋態惡習 盡
皆學成 相習旣久 病入骨髓 當初學時病根未深 或年少力强 引弓可彀 猶
可中的 習射梢久 病根一深 年力未及衰老 引弓必漸不滿<年力未衰而引弓不
滿者 乃俗云毛病 非力衰也 年老力衰而引弓不滿者 空引亦不滿 對的發矢 亦不滿也 若犯
毛病而不滿者 空引則滿 對的發矢則不能滿 此謂毛病極難去 今人坐此病者 最多> 中數
必不能如前之多

처음 활을 배울 때 어떤 사람이 우연히 맞힌 것을 보고는 옳고 그름도 분
별하지 못하고 그를 따라 하다가 누태(陋態)와 악습(惡習)까지 함께 배운 후
오래 쏘다 보면 병(病)이 골수(骨髓)로 파고든다. 처음에는 병근(病根)도 깊
지 않고 젊고 힘도 있어서 활을 가득 벌려 과녁을 맞힐 수도 있겠지만 오래
쏘다 보면 병근(病根)은 깊어지고 나이가 들어서 힘도 떨어지면 점차 활을
가득 벌릴 수 없게 되고 명중률이 예전만 못하게 된다<아직은 젊고 힘도 있는데
활을 가득 벌리지 못하는 것을 흔히 모병(毛病)에 걸렸다 한다. 이는 힘이 없기 때문이 아니다.
나이가 들어 힘이 빠져서 활을 가득 벌리지 못하는 사람은 빈 활도 가득 벌리지 못하고 과녁 앞
에서 화살을 당겨도 가득 당기지 못한다. 그러나 모병(毛病) 때문에 활을 가득 벌리지 못하는 사
람은 빈 활은 가득 당기나 과녁 앞에서는 화살을 가득 당기지 못한다. 이 모병(毛病)은 고치기가
매우 어렵다. 요즘은 이런 병에 걸린 사람들이 아주 많다.>.

儻其人無志而退委者 不思改圖 不必論矣 卽有志之士 欲變其舊習者
何從而學哉 灣弓射之人 合法者 百不一覩也 合法者 肯一見傾倒 欲立欲
達者 又有幾人 安得其人而遇之 卽遇其人矣 肯 直言傾倒矣 彼犯病之人
未必不以先入之言爲主 熟肯盡棄其學而學乎 卽肯盡棄其學而學矣 奈病
根已深 猝難拔去 故有心知其法之善 而手不能猝學 心知己病之當去 而
手不能遽改 纔一動弓 舊病立見 扼腕嘆息 無可奈何 平生壯志付之 浩嘆
而已 向使初學時 卽得正門而入之 豈至此哉<初學射時 卽得正法 不犯不滿之病
者 絶不知犯病之苦 聞言亦不信 然不滿之病已深 亦不及改矣> 潁少好射習章句時 便
有立功 萬里之志 與人交 便有披肝裂膽之懷 竊慕相如信陵之風 嘗讀其
傳而悅之<以下皆述己平生犯病之由 改病之艱 幷求法之勞 與守法之篤>

활솜씨가 줄어들고 있어도 고칠 생각이 없는 사람은 말할 필요가 없지만 구습(舊習)을 고치려는 마음이 있다면 무엇을 배워야 할까? 활 쏘는 사람 중 옳은 사법으로 쏘는 사람은 백에 하나도 안 보인다. 옳은 사법으로 쏘는 사람은 병폐가 있으면 기꺼이 고치려고 한다. 그런 사람이 몇 있기는 하지만 만나기는 어렵다. 그런 사람은 자신에게 병폐가 있음을 솔직하게 말한다. 병폐에 걸린 사람은 먼저 들었던 말을 믿으면 안 된다. 누구나 먼저 배운 것을 다 잊고 새로 배우기가 싫겠지만 반드시 그렇게 해야 한다. 그러나 병근(病根)이 깊으면 고치기가 매우 어렵다. 사법의 핵심을 잘 알게 되어도 이를 바로 몸에 익힐 수는 없기 때문이다. 병폐를 고쳐야 한다는 것을 알아도 몸이 고쳐지지 않으면 시위를 당겨 본 후 옛 병폐가 드러나는 것을 보고 화를 내며 어찌할 줄 모르고 평생 뜻했던 바가 어그러졌다고 탄식하게 될 뿐이다. 활쏘기를 처음 배울 때 옳은 문으로 들어섰다면 어찌 이런 지경에 이르렀을까?<처음 배울 때 옳은 사법을 배워 활을 가득 벌리지 못하는 병폐에 걸려 보지 않았기 때문에 병폐에 걸렸을 때의 고통을 모르는 사람은 이런 말을 들어도 믿지 못하지만 병폐에 걸려 본 사람은 다르다. 그러나 병이 깊은 사람은 고치기가 어렵다.> 나는 젊은 시절 사법서(射法書)들을 즐겨 읽었고 곧 과거에 급제한 후로는 청운의 뜻을 품고 사람들과 교제하면서 깊이 생각하고 신뢰를 중히 여겼었고 훌륭한 사람들의 이야기를 읽으면 기뻐하기도 했다<이하에서는 내가 병폐에 걸렸던 일과 이를 고치기 어려웠던 사정과 옳은 사법을 터득하려고 기울였던 노력과 이를 터득한 후 부지런히 지켜 온 일들을 기록해 놓았다.>.

弱冠時 輒與邑中善射者遊 而孫履正 孫履和 李茂修 其選也 時與之講道 肄業而射 日益進 然履和之力 居多焉 其人豪爽 慈惠多大 節朴而能文 仁而能斷 穎深師之 敢云友也 又有錢三持者 邑中先達賢豪也 征東大捷歸 辛丑年 間時 謁 其門而問業焉 得其射評而讀之 而射日益進 猶不敢自足也 更與海上諸營士及三吳射學者遊 有片長一善 必虛心訪問焉 數年間不避寒暑 廣稽博採 歷試婁更 比十年而射法成 癸卯年 應試鄕擧 開弓破的 幾無虛矢 一時 三吳同志者 相推許焉 頗自謂有得

나는 약관(弱冠) 시절 늘 읍내 선사(善射)들과 어울렸는데 특히 손이정(孫履正), 손이화(孫履和), 이무수(李茂修)와 어울리며 수시로 사도(射道)를 논하면서 만사를 제쳐 놓고 활을 쏘았고 솜씨는 날로 발전했었다. 특히 손이화는 힘도 세고 호탕하고 의지도 굳었고 자애심도 많았을 뿐 아니라 절박(節朴)하고 문장도 뛰어났었고 어질고 결단도 있는 인물이라 나는 그를 깊이 존경했다. 진실로 나의 벗이었다. 그 외에 전삼지(錢三持)라는 이가 있었는데 읍내 제일의 선달이었다. 그가 정동대첩(征東大捷)을 치르고 돌아온 신축년(辛丑年) 한가할 때에 나는 그를 찾아가 활쏘기에 대해서 묻고 사평(射評)을 얻어 와 읽어 본 후 활솜씨가 더 발전했지만 이에 만족하지 않고 여러 수군(水軍) 영사(營士)들과 삼오(三吳) 지방1) 궁사(弓士)들과 어울리며 조금이라도 잘한다는 사람이 있으면 반드시 겸손한 마음으로 그를 찾아보았다. 이렇게 몇 해 동안 더우나 추우나 널리 배우면서 반복 시험해 본 결과 십 년 후에는 사법(射法)이 완성되었다. 계묘년(서기 1603년) 향시(鄕試)에 응시했을 때는 쏘는 대로 과녁을 맞혀 빗나간 화살이 전혀 없었다. 한때는 삼오(三吳) 지방의 뜻이 같은 이들과 서로 추천하기도 했었고 스스로도 자신이 넘쳤었다.

偶遇一名射 江上人也 形貌偉俊 開弓迅發 應弦而中 輒喜而學之 孰知
其法固可嘉 其病不能無也<肩聳而骨節不直 一病也 犯此病者 引弓必漸不滿 引弓一
抽卽殼 一殼卽脫 發矢順利而銜勒不淸 二病也 犯此病者 雖滿而難齊 舍矢甚易 而神不注
三病也 犯此者 矢大小不準> 當時胸中眞贋未明 學其法幷學其病 比三年而病
入骨 引弓日漸不滿 中的亦稍減 心知其非未能遽改也 又三年 癸丑 應試
京師時 穎年已四十三矣 縱觀九州及九邊列鎭諸才士 挾弓馳射者蝟集乃遍
簡 其尤者 與之講究失得 無論射中之善與射中之弊 無不畢知 幷善中之弊
與不善中之美 轉展相因 根連蔓 引弓之病 無不考竟 乃恍然大悟 欲一改
舊習 忘寢食者五年而病不能持 乃益奮其力于弓矢 多方改圖 日夕不倦又
三年而筋力勞疲病<所云不滿之毛病>根益甚 引弓益不能殼 變怪百出胸中 射
法了然 奈兩臂之不爲我用也 時年已四十五矣 知病終不能去又不忍棄置

---

1) 태호(太湖) 유역의 소주(蘇州), 상주(常州) 및 호주(湖州) 등의 지역.

이 무렵 우연히 키도 크고 용모도 준수한 한 강상인(江上人) 명궁(名弓)을 만났는데 그는 활을 벌리면 바로 쏘아서 모두 맞혔다.나는 기꺼이 그 사법을 배웠다. 그러나 그의 사법이 아무리 훌륭해도 병폐가 있을 수 있음을 누가 알았으랴?<그의 병폐는 우선 앞 어깨가 솟아 골절이 펴지지 않는 것이었다. 이런 병폐가 있으면 점차 활을 가득 벌릴 수 없게 된다. 그의 두 번째 병폐는 시위를 당기면 바로 활을 가득 벌리고 활이 가득 벌어지면 바로 화살을 내보내는 것이었는데 쉽게 화살을 내보내기는 했었지만 자세가 굳건하지 못했다. 이런 병폐가 있으면 활을 가득 벌린 후 앞뒤 균형을 맞추지 못한다. 그의 세 번째 병폐는 쉽게 화살을 내보내기는 했어도 정신을 집중하지 못하는 것이었다. 이런 병폐가 있으면 화살 나가는 거리가 불규칙해진다.> 당시에 나는 옳고 그름을 잘 구분 못 해 그의 사법을 배우면서 그의 병폐도 함께 배운 결과 3년 만에 병폐가 골수로 파고 들어 점차 활을 벌리기가 힘들어지고 명중률도 줄었는데 잘못이 있음은 알았어도 고칠 수가 없었다. 또 3년이 지난 계축년(서기 1613년)2)에 북경의 시험에 응시했을 때는 나이가 마흔셋이었다. 이때 전국 각 진(鎭)에서 온 많은 재사들을 볼 수 있었고 기사(騎射)를 잘하는 사람도 많았다. 그들의 장단점들을 살펴보니 잘 쏘고 못 쏘는 것이 어떤 것인지 잘 알 수 있었고, 잘 쏠 때도 단점이 있고 잘못 쏠 때도 장점이 있어서 장단점들이 서로 연관이 있고 그 뿌리들이 서로 뒤엉켜 있음도 알게 되었다. 또 활 벌리기의 병폐들도 모두 볼 수 있었다. 이에 문득 크게 깨달은 바가 있어 구습을 고쳐 보려고 침식도 잊은 채 5년 동안 노력하니 병은 더 버티지 못했고 여러 가지를 고칠 수 있었다. 허나 시간 가는 줄 모르는 사이에 또 3년이 지나자 근육이 지치는 병<소위 활을 가득 벌리지 못하는 모병(毛病)>의 뿌리가 오히려 더 깊어져서 점차 활을 벌릴 수 없었고 마음속에는 온갖 잡념이 들끓었다. 사법은 더욱 요원해졌으며 두 팔을 내 마음대로 쓸 수조차 없었다. 이때 나이가 마흔다섯이었는데 아는 병도 고칠 수 없었고 그대로 방치할 수도 없는 일이었다.

　於是　更爲左射　以精驗之法訓　新習之　毛病未生而法備　比五年而機熟 應弦命中　亦機如意　丙辰年　又遊京師　爲時論所推　燕趙齊秦之士雲集而

觀　其尤知味者　率其子弟　相從不舍也　然旁觀者雖曰善　予心知其非至也
何也　左射者　後手弱　不能敵前手之强　强弱不調　發矢終乖　猶作樂者　琴
瑟不調　雖强鼓而成音　不知樂者　妄稱其善　終不能入鍾子期之聽也

이에 원래 우궁(右弓)이던 내가 좌궁(左弓)으로 바꾸어 엄격하게 사법대로
새로 연습을 시작했는데 모병(毛病)도 없어지고 사법대로 쏠 수 있었다. 이렇
게 5년이 지나자 솜씨의 기틀이 무르익어 쏘기만 하면 마음대로 맞힐 수 있
었다. 병진년(서기 1616년)에는 북경에서 시론(時論)으로 천거(薦擧)를 받았
다. 이때 전국에서 온 재사(才士)들을 보았는데 더 흥미 있던 것은 모두 자제
(子弟)들은 데리고 와서 함께 다니던 일이었다. 그들은 옆에서 나를 보고 잘
쏜다고 했지만 나는 나에게 큰 잘못이 있음을 잘 알고 있었다. 왜 그러한가?
원래 우궁이었던 내가 좌궁으로 쏘다 보니 뒷손이 약해서 강한 앞손을 이길
수 없었다. 두 손의 강약이 달라서 발시 때 균형이 무너졌다. 북소리가 크면
음률을 모르는 사람은 잘한다고 함부로 말하나 결국 종자기(鍾子期)의 청음
(聽音) 수준에는 이르지 못하는 것이다.3)

乃又更爲右射　盖喜　右手久不習射　病根消而易改　且不忍右手二十餘年
之功一旦棄擲耳　乃遂大加更改　以弱弓微弦　滌去舊病者五年　射始合法
中微　及遠稍亦如意　然病根之入骨者猶存十之一二 <不滿之毛病> 時或間發
其端　中數亦不能與癸卯年之多　而筋骸已漸憊矣　嗟嗟　潁今年六十有六
習射四十餘年　始知受病之根　而悔已無及　使早能辨射法之眞贗　不爲江上
人所惑　亦奚知流毒至此　予身受其惑之害　且又知去害之苦　雖用苦功以去
病　而病根轉深　皆從初之不辨失也　今天下好射者比比　誠不忍其忽于惑而
不知辨也　辨而不及改也　故作辨惑篇　以覺之　略擧其惑之大者十餘條　祥
小其由　其餘俟明者　類推焉

---

3) ≪열자(列子)≫, 〈탕문편(湯問篇)〉과 ≪여씨춘추(呂氏春秋)≫ 등에 나오는 말이다. 거문고 달인 백아(伯
　　牙)에게는 자신의 연주를 정확히 이해하는 친구 종자기(鍾子期)가 있었는데 종자기가 갑자기 세상을 등지
　　자 백아는 거문고 줄을 끊고 다시는 거문고를 연주하지 않았다고 한다.

이에 또다시 우궁으로 쏘아 보니 참으로 즐거웠고 우궁 쏘기를 오래 쉬었으니 병의 뿌리가 약해져서 쉽게 병을 고칠 수 있을 것도 같았다. 또한 20년 넘게 공을 들인 우궁 쏘기를 하루아침에 포기할 수도 없었기에 결국 옛 병폐의 뿌리를 뽑아 버리기로 작정하고 연한 활과 가는 시위로 5년간 연습을 했는데 처음에는 사법대로 쏠 수 있었고 잘 맞히지는 못해도 곧 멀리 화살을 보낼 수 있었다. 그러나 골수에 박힌 병의 뿌리가 아직도 일부는<가득 당기지 못하는 모병(毛病)> 남아 있었다. 제법 잘 쏘게는 되었지만 명중률이 계묘년만은 못했고 근력도 점점 떨어졌고 어느새 예순여섯이 되었다. 40년 넘게 활을 쏘고서야 병근(病根)이 골수 깊이 박혔음을 알았지만 후회해도 소용이 없었다. 잘못된 사법을 일찍 분별할 수 있었다면 강상인(江上人)의 폐혹(弊惑)에 빠지지는 않았을 터인데 그 해독이 이리 심할 줄은 몰랐다. 나의 몸은 그 폐혹의 폐해를 입었고 이를 없애기가 얼마나 힘든지를 알게 되었다. 병폐를 없애려 해도 그 뿌리가 더 깊이 파고들었다. 처음에 잘못을 분별하지 못했었기 때문이다. 활을 즐기는 사람은 흔하지만 대개 폐혹에 견디지 못하고 이를 변별했을 때는 이미 고칠 수 없는 경우가 많다. 이제 변혹문(辨惑門) 편을 만들어 그들을 깨우쳐 주려 한다. 대략 큰 폐혹 십여 종과 그 연유를 밝혀 놓았다. 여타 분명한 폐혹들은 짐작으로 분별하기 바란다.

1. 인궁요초지혹(引弓燎草之惑〈第一〉)〈함부로 활을 벌리는 폐혹〉

初學射之人 妄自引弓 不講正法者 初雖滿後漸不滿 此必趨之勢 人所不解 入門一差 到老難改 極力用力者 不過三五年 不滿之病卽見 以其用功勤 筋力易疲 故不滿速 不用功者 日逐不射 筋不卽疲 雖多延幾年 然不滿之病 久後亦見 此病受過者 聞言始信 而已不及改 不曾受過者 聞言始不信也 初射者 反以爲謗己誤矣 予友陶成之者 始犯此病 聞言不信 後竟不能改 悔之無及 其他一時同射之友 犯此病 而不信者 如衛如馬如劉不能遍擧 嗟嗟 天下之未爲成之諸友者 可以思矣

활을 배울 때 사법대로 하지 않고 함부로 활을 벌리면 처음에는 가득 벌릴 수 있어도 점차 가득 벌리기 어렵게 된다. 이는 필연적인 결과인데 사람들은 잘 모른다. 한 번의 조그만 실수로 인해 늙어서 고칠 수 없는 병이 생기는 것이다. 함부로 활을 벌려서 쏘면 3~5년 안에 활을 가득 벌리지 못하는 병이 생기며 열심히 쏠수록 빨리 근육이 지쳐 병이 더 빨리 생긴다. 습사를 많이 하지 않고 매일 활을 쏘지 않는다면 근육이 덜 지치므로 몇 해는 더 버티지만 그래도 더 시간이 가면 결국 병이 생긴다. 이런 병을 겪어 본 사람은 나의 이런 말을 들으면 바로 믿기는 하지만 병을 고치기는 어렵고 이런 병에 걸려 보지 않은 사람은 나의 말을 믿지 않는다. 처음 활을 배우는 사람들은 내가 틀렸다고 비웃는다. 나의 벗 중 도성지(陶成之)란 사람은 처음 이런 병이 생겼을 때 나의 말을 믿지 않다가 병을 고칠 수 없었지만 후회막급이었다. 또한 한때 같이 활을 쏘던 친구들 중에 병이 생기고도 나의 말을 못 믿던 사람으로는 형(衛) 씨, 마(馬) 씨, 유(劉) 씨 등등 이루 헤아릴 수 없을 정도다. 아직 사법을 터득하지 못한 천하의 여러 벗들은 새겨들어야 할 것이다.

羿之敎人射　必至於彀　今人射者　亦知爭言彀矣　然卒莫能彀者　人但知求彀　而未知所以彀法也　得其所以彀之法　不求彀而自彀矣　不得其所以彀之法　雖竭力求彀能乎哉　或有勇力之人　勉强求彀　此僅求彀一時　未必能彀久　故有朝彀而暮未必彀者　有今歲彀　三四年後未必彀者　甚者　一廻箭之中　前四五枝可彀　後七八九枝卽不彀者　此曷故哉　彼恃力而彀　非以法彀也　恃力而彀者　筋力用事　恃法而彀者　骨力用事　筋力用事者　前肩聳而兩臂皆低　骨節不直<此病犯之者　十人而九>　雖有力之人　引弱弓而手已顫射不及久而力已疲　如何能彀　骨力用事者　骨節相對　前後肩臂平直如衡雖無力之人　引勁弓　而久射悠然不動　此彀之所以易也　故學射者　何不求所以彀之法　而徒云彀也乎哉　所以彀之法何　學射之初　將欲引弓　必先數日　以左手托在柱上與肩齊　令一人　從旁將前肩向前下捲　使前肩低於後肩肩臂覺痛乃止數日內　時時將前肩下捲　俟其酸痛旣定　大約一月之後　方可以軟竹弓　托在柱上　低手提高　引開　俟前肩下得極熟　方可搭箭空引

예(羿)[4]는 남에게 활을 가르칠 때 활을 가득 벌리게 했다. 요즘도 활을 가득 벌려야 한다고 다투어 말하기는 해도 가득 벌리는 방법을 모른다. 방법을 알면 가득 벌리려 하지 않아도 저절로 가득 벌어지나 방법을 모르면 제아무리 기를 써도 가득 벌어지지 않는다. 힘이 센 사람이 억지로 가득 벌리면 한 때 그렇게 되지만 오래가지 못한다. 아침에는 가득 벌렸다가 저녁때는 못 벌리기도 하고 올해는 가득 벌렸다가도 3~4년 후는 못 벌리기도 한다. 심하면 한 번 쏠 때 4~5번은 가득 벌릴 수 있어도 더 이상 못 벌리기도 한다. 왜인가? 힘으로만 벌리고 사법대로 벌리지 않기 때문이다. 힘으로만 벌릴 때는 근육만 쓰게 되지만 사법대로 벌릴 때는 뼈까지 쓰게 된다. 근육만 쓰면 앞 어깨는 솟고 두 팔은 모두 낮아지며 골절은 펴지지 않는다<열에 아홉은 이런 병에 걸려 있다.>. 이렇게 되면 힘센 사람이 약한 활로 쏘아도 손이 흔들리게 되고 조금만 쏘아도 곧 힘이 떨어져서 가득 벌리지 못한다. 뼈가 일을 하게 되면 골절들이 서로 맞물려서 앞뒤 팔과 어깨가 저울대같이 곧게 펴지게 되며 힘 없는 사람이 억센 활로 오래 쏘아도 편안하며 팔이 흔들리지 않고 활을 쉽게 가득 벌릴 수 있다. 활을 배우는 사람에게 가득 벌릴 수 있는 방법을 알려 주지 않고 허황되게 가득 벌리라는 말만 하면 아니 된다. 가득 벌릴 수 있는 방법은 무엇인가? 활을 가득 벌릴 수 있으려면 처음 배울 때 우선 몇 날 동안은 왼손을 어깨 높이로 기둥에 대고 옆 사람에게 앞 어깨를 뒤 어깨보다 낮아지도록 누르게 한다. 이때 앞 어깨와 팔에 통증이 오지만 몇 날 지나면 통증이 없어진다. 이와 같이 수시로 앞 어깨를 눌러서 낮추되 통증이 전혀 느껴지지 않게 될 때까지 기다렸다 한 달쯤 지나면 비로소 연한 죽궁(竹弓)을 쥐고 기둥 앞에서 익힌 자세대로 앞 어깨를 낮춘 후 앞손을 내렸다 올리면서 활 벌리는 연습을 해서 앞 어깨가 따라 올라오지 않게 되면 비로소 시위에 화살을 먹이고 활을 벌릴 수 있다.

---

4) 고대 신화에 나오는 명궁의 이름. 《회남자(淮南子)》의 〈범론훈(氾論訓)〉, 《산해경(山海經)》의 〈해내경(海內經)〉 및 《맹자(孟子)》의 〈고자상(告子上)〉 등에서는 '예(羿)'라 했고 《춘추좌전(春秋左傳)》에는 '후예(后羿)', 즉 '재상(宰相)인 예(羿)'라 했는데 《맹자(孟子)》의 〈고자상(告子上)〉에 대한 후한(後漢) 가규(賈逵)의 주석(註釋)에서는 "예(羿)는 선왕 때부터 활 쏘는 관리를 일컫는 이름이었다. 제곡(帝嚳) 때도 있었고 요(堯)임금 때도 있었다. 예(羿)는 선사(善射)의 호칭에 불과하다[羿之先族也 爲先王射官 帝嚳時有羿 堯時亦有羿 羿是善射之號]."고 했다.

引弓法　前後肩臂　不正平直　且使前肩反底　而前掌及後肩臂反高　方是
㲉法<以前肩易聳　而前後手易低　故初引時　必須前肩反底　方得平直　若前肩不低　僅得平直
引弓既㲉　必然後聳能平直乎　故前肩反底者　矯枉太過　方得合中道耳>　㲉法既合　骨節
平直　終日習射　不勞於力　既㲉之時　自能堅持不動　遲速操縱無不如意　既
到如意地步　則前捷徑工皆從此出　若初習射時　卽便潦草引弓　前肩一聳
數日之後　便覺安閑　熟習　全不費力　一月之後　機勢既得　便能中的　比前
下肩法　容易百倍　而旁觀者　嘖嘖稱美　卽自己亦以爲射法之妙　資稟之敏
他人莫及矣　抑　孰知　前肩一聳　骨節不直　日復一日　專用筋力開弓　不三
年而筋疲力憊　引弓必漸不滿　中的亦漸減　又三年而不滿之病益著　始之不
滿者　半寸許　今則二三寸矣　又未幾而二寸者　將半尺許　此時百病俱發　終
日習射　無中的之矢　回視昔年初射而中的者　已不可得在明者　或悔其初引
弓之非　而已不及改　愚者竟托之命착　而猶不悟　豈不悲哉　此皆穎所親試
而親見者　甚衆　非敢漫言欺世也　嗟夫　引弓潦草之惑　一至此　初射中第一
太惑　故首擧之　以示智者採言

　활을 벌리는 올바른 방법은 처음에는 앞뒤 어깨와 팔을 완전히 수평으로
펴는 것이 아니고 앞 어깨는 낮추고 앞 손바닥과 뒤 어깨는 그보다 높이는
것이다<앞 어깨는 솟기 쉽고 앞뒤 손은 낮아지기 쉬우므로 처음 활을 벌릴 때 앞 어깨를 낮추
어야만 나중에 수평 높이가 된다. 처음에 앞 어깨를 낮추지 않고 수평에 가깝게 하면 활이 가득
벌어진 후에는 필히 위로 솟으므로 수평이 될 수 없다. 앞 어깨를 낮추는 것은 수평이 되게 하려
고 일부러 아래로 구부렸다 나중에 적절히 펴 주기 위한 것이다.>. 사법대로 활을 벌리면
골절이 펴지고 종일 습사를 해도 피곤하지 않고 가득 벌린 후에도 팔이 전혀
움직이지 않고 손과 팔을 뜻대로 조종할 수 있다. 이런 경지가 되어야 비로소
앞의 첩경문(捷徑門)에서 말했던 여러 사법들을 지킬 수 있다. 처음 활을 배
울 때 멋대로 활을 벌려서 어깨가 솟아도 몇 날 지나면 곧 편해지고 익숙해
져서 힘도 들지 않고 한 달쯤 지나서 기세(機勢)가 오르면 과녁을 맞힐 수도
있다. 이는 어깨를 낮추는 방법에 비하면 매우 쉬운 방법인데 잘한다는 소리
까지 듣게 되면 자신이 사법을 터득했고 자신은 자질이 뛰어나 남들은 따라

올 수 없다고 착각하게 된다. 그러나 누가 알았으랴? 앞 어깨가 솟아오르면 골절이 펴지지 않아 근력(筋力)으로만 활을 벌리게 되는데 이렇게 매일 쏘다 보면 3년 내에 근육에 피로가 오고 힘은 떨어져서 활을 벌리기가 점차 힘들 어진다. 다시 3년쯤 지나면 활을 가득 벌리지 못하는 병이 점점 깊어져서 처 음에는 반 치[寸]쯤 덜 당기던 것이 점차 두세 치를 덜 당기게 되고 결국은 반 자[尺]쯤이나 덜 당기게 된다. 이렇게 되면 온갖 병이 생겨나서 종일 습사 를 해도 전혀 과녁을 못 맞히게 되고 처음 잘 맞히던 때로 돌아갈 수가 없다. 처음 저지른 잘못을 후회해도 고칠 수 없다. 우매한 자는 이를 운명으로 여기 고 후회도 안 한다. 이는 내가 몸소 겪어 본 일이다. 어찌 허황된 말로 세상 을 속이랴? 안타깝게도 함부로 활을 벌리는 폐혹(弊惑)에 빠져서 이리되는 것인데 이것이 처음 활을 배울 때 빠지기 쉬운 제일 큰 폐혹이다. 이를 가장 먼저 언급했으니 현명한 사람은 받아들이라.

2. 교사태조지혹(郊射太早之惑〈第二〉)〈서둘러 활터로 나가는 폐혹〉

骨節相對　引弓雖合殼法　而尙未演習手法身法審法茫然　若遽往郊射　精
神外鶩　無暇致祥於手　百病萌生　而不自知矣　故引弓合殼法之後　必在藁
砧上演習　體欲直胸欲欽　兩足站立得穩　俗云前如折後如掘者　非也　何也
發矢在手　與足無與也　但不必蹲倒作態耳　頭不欲仰　惟向前側視　以目稍
從箭幹審出以之的可也＜以上言大槪體勢　以下細言引弓發矢時之體勢＞

사법대로 골절을 펴서 활을 벌렸어도 수법(手法), 신법(身法), 심법(審法) 을 익히기 전에 서둘러 교외로 나가 활을 쏘면 정신이 산만해져 손놀림에 세 심하게 신경 쓸 겨를이 없어지고 온갖 병이 생겨도 이를 모르게 되므로 사법 대로 활을 벌릴 수 있게 된 후에는 필히 짚과녁 쏘는 연습을 거쳐야만 된다. 짚과녁 앞에서는 곧은 자세로 서서 가슴을 거두어들여야 하며5) 두 다리가 편 한 자세로 서야 한다. 흔히 앞다리는 꺾고 뒷다리는 구부리라고 하지만6) 잘

---

5) 흉흠(胸欽)은 우리 사법이 말하는 흉허복실(胸虛腹實)의 흉허(胸虛)와 같은 말로 숨을 가슴에서 아랫배로
　　밀어 내려 흉곽(胸廓)을 비우라는 말이다.

못된 말이다. 화살을 내보내는 것은 손이지 다리가 아니므로 쪼그려 앉은 자세를 취할 필요가 없기 때문이다. 턱은 들리면 안 되며 비스듬히 앞을 보되 시선이 서서히 화살대를 거쳐 과녁을 향해야 한다<이상은 몸 전체의 대략적 자세이고, 이하는 활을 벌리고 화살을 내보낼 때의 상세한 자세이다.>.

引弓時　先將矢搭在弓上　前臂番直朝地　前肩畜下捲勢　前掌托實弓心<托實時　先將後手提緊弓弦　而後將前掌托實弓心>胸愈欽　腹愈脡　足愈直　站愈穩 方將後肘向上從後　一提前手　自肩而臂而掌一齊俱直　托出向的　豈非前後 肩臂平直如衡乎<直肩臂法　有口訣　筆難盡>　故不期彀而自彀矣

활을 벌릴 때는 먼저 화살을 시위에 먹인 후 앞 팔을 땅을 향해 곧게 내뻗으면서 앞 어깨를 앞으로 돌려 낮춘 다음 앞 손바닥으로 줌통을 단단히 밀어 준다<먼저 뒷손을 시위에 팽팽히 걸친 후 줌통을 민다.>. 가슴을 거두어들일수록 아랫배는 더욱 팽팽히 부풀고[7] 다리를 곧게 세울수록 서는 것이 더욱 편안해진다. 그다음으로는 뒤 팔꿈치를 치켜든 채 앞 손을 들어서 앞 어깨로부터 앞 팔을 거쳐 앞 손바닥까지 직선이 되도록 앞 손을 과녁 쪽으로 내민다. 이렇게 하면 앞뒤 어깨와 팔이 저울대같이 곧게 수평으로 펴지지 않을 수 없고<어깨와 팔을 곧게 펴는 법에 관한 구결(口訣)이 있지만 글로 표현하기는 어렵다.> 따라서 활을 가득 벌리려 하지 않아도 저절로 벌어진다.

發矢時　前肩下捲已極　于實送前掌注的　後肩從高平瀉　大抵前肩從下<下者　前肩向前下捲>達上<前掌　達上也>力從前掌而出　後肘從高瀉下<後肘下　後拳切不可下　若後拳一下　前肩卽聳>　力從後拳而開　此時光景　勢如常山之蛇盤旋而引<此有口訣　筆難盡>矢鏃浸進　毫無沮碍　前後手勻輕兩開　此等工夫　全在

---

6) 명나라 정자이(程子頤)의 ≪무비요략(武備要略)≫에는 당시의 활 쏘는 자세 세 가지가 소개되어 있다. 두 다리를 모두 펴는 자세가 대가(大架)이고, 두 다리를 모두 구부리는 자세가 소가(小架)이며, 뒷다리는 구부리고 앞다리는 펴는 자세가 중평가(中平架)이다. 이에 대한 상세한 평가가 ≪지미집(指迷集)≫, 제2권에 있다. 이곳에서 말한 것은 소가(小架) 자세이다.

7) 원문의 복유정(腹愈脡)은 우리 사법에서 말하는 흉허복실(胸虛腹實)의 복실(腹實)과 같은 말로 아랫배를 팽팽하게 부풀리고 힘을 주라는 말이다.

藁砧上磨出　亦必得二三知音士　更相互看迭爲切磋　乃得入此妙境<一部射
學妙理在此 不可放過> 若　初射時　卽往郊野演習　心動神散　惟務中的　何暇深
求其法　今人不由藁砧演習　遽往郊射惑矣

　　화살을 내보낼 때는 앞 어깨를 힘껏 앞으로 돌려서 낮춘 후 앞 손바닥을
과녁을 향해 힘껏 밀면서 높여 놓았던 뒤 어깨를 수평 높이로 서서히 내린다.
앞 어깨를 밑에서<앞을 향해 돌려서 낮추어 놓았기 때문에 밑에 있다.> 위로 올리면<앞
손바닥은 먼저 위로 올라와 있다.> 앞 손바닥에 힘이 솟고, 뒤 팔꿈치를 서서히 내
리면<뒤 팔꿈치를 내릴 때 뒤 주먹까지 낮추면 결코 안 된다. 뒤 주먹이 낮아지면 앞 어깨가 곧
바로 위로 솟아오른다.> 뒤 주먹에 힘이 생긴다. 이때의 기세는 마치 상산(常山)
의 뱀이 꿈틀대는 것 같고8) 물이 스며들듯이 촉이 거침없이 끌려 들어오면서
<이에 관한 구결(口訣)이 있지만 글로 표현하기 어렵다.> 두 손이 함께 가볍게 열린다.
이런 기술은 짚과녁 앞의 연습을 통해서 얻어지며 친한 벗 두셋과 서로 자세
를 보아주면 이런 절묘한 자세를 취할 수 있다<사학(射學)의 묘리(妙理) 중 일부는
이에 있으니 소홀히 하면 안 된다.>. 처음 활을 배울 때 바로 교외로 나가서 활을
쏘면 마음은 흔들리고 정신은 분산되고 오직 과녁 맞히기에 열중하게 된다.
언제 깊이 사법을 제대로 익힐 수 있으랴? 요즘 짚과녁 연습을 거치지 않고
바로 교외로 나가 활을 쏘는 폐혹(弊惑)에 빠진 사람이 많다.

　주석(註釋)

　　前肩自下達上<出箭時　前肩必須自下達上者　以前肩之性本易聳　前臂之性本易垂　只
因欲直骨節　故引弓之初　强將前肩極力下捲　向前番直　前拳亦極力耽起　引弓既彀時　矢雖未
發　臂力已盡　前肩必然有復聳之意　前拳亦復有下乖之勢　安能到底前肩不聳　前拳起耽者乎
故發矢之際　愈　加注意于前肩　必欲從下者　以殺其復聳之意　達上者　達其拳向上出矣　以殺
其下垂之勢　則矢發方得超揚遠到耳　拙射不能用到底工夫　初開弓　前肩則下捲　發矢時　則復
聳　故矢不及遠>

---

8) ≪손자병법≫, 구지(九地) 편에 있는 말로 상산(常山)에 사는 솔연(率然)이란 뱀은 누가 머리를 때리면 꼬
리가 달려들고, 꼬리를 때리면 머리가 달려들며, 몸통을 때리면 머리와 꼬리가 함께 달려든다고 한다.

앞 어깨를 밑에서 위로 올린다<화살을 내보낼 때 앞 어깨를 밑에서 위로 올리는 것은 위로 솟으려는 앞 어깨의 본능과 밑으로 떨어지려는 앞 팔의 본능을 이용해서 골절을 곧게 펴려는 것일 뿐이다. 따라서 활을 벌릴 때 먼저 앞 어깨는 힘껏 돌려 낮추어서 앞으로 내뻗은 후에 앞 주먹만 힘껏 높이 올려야만 한다. 활이 가득 벌어지면 화살을 아직 내보내지 않았는데도 팔의 힘이 먼저 떨어지며 이때 반드시 앞 어깨는 위로 솟아오르려 하고 앞 주먹은 밑으로 떨어지려고 하므로 앞 어깨는 솟지 못하게 하고 앞 주먹은 높이 올린 상태를 유지하기가 매우 힘들다. 화살을 내보낼 때 앞 어깨에 주의를 집중해서 더욱 낮추려 하는 것은 솟아오르지 못하게 하려는 것이며 앞 어깨를 위로 올리는 것은 앞 어깨를 앞 주먹 높이로 올려서 앞 주먹이 밑으로 떨어지지 못하게 하려는 것이다. 이렇게 하면 화살을 높이 떠올려 멀리 나가게 할 수 있다. 활을 잘 쏘지 못하는 사람은 이런 방법을 끝까지 구사할 수 없어 처음 활을 벌릴 때는 앞 어깨를 돌려 낮추어도 화살을 내보내기 전에 다시 솟아오르기 때문에 화살을 멀리 보내지 못한다.>.

3. 망사고침지혹(妄射藁砧之惑〈第三〉)〈함부로 짚과녁을 쏘는 폐혹〉

人亦有初習射而演藁砧者矣　老而無成何邪　蓋藁砧雖學法之具　亦入迷塗之具也　故學法而射者　得益甚捷　不知法而妄射者　取害尤速也　何也　射藁砧者　一日可發數百矢　在家射藁砧　一日可當郊射十日之功　是以學法而射藁砧者　合法愈熟　去病愈遠　不一月而法機熟　入門其端　將來漸入巧妙　皆基于此　不學法而妄射者　此非以學法也　學病矣　不一月而病機熟　入病愈深　去病愈遠矣　一日之誤　遂成終身之惑　可忽乎哉　是以虛心好學之人 <世亦有好學而不虛心者　守定一隅之見　一聞善焉　不審理之是非　自以爲是者　若人更無上進之機矣>　雖天資敏妙　不敢私心　自用必以審彀勻輕注之法　日嚴諸心　行住坐臥　宛然心目　而後對藁砧

활을 배울 때 짚과녁 쏘는 연습을 하면서도 사법을 터득 못 하는 사람도 있다. 왜인가? 짚과녁은 사법을 익히는 도구지만 폐혹(弊惑)에 빠뜨리는 도구이기도 하다. 사법을 배우고 짚과녁을 쏘는 사람은 매우 빠르게 발전하지만 사법을 배우지 않고 함부로 짚과녁을 쏘면 매우 빠르게 해를 입는다. 왜인가? 집에서 짚과녁을 쏘면 하루 수백 발을 쏠 수 있고 교외에서 열흘간 연습량에 해당한다. 따라서 사법을 배우고 짚과녁을 쏘면 사법에 익숙해지면서 병(病)

도 멀어져서 한 달 내에 사법을 이해하고 옳은 문으로 들어선다. 좋은 솜씨를 갖출 수 있는 기초가 여기에 있다. 그러나 사법을 배우지 않고 함부로 짚과녁을 쏘면 병을 키우는 것과 같다. 이렇게 한 달쯤 지나면 병이 생기고 병이 깊어 갈수록 고치기가 더욱 어려워진다. 처음의 잘못이 평생의 폐혹이 되는데 이를 주의해야 한다. 마음을 비우고 배움을 좋아하는 사람은<세상에는 배우기는 좋아하나 마음을 비우지 못한 사람도 있어서 한 번 편견을 갖게 되면 무엇이 좋다는 소리를 들으면 옳고 그름을 따지지 않고 언제나 이를 좋다고 여긴다. 그는 발전 가능성이 없는 사람이다.> 비록 뛰어난 자질이 있어도 사심 없이 심·구·균·경·주(審·彀·勻·輕·注)의 사법을 늘 염두에 두고 잊지 않게 되었을 때 짚과녁을 쏘아야 한다.

端立搭箭 引定不發 必極於彀 前肩下捲 兩臂平直 熟視藁砧心一塊 少頃而弛弓 一日之閒 如此數百次 須十餘日 前肩下捲熟習 不勞而定 此爲練肩 審視詳明 擧目便見藁砧中物 不爲弓弝所障 此爲練目 前拳握弓 五指安妥 不論滿把與鷹爪 俱要虎口平仰<有口訣> 彀時 矢鏃 引至弓弝中間 指不碍鏃 掌根手心均貼 實安妥 此爲練掌 前後肩臂平直 一引便彀 一彀便齊 堅持不動 此爲練臂

짚과녁 앞에 단정히 서서 화살을 시위에 먹이고 활을 가득 벌린 후 앞 어깨를 앞으로 돌려 낮추고 두 팔을 곧게 편 다음에 짚과녁 중앙의 아주 미세한 점 하나에 시선을 집중했다가 시위를 늦추어 주기를 하루에 수백 번씩 십여 일을 계속한다. 익숙해지면 힘들이지 않아도 앞 어깨를 쉽게 낮출 수 있다. 이것이 어깨 단련법이다. 조준은 뚜렷해야 하며 눈을 들면 바로 짚과녁의 중심을 보되 앞 주먹이 시선을 가리지 않아야만 한다. 이것이 눈의 단련법이다. 줌통은 다섯 손가락으로 편히 쥐어야 한다. 만파(滿把)의 방법이건 응조(鷹爪)의 방법이건9) 호구(虎口)가 위를 향해야만 한다<이에 관한 구결(口訣)이 있

---

9) 뒤의 악궁망긴지혹(握弓妄緊之惑)에서는 줌통 쥐는 방법 3가지를 소개하며 장단점을 논하고 있다. 첫째는 새끼손가락과 무명지로만 줌통을 감아쥐고 검지와 중지는 가볍게 활에 대고 펴 주는 대응조(大鷹爪)의 방법이며 이를 가장 좋은 방법으로 본다. 둘째는 새끼손가락, 무명지 및 중지의 세 손가락으로 줌통을 감아쥐고 검지만 가볍게 활에 대고 펴 주는 소응조(小鷹爪)의 방법으로 초보자에게는 이 방법을 권하고 있다. 셋째는 다섯

다.>. 활을 가득 벌렸을 때는 촉이 줌통 중간에 오고 손가락에 걸리지 않아야
한다. 장근(掌根)[10]과 손바닥을 편안히 줌통에 고루 밀착시켜야 한다. 이것이
앞 손을 단련하는 연습법이다. 앞뒤 두 어깨와 팔을 모두 곧게 펴면 활을 벌
릴 때 곧바로 가득 벌어지고 활이 가득 벌어지면 바로 앞뒤로 힘이 고르게
분배되어 전혀 흔들림이 없어진다. 이것이 팔의 단련법이다.

如此又十餘日　此射家築基法也<以上只言引弓法　射學根本　全在引弓滿固　故曰
築基　基固而及遠命中特易事耳>　築基旣定然後　向藁砧發矢　其法必俟引弓彀時
前肩下捲　得十分堅實　方能從下達上　送前掌托出　後肩及肘　從高平瀉　向
後背而止　是謂發矢法

이렇게 10여 일 연습해야 하며 이것이 활을 쏘는 사람이 기초를 쌓는 방법
이다<이상에서는 단지 활을 벌리는 방법만 말했다. 사학(射學)의 기본은 전적으로 활을 가득 벌
려 흔들림이 없게 하는 데 있다. 그래서 이를 기초 쌓는 방법이라 한 것이다. 기초가 단단하면 화
살을 멀리 보내 명중시키기가 특히 쉬워진다.>. 기초 쌓기가 끝나면 짚과녁을 향해 화
살을 내보낸다. 화살을 내보내려면 활을 가득 벌려 앞 어깨가 낮추어지기를
기다려야 한다. 앞 어깨가 충분히 낮아져야 비로소 밑에서 위로 올라오면서
앞손을 앞으로 밀어낼 수 있다. 이때 뒤 어깨와 뒤 팔꿈치를 위로부터 등을
향해서 매끄럽게 쓸어내려야 한다. 이를 발시법(發矢法)이라고 한다.

손가락 모두로 줌통을 감아쥐는 만파(滿把)의 방법으로 화살 날아가는 거리가 줄어든다고 한다. 명나라 정종
유(程宗猷)의 ≪사사(射史)≫는 소응조(小鷹爪)를 호조(虎爪)라 하면서 이 방법만 취한다. 일본에서도 옛날
부터 홍엽중(紅葉重), 인형(鱗形), 난중(卵中), 제수(鵜首) 등으로 불리는 여러 방법이 사용되고 있지만 중국
의 소응조(小鷹爪)와 비슷한 방법이 가장 흔하게 사용된다고 한다. 하마구치 후지오(橫口富士雄), ≪사경(射
經)≫, 동경. 명덕(明德)출판사, 소화 54년(서기 1979년), 93쪽. 대응조는 중지 끝에, 소응조는 검지 끝에 촉
이 닿는 것을 만작으로 본다. 소응조로 줌통을 쥐는 방식을 보여 주는 삽화가 청나라 기감(紀鑑)의 ≪관슬심
전(貫虱心傳)≫에 있다. 한편 명나라 척계광의 ≪기효신서≫는 엄지로 중지를 눌러서 줌통을 쥐는 방법을 극
히 오묘한 사법으로 보면서 매우 강조하고 있는데 구체적으로 엄지의 첫째 마디가 중지 첫째 마디와 겹치게 할
것을 강조한다. 이는 소응조 방식으로 우리나라 방식과 유사하다. 우리나라에서는 대개 엄지를 중지 위에 올려
놓는 방법을 사용하면서 화살을 가득 당겼는지 여부를 엄지로 감지한다. 그러나 명나라 이정분의 ≪사경≫에
서는 화살이 가득 당겨졌는지 여부를 중지로 감지한다고 한 것을 보면 대응조 방식으로 줌통을 쥐라는 것이다.
대응조 방식을 권장하는 고영(高潁) 역시 중지 끝으로 촉을 감지하라고 했다. 중국 최고(最古)의 사법서인 당나
라 왕거의 ≪사경≫은 화살이 가득 당겨졌는지 여부를 우리나라의 사법과 같이 엄지로 감지하라고 했다.

10) 새끼손가락 쪽의 손바닥 하단을 말한다. 필자는 ≪조선과 중국의 궁술≫(한국학술정보, 2010년)에서는
　　이를 정확하게 알지 못해 중국 사법이 말하는 장근(掌根)을 우리말의 반바닥과 같은 말로 보았는데 이제
　　이를 수정한다.

發矢時 後掌心須向前拳 切勿用絶法 恐激動機神 矢發不準<掌心向前拳 發 矢時 中指無名指小指 須極力緊收不撒開 只用食指大指直開 方捷疾> 務使審彀勻輕諸 法 熟習巧妙 後手一提便彀 一彀便勻輕而注 出如駿馬下山坂中閒 寧有駐 足之地乎 如此百日 箭發順利而如意 藁砧之功 方足 乃可向郊野演試

발시 후는 뒤 손바닥이 앞을 보아야 하며 절법(絶法)11)을 쓰면 안 된다. 신기(神機)가 격동되어서 화살이 빗나갈 수 있다<이때 뒷손의 중지, 무명지 및 새끼 손가락은 힘껏 감아쥐고 펴면 안 된다. 검지와 엄지만 펴 주면 화살이 빨리 날아간다.>. 오직 심·구·균·경(審·彀·勻·輕) 등의 사법을 잘 익혀야 한다. 뒷손을 들어 올리며 바로 활을 가득 벌리고 바로 이어서 균·경·주(勻·輕·注)의 사법 들이 준마가 언덕을 내리달리듯이 계속 이어져야 하며 도중 멈칫거리면 안 된다. 이렇게 100일쯤 연습하면 화살을 뜻대로 힘차게 내보낼 수가 있다. 짚 과녁 연습이 끝나야 비로소 교외로 나가 사법을 시험해 볼 수 있다.

凡習射者 仕藁砧上 雖合法 在野外則射法俱變 所云演者 演藁砧上所 習之法也 使郊野之射 身法手法與藁砧上一樣 方是習射之正法 不墮世俗 妄射之惑矣<如此 藁砧上習射工夫 比世人之難 不啻百之 然一勞永佚 終身巧妙不煩費 力 故云不墮世俗妄射之惑 今人不學法 弓一到手 便往郊射 只圖立刻就中 百病交集 如何 中的 所謂欲速則不達也> 郊演而或變則又向藁上 溫習射法 溫習而無弊 又復 試之 郊原再溫再演 不厭煩瑣 必求合法 而中在其中矣 潁嘗誨人習射 只 要合法 不急求中 人輒曰高先生誨人 只要一個法 不要中者 何如 我輩只 要中的 不必拘拘於法乎 嗟嗟 何不思之甚也 夫不必法而中者 此偶中 不 可訓也 何也 無法而中者 久射機熟故中 機不可執 無法可守 久不射則機 室 不能中矣 或臨場 得失介懷 則不中 或臨難 喪膽 則亦不中矣 故曰偶 中 予所謂不求中而求合法者 法合而中 存不求中而無不中者也 此中非偶 也 如以予言爲非是 則孔子祿在其中之意非與

---

11) 뒤 팔을 펴고 손바닥이 위를 보게 하는 절(搴 또는 劈) 방법을 말한다.

짚과녁 앞에서는 사법에 어긋남이 없다가 교외로 습사를 나가면 자세가 변하는 일이 많은데 이는 그의 사법이 아직 고침 앞에서의 사법에 불과하기 때문이다. 교외로 나가서 쏠 때도 신법(身法), 수법(手法)이 짚과녁 연습 때와 같아야 제대로 사법을 익힌 것이며 이때 비로소 흔히 빠지기 쉬운 함부로 쏘기의 폐혹에 빠지지를 않는다<짚과녁 앞에서의 연습 방법은 세인(世人)들의 연습방법에 비해서 백 배 이상 어렵다. 그러나 한 번 잘 익혀 놓으면 평생 동안 편해지고 별다른 노력 없이 솜씨를 발휘할 수 있다. 이 때문에 흔히 빠지기 쉬운 함부로 쏘기의 폐혹에 빠지지 않는다고 말한 것이다. 요즘은 사법은 안 배우고 활을 쥐기만 하면 바로 교외로 나가서 쏘며 과녁만 맞히려고 하다 온갖 병이 생기니 어찌 명중을 기약할 수 있으랴? 서두르면 목적지에 도달할 수 없다.>. 교외로 나갔을 때 자세나 동작이 달라지면 또다시 짚과녁 앞으로 가서 사법을 복습해서 사법에 어긋남이 없으면 다시 교외로 나가 시험해 보아야 한다. 복습과 시험을 귀찮게 여기지 말고 반복하면서 사법을 익히면 과녁을 맞힐 수 있다. 내가 일찍이 활쏘기를 가르치면서 사법을 지켜야지 서둘러 명중만 탐하면 안 된다고 하자 누군가 "왜 고영(高穎) 선생은 가르칠 때 사법만 말하고 명중에 대한 말은 없소? 우리에게 명중이 필요하지 구구한 사법은 필요 없소."라고 했다. 어찌 이리도 생각이 짧을까? 사법이 없이 얻은 명중은 우연한 명중이며 누가 가르쳐 줄 수 있는 것이 아니다. 왜 그런가? 사법대로 하지 않고도 맞히는 것은 한참 쏘다 보면 솜씨의 기틀[機]이 무르익어서 맞히는 것인데 이 기틀이란 것은 잡아 둘 수 없는 것이기 때문이다. 사법 없이 쏘아도 맞힐 수 있지만 한참 쉬다 기틀이 사라지면 맞힐 수 없게 된다. 시험장이나 시합장에서는 떨어지거나 지는 것이 두려워서 맞히지 못하게 되고 실전에서는 겁을 내서 맞히지 못하게 된다. 그러니 우연한 명중인 것이다. 내가 명중을 탐하지 말고 사법대로 하라고 한 것은 사법대로 하면 명중을 탐하지 않아도 명중될 수밖에는 없다는 말이다.[12] 이런 명중은 우연한 명중이 아니다. 만

---

12) 우리 활터에서는 자세가 중요한지 명중이 중요한지에 관한 논쟁이 끊이지 않는다. 그러나 이 망사고침지혹(妄射藁砧之惑)에서의 견해는 이런 문제에 대한 훌륭한 대답이 될 것이다. 좋은 자세와 동작은 높은 명중률을 꾸준히 유지하기 위한 수단이며 사법에 맞는 자세와 동작을 말한다. 아무리 자세가 보기에 좋아도 끝내 명중률이 높지 않으면 그 자세는 겉으로만 멋진 자세에 불과하다. 명중률보다 자세가 중요하다고 강조하는 사람들 중에는 무엇이 옳은 사법인지는 말해 주지 못하면서 단지 올바른 자세가 중요하다는 말만 되풀이하기 때문에 그의 말에 고개를 갸우뚱하는 사람들이 많은 것이다. 더욱이 그런 사람들 중에 "사부주피(射不主皮)"라는 고전(古典) 구절을 인용하는 사람도 있는데 대개 이 구절의 정확한 의미를 알지

약 나의 말이 틀린 말이라면 "배움 속에도 녹봉이 있다(學也 祿在其中)."13)
는 공자(孔子)의 말도 틀린 말이다.

4. 조사경궁지혹(早射勁弓之惑〈第四〉)〈서둘러 강궁을 쏘는 폐혹〉

今人亦有射藁砧而合正法者矣　然多歷年所　而引弓時　前後肩臂輒動搖
此又何也　射勁弓太早耳　初習射之人　前肩雖下捲而未熟　骨節雖平直而猶
疏　若遽用勁弓　前後手爲勁弓所制

竭周身之力　彀弓且不給　何暇用力復下前肩　何也　初射之人　骨節俱僵
欲下前肩已極費力　若用力彀勁弓　必無力下前肩　前肩未下　骨節俱虛　引
弓安得不搖　發矢又安能準　故初射藁砧　只用鋪筋軟竹弓　約三十餘斤　百
日之後　射法漸熟　弓漸勁　日增倍之　俟下前肩熟習之後　骨節自直　直則生
力　熟則生勢　雖無力之人　可彀勁弓　況强有力者乎　此行遠自邇之理　予誨
人射　莫不由漸而入　人多嫌其太遲　而不知始之徐徐者　乃其所以速　而世
之欲速者　正其所以遲也　彼偏見者　輒曰弓勿用軟　初射而用弓軟　遂成痼

못하고 그런 말을 함부로 인용하는 경우가 많다. 예악(禮樂)으로 백성을 교화시키는 것을 목적으로 했던
사례(射禮)에서는 과녁 맞추는 일 못지않게 몸가짐과 행동거지가 예(禮)에 부합되는지 여부를 중시했다.
≪의례(儀禮)≫의 〈향사례(鄕射禮)〉편 및 〈대사의(大射儀)〉편에 의하면 활쏘기 의식을 시작할 때는 진
행을 감독하는 사사(司射)가 관중 여부를 판정하는 획자(獲者)들에게 "불관불석(不貫不釋)" 및 "불고불
석(不鼓不釋)"이라는 명을 내린다. 전자는 정곡(正鵠)을 꿰뚫은 것만 관중으로 보라는 말이며 후자는 정
곡을 꿰뚫어도 연주되는 가락에 맞추어 쏜 것이 아니면 관중으로 보지 말라는 말이다. 또 〈향사례(鄕射
禮〉편에는 "예사부주피(禮射不主皮)"라는 구절이 있는데 이는 예사(禮射)에서는 정곡을 꿰뚫는 것만 보
지 않는다는 말로서 후한(後漢) 정현(鄭玄)은 이에 대한 주(注)에서 "몸가짐이 예에 맞는지, 절도가 가락
에 맞는지도 중요하며 정곡을 꿰뚫기만 하면 되는 것이 아니다(貴其容體比於禮 其節比於樂 不待中爲
備也)."라면서 이어서 "主皮之射者 勝者又射 不勝者降"라 했는데 이는 "예사(禮射)가 아닌 활쏘기에
서는 정곡을 꿰뚫는 것을 중시하므로 이긴 사람은 또 쏘고 진 사람은 사대에서 내려온다."는 뜻이다. ≪
논어(論語)≫, 〈팔일(八佾)〉편에도 "子曰 射不主皮 爲力不同科 古之道也"라는 구절이 있는데 주자
(朱子)의 ≪논어집주(論語集註)≫에서는 이 구절의 의미에 대해서 "옛사람들은 활 쏘는 것을 보고 덕을
살폈으나 정곡을 맞추는 것만 볼 뿐 꿰뚫는 것은 보지 않았다. 이는 사람마다 힘의 강약이 같지 않기 때
문이다. ≪예기≫, 〈악기(樂記)〉편에서 정곡을 꿰뚫는 것만 보는 활쏘기는 무왕(武王)이 상(商)나라를 이
긴 다음 군대를 해산하고 활쏘기 의식을 벌였을 때부터 그치게 되었다고 한 것이 바로 이것이다. 주나라
가 약해지고 예(禮)가 피폐해지자 열국이 싸우면서 다시 정곡을 꿰뚫는 것을 중시하게 되자 공자가 이를
한탄하신 것이다[古者射以觀德 但主於中 而不主於貫革 蓋以人之力有强弱 不同等也 記曰 武王克
商 散軍郊射 而貫革之射息 正謂此也 周衰 禮廢 列國兵爭 復尚貫革 故孔子歎之].'라고 했다. 〈향
사례(鄕射禮)〉편의 "射不主皮"라는 말의 뜻을 "예사(禮射)에서는 억센 활로 과녁의 정곡을 꿰뚫는 것만
중요한 것이 아니라"는 뜻으로 해석한 것이다.

13) ≪논어≫, 〈위령공(衛靈公)〉편에 있는 말로서 이곳에서는 열심히 기초를 익히다 보면 좋은 결과를 얻을
　　수 있다는 의미로 인용한 것이다.

疾 終身不能用勁 此說非也 予關之曰 信如所言 今人敎小兒學步者 循牆
而走則終身便不能急趨乎 聞者大笑 或曰用弓當自軟而勁矣 後手羈弦亦
當自單搭始而後乃雙搭乎 曰不然 單搭只用食指羈弦 而力小 雙搭用食指
中指羈弦則力大 力大愈於力小明矣 世多用單搭者 以單搭發矢鬆 而雙搭
差鈍耳 若使雙搭 只用中指第一節之半 搭在大指 而食指仍用單搭法 脫
弦時 中指用弦法 極力收緊 而大指食指盡力直開 則得勢 而脫弦鬆脆與
單搭無異 且控弦有力 而開時不犯雙搭之遲鈍 則雙搭賢于單搭遠矣

　　짚과녁을 사법대로 쏘았지만 오래 쏘고도 활을 벌릴 때 앞뒤 팔과 어깨가
흔들리는 사람도 있는데 어째 그러한가? 너무 일찍부터 강궁으로 쏘기 때문
이다. 처음 배울 때는 앞 어깨를 돌려 낮추기가 미숙하고 골절을 곧게 펴기도
힘들다. 일찍부터 강궁을 쓰면 손이 활에 눌리므로 힘이 모자라 활을 가득 벌
리기 힘들고 다시 어깨를 돌려 낮출 여력이 없게 된다. 왜 그런가? 처음 쏘는
사람은 골절이 모두 뻣뻣해서 앞 어깨를 낮추려면 온 힘을 다 쏟아야 되는데
만약 힘으로만 강궁을 벌리면 앞 어깨를 낮출 힘이 없어진다. 앞 어깨를 낮추
지 못하면 골절이 모두 허해진다. 어찌 활을 벌려 흔들림 없이 발시를 정확히
할 수 있으랴? 처음 짚과녁을 쏠 때는 뿔은 붙이지 않고 힘줄만 붙인, 인장력
30근(약 40*lb*) 정도의 연한 죽궁(竹弓)을 쓰되 100일쯤 지나 사법에 점차 익
숙해지는 정도에 따라 점차 강한 활을 쓰면서 앞 어깨를 돌려 낮추는 일이
익숙해지기를 기다리면 골절은 저절로 펴지고 골절이 펴지면 힘이 생기고 더
익숙해지면 기세가 강해져 힘없는 사람이라도 강궁을 가득 벌릴 수 있게 된
다. 힘이 있는 사람이면 더 말할 필요도 없다. 먼 길도 가까운 곳부터 가야
하는 이치와 같다. 나는 늘 단계적으로 활을 배우도록 가르치는데 너무 느리
다고 싫어하는 사람이 많다. 그들은 서서히 시작해야 빨리 갈 수 있고 빨리
가려 서두르면 늦어짐을 모른다. 편견을 지닌 사람은 연한 활을 쓰면 안 된다
면서 처음에 연한 활을 쓰면 결국 습관이 되어 평생 억센 활은 못 쓴다고 하
는데 이는 틀린 말이다. 나는 그런 사람을 꾸짖을 때 그대 말대로라면 애기들
에게 걸음마를 가르칠 때 담장이 보이면 돌아가라고 하면 그 애기는 평생을

뛸 수 없다는 것이냐고 묻는다. 이 말을 들으면 모두들 크게 웃고 만다. 활은 연한 활에서 시작해서 점차 강궁을 써야 하는 법이다. 뒷손을 시위에 걸 때도 단탑(單搭) 방식을 쓰다가 나중에는 쌍탑(雙搭) 방식을 써야 하는가? 아니다. 단탑은 검지만 엄지에 걸치는 방식으로서 힘이 없다. 쌍탑은 검지와 중지를 모두 시위에 걸기 때문에 힘이 있다. 힘 있는 것이 힘없는 것보다 분명히 좋다. 단탑 방식을 쓰는 사람도 많고 이 방식은 발시(發矢)는 쉽다. 쌍탑 방식은 약간 둔하지만 쌍탑 방식을 쓰더라도 중지 끝마디의 절반만 엄지에 걸치면 여전히 검지로 단탑 방식을 쓸 수도 있다. 시위를 놓는 순간 중지는 힘껏 손바닥 안으로 감아 넣고 검지와 엄지만 힘껏 펴 준다면 힘도 있고 단탑과 다름없이 쉽게 시위를 놓을 수가 있다. 시위를 힘차게 당길 수 있으면서도 시위를 놓는 것이 쌍탑같이 느리고 둔하지도 않은 방법이다. 결국 단탑보다는 쌍탑이 유리하다.

5. 교사용대적태조지혹(郊射用大的太早之惑〈第五〉)〈서둘러 활터의 큰 과녁을 쏘
   는 폐혹〉

射藁砧之功旣盡　射俱合法矣　而郊射對大的　則不能合法　射輒不中　何
也　用大的太早耳　初射之人　遽用大的　見爲易與　好勝之心一生　發矢時
精神俱馳　騖於中的　何暇顧其身法乎　身法一亂　則目審肩臂指掌之法俱亂
安能中的　間有精心謹密之人　亦知簡點　然欲中之心　豈能盡去一身之間
未免顧此失　彼增一分勝心　精神亦增一分外馳矣　外馳之心增一分　簡點射
法之心亦減一分矣　豈非用大的太早乎　是以郊射之法　始初不用大的　只用
大竹稍一根〈竹根恐傷箭　故用竹稍耳〉　長七尺　以尺布爲旗　以爲的　的小則求
中之心泯　精神常聚于手　所云審彀勻輕注法　合與不合之由　可以潛心簡
察矣　察之而法漸合病漸去　久之而法熟機生　隨手迅發皆中　規矩小　的可
中　況大的乎　此用大的太早之惑　宜辨也　射法旣熟之後　用的只宜合式〈六
尺闊　八尺高　爲準〉　不可過小　若平時常用小的　場上忽見大的〈考官前爲場上〉
以爲近而忽之　視遠若近　發矢必小　故居常用的　以合式爲準

짚과녁 앞에서 연습으로 사법을 충분히 익혔어도 교외로 나가서 큰 과녁을
대하면 사법대로 되지 않고 맞히지 못하기도 하는 것은 무엇 때문인가? 너무
일찍 큰 과녁을 쏘기 때문이다. 처음에 서둘러 큰 과녁을 쏘면 쉬워 보이므로
맞혀 보려는 마음이 생겨서 발시 때 오직 맞히는 데만 정신이 쏠리면 자세를
돌아볼 틈이 없다. 그러나 신법(身法)이 한 번 흩어지면 조준은 물론이고 어
깨와 팔과 앞손의 사법이 모두 흐트러지므로 과녁을 맞힐 수가 없다. 정신을
차리고 주의해야 한다는 것은 알더라도 맞혀 보려는 마음을 모두 버릴 수는
없기 때문이다. 그러나 이런 승심(勝心)이 조금이라도 남아 있으면 정신도 그
만큼 소홀해진다. 정신이 조금이라도 소홀해지면 사법에 주의해야겠다는 마음
역시 그만큼 줄어든다. 이것은 전적으로 너무 일찍 교외로 나가서 큰 과녁을
쏘았기 때문이다. 따라서 교외에서 쏠 때 처음에는 큰 과녁을 쏘지 말고 길이
7자[尺]의 대나무 끝마디 하나에<밑동을 쓰면 화살이 상할 수 있어서 끝마디를 쓴다.>
깃발같이 헝겊을 매달아 놓고 이를 과녁 삼아 쏘면 좋다. 과녁이 작으면 꼭
맞히려는 마음은 적어지고 손에 정신이 집중된다. 소위 심·구·균·경·주
(審·彀·勻·輕·注)의 여러 사법이 제대로 될 것인지 여부는 모두 마음
속에 있음을 유의해야 한다. 이를 유의하면 점차 사법에 익숙해지면서 병도
사라진다. 이렇게 오래 하면 사법이 무르익고 솜씨의 기틀이 생겨 손이 가는
대로 재빨리 쏘아도 모두가 명중된다. 작은 과녁을 맞히는데 큰 과녁을 어찌
해서 못 맞히랴? 너무 일찍이 큰 과녁을 쏘는 폐혹을 잊어서는 안 된다. 그러
나 사법이 무르익으면 규정된 과녁만 쏘아야 하고<넓이 6자, 높이 8자가 그 기준이
다.> 너무 작은 과녁을 쏘면 안 된다. 평시에 작은 과녁만 쏘다 보면 시험장
에 나가<시험관 앞에서 쏠 때를 말한다.> 갑자기 큰 과녁을 보면 과녁이 가까워 보
여서 이를 얕보게 되므로 화살 나가는 거리가 반드시 짧아진다. 따라서 평소
사용하는 과녁은 규격에 맞는 것이어야 한다.

6. 전권악궁망긴지혹(前拳握弓徒緊之惑〈第五〉)〈불필요하게 줌통을 움켜쥐는 폐혹〉

　　郊射始用小的演習得法　是宜中的矣　然發矢忽有左右大小之偏　此又何

也 則前拳握弓徒緊而未得其竅也 大抵射學工夫 只有三大端 始焉引弓欲
彀 中焉浸進欲勻 終焉發矢欲穩 彀之根䓕在前肩之下捲 勻之根䓕在後肩
之旋運 穩之根䓕在前拳之把握 前肩後肩有不合法 其形立見人易知而改
之 猶人患外症 藥石可攻 鍼砭可施也 惟前拳握弓之病 隱在掌心 無形可
見 猶心腹之疾 人不易知 初學者亦不自覺 何從而改 孰知握弓不安 發矢
皆偏<左右大小之偏> 縱使外貌得法而中的者寡矣 是謂一惑而喪百善 可無
辨與

　　교외에서 처음 쏠 때 작은 과녁으로 연습하면서 사법을 익히면 과녁을 맞
힐 수 있다고 했는데 돌연 화살이 좌우대소(左右大小)로 치우치는 것은 왜
그런가? 앞 손이 요령 없이 줌통을 꽉 움켜쥐기 때문이다. 무릇 사학(射學)에
는 세 가지 요점(要點)이 있다. 처음에 활을 가득 벌려야 하고, 중간에는 화
살을 물이 스며들듯 끌고 들어오면서 앞뒤 균형을 맞추어야 하며, 마지막에는
편안하게 화살을 내보내야 한다. 활을 가득 벌리는 근본은 오직 앞 어깨를 앞
으로 돌려 낮추는 것이고, 앞뒤 균형을 맞추는 근본은 오로지 뒤 어깨를(등
쪽으로) 돌리는 것이며, 편안한 발시의 근본은 오직 줌통을 잘 쥐는 것이다.
그런데 앞 어깨와 뒤 어깨가 사법에 맞지 않으면 그 모습이 겉으로 곧 드러
나서 쉽게 알고 고칠 수 있다. 사람에게 외상(外傷)이 있을 때는 약을 주거나
침을 놓아서 고칠 수 있는 것이나 같다. 그러나 줌통을 잘못 쥐는 병은 손바
닥 속에 숨어 있는 병이므로 그 모습이 잘 보이지 않는 내상(內傷)과 같아서
남이 이를 쉽게 알 수 없고 처음 배울 때는 스스로도 이를 못 느낀다. 어떻게
이를 고칠 것인가? 줌통을 잘못 쥐게 되면 화살이 치우친다는 것을<대소좌우(左
右大小)로> 누가 알 수 있으랴? 그런 사람은 설령 겉모습이 사법에 맞더라도
과녁을 많이 맞히지 못한다. 이를 두고 한 가지의 폐혹이 백 가지의 장점을
무용지물로 만든다고 한다. 이를 변별해야 한다.

　　夫握弓之法 莫善于搭箭時 將前掌根托實弓心 次以小指無名指捲握弓
弝 而食指中指屈曲附麗于弓 不必用力 發矢時 與大指一同直入對的 如

此把握 掌根雖寔而虎口不仰 矢不患大 虎口雖寔而掌根虛 矢不患小 小
指無名指雖握弓緊 而不患撇左 以掌根寔也 食指中指雖不用力 而直入出
則不患偏右 以出矢得勢也 如此握弓爲第一法 人號曰大鷹爪<大指食指中間
入口爲虎口 手掌與中指無名指對直者爲掌心 與小指對直者爲掌根 世人誤認掌心爲掌根 若
握弓時 掌心一實 虎口必仰 矢出揷天而 大矣 惟 以小指對直處爲掌根 此處一實 虎口便不
能仰 必然直入而出矢 出方穩> 若不講於此 妄自握弓 虎口仰則矢揷天而大 前
拳五指俱握緊則用力太過　必撇出而矢偏左　恐其偏左而不敢撇則出無勢
而又偏右 縱合審彀勻輕注法 發矢一偏 百法不驗 皆從握之一字失也 可
不辨與 滿把犯撇病者極多<五指俱握緊爲滿把> 小鷹爪次之<以食指縮起 只以中
指無名指小指握弓爲小鷹爪> 犯握弓妄緊之弊 而莫覺 庸愚之人 旣不能深求
其故 間有粗豪好勝之士 又以欲速而不暇察 見發矢多偏 遂以審彀勻輕注
法爲無用 謂射不必學法 嗟夫 是因噎廢食矣

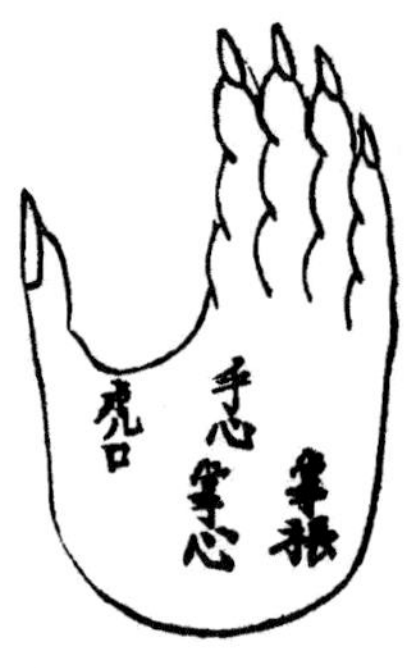

수장도(手掌圖)

　무릇 줌통을 쥐는 법에서는 화살을 시위에 먹일 때 앞손 장근(掌根)을 줌
통에 밀착시킨 다음 새끼손가락과 무명지(無名指)로 줌통을 감아쥐고 검지와
중지(中指)는 구부려 줌통에 가볍게 붙였다가 발시 때는 엄지와 함께 곧게
펴서 과녁을 향하도록 하는 것이 가장 좋은 방법이다.[14] 이렇게 줌통을 쥐면

---

14) 이곳에서는 발시 때 검지와 중지(中指)를 곧게 펴 과녁을 향하게 한다고만 했지만 뒤의 ≪지미집(指迷集)≫,
　　제3권의 제3단을 보면 활이 가득 벌어지는 것을 중지의 끝으로 감지한다고 한 것을 보면 발시 순간에 검지와
　　중지를 곧게 펴는 것이 아니라 그 이전에 곧게 펴라는 것이다.

장근은 그대로 있어도 호구(虎口)가 위를 보지 않아 화살이 과녁을 넘길 우려가 없고 호구가 그대로 있더라도 장근에 과도한 힘이 들어가지 않아서 화살이 과녁에 못 미칠 우려가 없다. 새끼손가락과 무명지가 줌통을 힘껏 감아 쥐어도 화살이 왼쪽으로 치우칠 염려가 없는 것은 장근이 그대로 있기 때문이고 검지와 중지에 힘을 주지 않고 앞으로 곧게 펴도 화살이 오른쪽으로 치우칠 염려가 없는 것은 화살이 힘차게 나가기 때문이다. 이렇게 줌통 쥐는 것이 가장 좋은 방법이고 사람들은 이를 대응조(大鷹爪)라고 한다<엄지와 검지 사이 입구가 호구다. 손바닥에서 중지와 무명지 밑의 끝부분이 장심(掌心)이며 새끼손가락 밑의 끝부분이 장근(掌根)이다. 흔히들 장심을 장근으로 잘못 알고 있다. 줌통을 쥘 때 장심에 힘을 주면 호구가 위를 향하므로 화살은 하늘 높이 떠올라 과녁을 넘는다. 새끼손가락 밑의 끝부분만 장근이라 하는데 이곳에는 힘을 주어도 호구가 위를 볼 수 없어서 장근을 곧바로 앞으로 밀면서 화살을 내보내도 화살을 떠오르지 않도록 내보낼 수 있다.>. 줌통을 이렇게 쥐지 않고 멋대로 쥐면 호구가 위로 들리면서 화살이 하늘 높이 떠올라 과녁을 넘기 쉽다. 앞손의 다섯 손가락에 모두 힘을 주는 만파(滿把) 방법으로 줌통을 쥐면 너무 큰 힘을 쓰게 되므로 필히 앞 손이 활을 앞으로 쓰러뜨리는 별(撇) 동작을 취하게 되므로 화살이 왼쪽으로 쏠리고 이를 염려해 앞손을 그대로 놓아두면 화살이 힘없이 나가며 오른쪽으로 쏠린다. 이렇게 되면 설령 심·구·균·경·주(審·彀·勻·輕·注)의 사법을 모두 지켜도 화살은 대소좌우(大小左右) 멋대로 쏠리게 되어 모든 사법이 무용지물이 되고 만다. 이는 모두 줌통을 잘못 쥔 결과이다. 이를 반드시 분별해야 한다. 만파 방법을 쓰면 앞 손이 활을 앞으로 쓰러뜨리는 별병(撇病)이 생기기 쉽다<다섯 손가락을 모두 힘껏 감아쥐는 것이 만파 방법이다.>. 소응조(小鷹爪) 방법은 만파 방법보다 약간 낫다<검지는 곧게 펴고 중지 이하 세 손가락으로 줌통을 쥐는 것이 소응조 방법이다.>. 줌통을 함부로 움켜쥐는 병이 생겨도 이를 모르는 둔감한 사람은 그 연유도 알 수 없다. 간혹 과녁 맞히기를 탐하지만 허황된 사람이 있어서 서둘기만 하고 이를 잘 살펴보지 않다 치우치는 화살이 많아지면 심·구·균·경·주의 사법을 모두 무용지물로 여기고 활 쏠 때는 사법 같은 것은 배울 필요가 없다고 하기도 하나 이는 목이 껄껄하다고 해서 식음을 전폐하는 것이나 같다.15)

7. 습사작철지혹(習射作輟之惑〈第七〉)〈습사를 게을리하는 폐혹〉

前拳握弓旣穩　自宜舍矢破的矣　然有始初演射便能中的　人服其敏　乃曆
春而夏而秋而冬　中數不加　今世不進來年復然　時序推遷　顔髮幾改　而射
猶退步者[16]　何也　作輟之過也　夫水不流則腐　器不用則蠹　人之精神　不淬
勵則昏　肢體形骸　不勤行修練則脆弱而無用　況射者發捷于指掌之間　中微
於百步之外　甘苦疾徐之機　得心應手之巧　非精氣凝注形神湊泊者不能到
若以作輟之心乘之　手與弓不相習則法滯　法滯則機死　機死則巧不著　何以
破微于百步之外哉　故能洞的于百步之外者　其氣魄光焰　常盖數百步者也
精氣能盖數百步者　必其操持遠大　旁若無人　能吞吐一世者也　豈作輟弛廢
者所可能哉

　앞 손을 적절하게 쥐었으면 마땅히 화살을 보내 과녁을 꿰뚫을 수 있다. 그
러나 처음 연습할 때는 과녁을 맞힐 수 있었고 모두 그의 재능을 인정했었지
만 계절이 여러 번 바뀌어도 그 명중률이 늘지 않고 해가 바뀌어도 마찬가지
이고 나이가 들어도 역시 활솜씨가 그대로인 경우는 왜 그런가? 대충 하다
그치기 때문이다. 고인 물은 썩고 쓰지 않는 그릇은 때가 끼는 법이다. 사람
의 정신도 단련하지 않으면 흐려지며 몸도 역시 단련하지 않으면 약해져서
무용지물이 된다. 하물며 화살을 순식간에 내보내 100보 밖의 작은 표적을

---

15) 이 단락은 《조선의 궁술》이 말한 사법과 확연한 차이가 있다. 《조선의 궁술》은 엄지손가락 뿌리 부
　분인 반바닥으로 줌통을 밀어 주라고 했는데 이곳에서는 새끼손가락 아래 끝부분인 장근(掌根)으로 줌통
　을 밀어 주라고 하면서 반바닥도 아닌 중지와 무명지 밑의 끝부분인 장심(掌心)으로 줌통을 밀면 화살이
　너무 높이 떠오른다 했다. 우리 사법대로 반바닥으로 줌통을 밀면 더 높이 떠오를 것이다. 이는 중국과 우
　리나라 과녁의 거리에 관한 법제(法制)가 달랐기 때문일 것이다. 뒤의 택문문 제3장이나 《지미집》 제4
　권, 혹문십발. 제7항을 보면 명나라의 경우 무과시험장에서 먼 과녁까지 거리를 80보라 했지만 조선의 경
　우 《경국대전》에 의하면 무과시험장의 과녁 거리가 무거운 철전은 80~100보, 유엽전은 120보, 편전
　은 130보였고(편전은 마음껏 쏘면 1,000보 이상 나간다고 한다.), 여타 과녁은 150보 거리에 설치했다
　고 한다. 이같이 과녁까지 거리의 법제가 달라서 줌통 쥐는 방법도 차이가 있었을 것이다. 줌통을 너무 힘
　껏 움켜쥐지 말라는 것은 양국 사법이 같지만 이는 매우 조심해서 읽어야 할 부분이다. 중국의 만파(滿把)
　방식은 우리나라의 소위 '막줌' 방식과 같은데 이곳에서는 억센 활을 쏠 때는 화살이 과녁을 넘기지 않게
　'만파' 방식을 쓴다고 했고 우리 사법에서는 늘 먼 거리 과녁을 쏘았기 때문에 '막줌' 방식을 피하고 반바
　닥으로 줌통을 밀어 주되 하삼지를 단단하게 감아쥐라고 한 것이다. 줌통을 지나치게 힘주어 감아쥐면 안
　된다 한 것은 먼 과녁을 쏠 때 만파나 막줌 방식을 쓰지 말라는 의미로 이해하는 것이 옳을 것이다. 발시
　때 앞 손이 풀리면 화살은 제멋대로 치우친다.

16) 원문에는 '而射猶夫人者'로 되어 있으나 전후문맥상 '而射猶退步者'의 오기(誤記)로 보이므로 수정했다.

꿰뚫어야 하는 활쏘기에서는 정기(精氣)와 형신(形神)을 집중하지 못한 사람
은 뜻대로 손이 움직이는 수준 높은 솜씨의 기틀은 나타나지 않는다. 대충 하
다가 그치려는 마음이 생겨서 손과 활이 따로 놀면 사법을 지킬 수가 없고
사법을 지키지 않으면 솜씨의 기틀이 사라지고 기틀이 사라지면 솜씨는 줄어
든다. 그런 사람은 100보 밖 작은 표적을 맞힐 수도 없다. 100보 밖의 표적
을 맞히는 데 그치지 않고 관통까지 시킬 수 있는 사람은 그 기백(氣魄)이
수백 보를 뻗어 나갈 사람이다. 그의 정기(精氣)가 수백 보를 뻗어 나갈 수
있는 사람은 필히 그 뜻이 남달리 원대해서 한 시대를 주름잡을 수 있는 사
람이다. 대충 하다 그치는 사람이 어찌 그리될 수 있는가?

故善學之人　擧審彀勻輕注之法　辨之　旣折　行住坐臥宛然心目　郊射演
試　必合彀　會衆人喧嘩　我獨靜思　舍矢雖多　無不暗記　今日增何法　去何
病　明日更當進何法　去何病　寸累銖積精進之功　新與日　俱相習滋久　機神
自暢　巧妙之來　發于骨髓　隨其意之所投　無不中　矩而命中之技在是矣

배움을 좋아하는 사람은 심·구·균·경·주(審·彀·勻·輕·注)의 여
러 사법을 모두 분별하고 가나 서나 앉으나 누우나 그 요점을 뚜렷이 기억하
고 습사 때나 시험 때나 반드시 지키며 많은 사람이 모여 시끄럽게 떠들어도
홀로 조용히 이를 되짚어 본다. 그는 많은 화살을 쏘아도 어느 화살을 어떻게
쏘았는지 다 기억한다. 또 오늘 어떤 사법이 발전했고 어떤 병을 고쳤는지 내
일 어떤 사법을 익히고 어떤 병을 고칠 것인지 늘 생각한다. 이렇게 조금씩
매일 노력해 익숙해지면 기신(機神)이 저절로 왕성해지면서 솜씨가 늘어서
골수(骨髓)로 화살을 내보내게 되니 마음대로 모두 맞힐 수 있게 된다. 조준
하는 대로 맞힐 수 있는 재주는 이렇게 해서 생기는 것이다.

昔李廣在軍中飮酒遊戲　必以射爲快心　劉錡握兵暇時　常射矢室水桶隙
更拔而更射中之　岳武穆學射于周同　盡其巧而後已同死　朔望爲之　致祭
古人　好學之勤　下人之專　用意之厚　所以卒成名將　聲施到今　非偶然也

今人學法未就　便思命中　稍能中的　便欲棄置　卒之　弓手齟齬　艱于中的
反不若不

　　한(漢)나라 이광(李廣) 장군은 군영(軍營)에 음주유희가 있을 때는 반드시
활을 쏘아 마음을 가다듬었고 남송(南宋)의 유기(劉錡)[17]는 휴가 때면 늘 실
내에 있던 물통의 틈을 쏘아 맞힌 다음 그 화살을 뽑게 한 후 또 쏘아서 그
구멍을 또다시 맞혔다. 악비(岳飛)[18]는 주동(周同) 선생에게 활을 배워 뛰어
난 솜씨를 발휘하다 주동 선생이 죽자 매월 초하루와 보름에는 그의 무덤을
찾아 제사를 올렸다. 이런 옛사람들은 모두 겸손한 마음으로 부지런히 배우고
열심히 노력해 명장(名將)이 되어 이름을 후세에 남긴 것이며 우연히 그리된
것이 아니다. 요즘 사람들은 사법을 배우기도 전 맞힐 일만 생각하고 조금 맞
힐 줄 알게 되면 곧 손을 놓아 버려서 활과 손이 어긋나게 되니 맞히기 어렵
게 된다. 차라리 쏘지 않는 것만도 못하다.

　　學法而好射者　機熟而多中也　語云巧生不如拙熟　此之謂與或曰拙而熟
反勝於巧而生　則不習法者　多射亦可中矣　奚以法爲　曰不然　不學法而中
者　機熟也　學法而中者　紀律也　機熟之中由於多射　其中　時于偶然　不知
不識者也　其中也　不知合何法　不中也　不知犯何病　卽使久射機熟　一臨利
害　中心無主　機不知何處去矣　故終身習射總爲瞎射

　　사법을 배우고 활쏘기를 좋아해서 숙달되면 많이 맞힌다. 타고난 솜씨보다
숙달이 중요하다는 말이 있고 숙달이 타고난 솜씨보다 중요하니 사법을 안
배워도 많이 쏘다 보면 맞힐 수 있는데 사법을 왜 배우냐는 말도 있지만 그
렇지 않다. 사법을 안 배우고 맞힌 것은 단지 숙달로 맞힌 것이고 사법을 배
우고 맞힌 것은 기율(紀律)이 서서 맞히는 것이다. 숙달되어 맞힌 것은 많이
쏘다 보니 그런 것이고 맞혔다고 해도 모르는 사이에 우연히 맞힌 것도 있어

---

17) 남송(南宋) 초기 무장(武將).
18) 남송(南宋) 초기 무장(武將)이자 학자이며 서예가. 시호(諡號)는 무목(武穆).

서 맞혔어도 어떤 사법 때문에 맞혔는지 모르고 못 맞힌 경우에도 어떤 병
때문에 그런 것인지 모른다. 그저 오래 쏘다 보니 숙달된 사람은 이해(利害)
에 마음을 빼앗기면 솜씨의 기틀이 어디로 달아났는지 모르게 된다. 결국 평
생 습사를 해도 눈을 감고 쏘는 것이나 같다.

學法之人 百法具備 百病皆知 胸中利弊了然 其中也 知合何法 其不中
也 知犯何病 卽有中的之矢 亦知其犯何病 以幸合何法而不害 雖中不爲
全美 亦有不中之矢 知其合何法 以犯何病而不求 雖不中不爲全非 見一
善 知遵而守 見一病 知戒而改善 日增病日改 射之精也 可計日而待 縱
久不習射 亦可計日而溫 或臨利害中 心有主 手法不亂

사법을 배운 사람은 사법을 잘 알고 온갖 병에 해박해서 각종 사법의 장단
점도 훤히 안다. 그는 맞혔을 때는 어떤 사법 때문에 맞힌 것인지 알고 못 맞
혔을 때도 무슨 병 때문인지 알 뿐 아니라 맞힌 경우라도 병이 있지만 요행
히 어떤 사법이 제대로 되어 맞힌 것일 수 있음도 안다. 그는 맞혔다고 모두
좋은 것은 아니고 못 맞혔어도 어떤 사법은 제대로 지켰지만 어떤 병이 있어
서 못 맞힌 것일 수도 있음을 알기 때문에 못 맞혔다고 모두 틀린 것으로 보
지는 않는다. 그는 잘한 것을 보면 이를 지켜야 함을 알고 병을 보면 주의해
서 고쳐야 함을 안다. 매일 생기는 병을 매일 고치는 것이 잘 쏘는 것이다.
그는 늘 발전하며 오래 안 쏘아도 역시 발전한다. 또한 이해(利害)가 갈릴 때
도 마음에 중심이 서서 손이 흔들리지 않는다.

其合法者 固已中的 稍不如意者 亦離的不遠 所謂節制之師 能大勝 不
能大敗者也 不學法之射 猶無紀之兵 不大勝卽 大敗者也 此學與不學之
辨也 烏得以不學法之熟 而多中 遂謂不必學法乎 但學法之人 亦宜多射
不可作輟以 致生疎 卽后羿亦難命中 后羿之善射 寧獨資性過人哉 要亦
好射中來也 孔子大聖 猶欲假年以卒學 況其他乎

사법을 지키면 과녁을 맞힐 수 있고 뜻대로 되지 않는 경우에도 화살이 과녁을 크게 빗나가지 않는다. 군기(軍紀)가 확립된 군대는 크게 이길 수 있어도 크게 패할 수 없는 것과 같다. 사법을 배우지 않고 쏘면 군기 없는 군대같이 크게 이기지 않으면 크게 패한다. 사법을 배우고 안 배우고의 차이는 이것이다. 사법을 배우지 않고 숙달만으로 많이 맞힌 후 사법을 배울 필요가 없다고 하면 안 된다. 사법을 배워도 역시 많이 쏘아야 하며 대충 하다가 그치면 안 된다. 도중에 그쳐서 활쏘기가 생소해지면 신화적 명궁인 예(羿)라 해도 명중은 어렵다. 예(羿)가 잘 쏜 이유가 어찌 남보다 뛰어난 자질 한 가지뿐이었으랴? 활쏘기를 좋아하다 보니 선사(善射)가 되었을 것이 틀림없다. 대성(大聖) 공자(孔子)도 시간을 내서 사학(射學)을 완성하려고 했었다. 범인(凡人)은 더 말해 무엇 하랴?

8. 신도불독지혹(信道不篤之惑〈第八〉)〈사도(射道)를 의심하는 폐혹〉

學射而不作輟 宜巧妙日生 樂善不倦矣 乃又有躁進之人 嫌法無速效好勝之人諆法爲無奇 忽趨他途 而不肯率由正法者 何也 信道不篤也 歷變未周之人 邪正未分 識見未定 與之圖事 必然中變 幸而有不變者 必其人 寡交索居 耳不聞邪說 目不覩非人耳 儻一遇暗淺執拗之夫 道以可喜可奇之功 何苦守法而不變乎

활쏘기를 배울 때 쉬지 않고 노력하면 매일 솜씨가 늘면서 지루하지 않고 즐겁다. 그러나 빨리 효과가 나타나지 않는다 해서 싫어하거나 새로울 것이 없다며 사법을 비웃고 이기기만 좋아하는 성급한 사람도 있어서 사법을 배우려 하지는 않고 다른 길로 들어서려 하는 것은 왜 그런가? 도(道)를 가벼이 여기기 때문이다. 여러 문제점을 경험 못 한 사람은 옳고 그름을 구분 못 하며 경험이 부족해서 반드시 도중에 실패한다. 요행히 실패하지 않는 사람은 반드시 사람과 어울리지 않고 틀어박혀 있는 사람이다. 그러나 그릇된 말을 들어 보지도 못하고 잘못된 사람을 보지 못하다 문득 어리석고 천박하고 고

집만 센 사람을 만나서 그에게 즐겁고 새로워 보이는 방법을 듣게 된다면 그
가 어떻게 힘든 사법을 변함없이 지킬 수 있으랴?

　初習射之人　偶遇先輩授之法　胸無定見　信而學之　實未嘗見吾法之必善
安能信他法之必不善乎　況正法猶大路　然多坦吏平直　無新奇可喜之說　將
來得益　雖鉅其初入門　必以序漸升而無速效　故一見旁門異說　道以省便之
功　歆以旦夕之效　用力少　能而歆成功多動　孰人不欣然學之　況旁門異說
能歆動人者　其初亦有小效　但後來之害中入骨者　一時未見　安能禁識見未
定之人　不盡棄其學而學乎　不三五年　病根漸深　醜態漸露　新學之捷法　旣
不獲效　往時之正法又不可追　而病根之入骨者　卒未能拔<骨節不直　引弓不滿
之毛病>　豈不深可惜哉

　처음 활을 쏘는 사람이 선배들로부터 우연히 사법에 대한 말을 들으면 판
단력이 없기 때문에 그대로 믿고 따르게 된다. 내 사법이 분명히 옳음을 알지
못하면 다른 사법이 분명히 틀렸음을 알 수가 없다. 옳은 사법은 평탄하고 쭉
뻗은 대로(大路)로서 장차 도움이 될 길이지만 눈과 귀에 즐거운 말은 없는
길이며 입구는 매우 넓지만 반드시 순서에 따라서 서서히 따라가야 하며 빠
른 효과는 없는 길이다. 그러니 바로 효과가 있고 적은 힘으로 큰 효과를 얻
을 수 있다는 허황된 이설(異說)을 들으면 누군들 이를 배우려고 하지 않겠
는가? 더욱이 이런 이설들은 사람을 쉽게 움직이고 처음에는 좀 효과도 있다.
그러나 나중에 생기는 해독은 골수에 파고들어도 잘 보이지 않는다. 경험이
짧은 사람이 옳은 사법을 포기하고 이설을 따르는 것을 막기는 힘들다. 그러
나 그는 몇 해 지나지 않아서 점차 병의 뿌리가 깊어지고, 자세는 흉하게 변
하며, 효과가 빠르다 해서 따르게 된 새 사법이 효과가 없더라도 과거의 옳은
사법으로 다시 돌아올 수도 없게 되며, 골수에 파고든 병근(病根)<골절이 펴지
지 않아 활을 가득 벌릴 수 없는 모병(毛病)>을 뽑아 버릴 수 없게 된다.

　是故　欲以法授人者　必擇明通孝謹之士<明則能辨不爲邪說所惑　孝則不忍忘本

謹則不輕於從人> 與之講射論德則砥礪漸磨之 久得力於射者 必深而相資於
德業者 自遠立功圖事 寧有旣乎 此必不可得者也 上也 其外 莫若擇射稍
久之人 因而求伸者 與之言射 彼于射中利弊亦已備 嘗授之以法必覺今是
昨非 而守之不失矣 然其人學射旣久 病入已深 雖知吾法之善 未必能遽
改 第無中變之患耳 次也 又有愚昧之人 以先入之言爲主 而天下無復有
是者 此必不可入堯舜之道也 下也 嗟夫 上智之士 絶少 次者亦不多見也
得其次者 而可矣 况其上者哉

　　따라서 남에게 사법을 가르치려면 현명하고 효성(孝誠) 있고 신중한 사람
에게만 가르쳐야 한다<현명하다면 분별력이 있어서 사설(邪說)에 미혹되지 않고, 효성이 있
다면 근본을 잊지 않으며, 신중하다면 함부로 남의 말을 따르지 않는다.>. 그런 사람에게 사
법을 가르치고 덕(德)을 말해 주면 그는 이를 갈고닦는다. 시간이 지나 활쏘
기가 발전하는 사람은 깊게 덕업(德業)을 쌓을 사람으로 큰일을 할 사람이다.
처음부터 그런 사람이 있겠는가? 이런 사람이 없지는 않겠지만 찾아보기가
힘들다. 이런 사람을 찾을 수 있다면 가장 좋겠지만 그럴 수 없다면 그다음은
활을 조금은 쏘아 보았고 발전하려는 의욕도 있는 사람을 찾아보는 것이 좋
다. 그에게 활쏘기를 말해 주면 그는 좋은 것 나쁜 것을 이미 알고 있어서 옳
은 사법을 가르쳐 주면 지금껏 잘못 알고 있었음도 알게 되고 가르쳐 준 것
을 잊지는 않을 것이다. 그러나 활을 쏜 지 오래되어 이미 병이 깊은 사람은
나의 사법이 옳음을 바로 알고도 빨리 고칠 수는 없지만 도중에 변할 걱정은
없을 것이니 그런대로 가르칠 만하다. 그러나 먼저 들었던 말만 믿고 천하에
그 이외에는 옳은 것이 없다고 믿는 우매한 사람도 있는데 그는 요순(堯舜)
의 길에 들어설 수 없는 사람이라 절대 가르치면 안 된다. 가장 바람직한 사
람은 거의 없고 그런대로 가르쳐 줄 만한 사람도 그리 많지 않다.

9. 사심자시지혹(私心自是之惑〈第九〉)〈홀로 옳다는 폐혹〉

　　得法而篤信固 可進於道矣 然或病生於不測而不自知 只覺控弦無勢 骨

節不安　審注未明　發矢多不如意　此又何也　則以私心自是　不思虛懷訪問
離群索居　而乏箴規之右也　夫至勇之人　不能自擧其身　至明之目　不能自
鑑其形　射法胸中　雖已照然　而身之形跡狀貌　手之合法與否　己不得見也
則習法之久　偶失簡點　勢不得不趨于弊　控弦決機之頃　彼雖自以爲法　旁
人見之則非法也　彼雖自以爲非病　旁人見之則病也　旁人之明　非必過於我
也　旁觀之淸　不若當局之迷也　故得法之射　必賴二三同志之友　更相鑑戒
見己之所不見　言己之所不知　乃可去病而守法　己亦須虛心詢問　時爲體認
然後　病根可去　法爲我有　若少有自足之色　忠言不聞馴至　病根一深　離法
漸遠　始雖不覺而偶犯　旣焉則以爲常　終焉則以爲故矣　痼疾一深　雖痛加
更　革勢必無及<痼疾受過者　方知改病之苦>　況射中之病　比法百之　故曰　一法
立而百弊生　凡事皆然　不獨射也　兵家不能盡知用兵之害者　必不能盡知用
兵之利　故欲盡守射中之法　安可不求射中之弊而塵去之哉

　옳은 사법을 듣고 이를 진지하게 믿으면 사도(射道)를 체득할 수 있다. 그
러나 병은 자신도 모르는 사이에 생기는 법인데 스스로는 이를 모르며 다만
활은 가득 벌어지지 않고 골절은 흔들리고 정신은 집중되지 않고 화살은 마
음대로 날아가지 않음만 느낄 수 있다. 왜 그런가? 마음을 비우고 누구에게
물어볼 생각이 없이 자신만 옳다고 여기고 홀로 지내면서 남의 조언을 얻지
못하기 때문이다. 아무리 힘이 세도 자기 자신을 들어 올릴 수는 없고 아무리
눈이 밝더라도 자신의 형태를 볼 수는 없는 법이다. 머릿속에는 사법이 이미
훤해도 자신의 자세와 용모가 어떤지 손은 사법대로 움직이고 있는지를 스스
로는 볼 수 없는 법이다. 따라서 오래 쏘다 보면 자신도 모르게 사법을 잊고
잘못된 길로 들어서는 것을 피할 수 없다. 활을 벌려서 화살을 내보내려 할
때 자신은 사법대로 한다고 생각해도 옆에서 보면 그렇지 못할 수 있다. 스스
로는 병이 없다고 생각해도 옆에서 보면 병이 있을 수 있다. 물론 옆 사람이
항상 나보다 뛰어난 것은 아니다. 그러나 활을 쏠 때는 사법을 잘 알고 뜻이
같은 벗 서너 사람이 서로들 보아주면서 자신이 볼 수 없는 것들과 모르는
것들을 벗들을 통해 보고 들어야만 병도 없애고 사법대로 쏠 수가 있다. 그리

려면 마음을 비우고 남에게 물어 가면서 때때로 자신의 자세나 동작을 확인
해야 한다. 그래야만 병을 없애고 사법을 지킬 수 있다. 만약 조금이라도 자
만하면 충언도 들리지 않고 병은 깊어지며 사법을 잊어버린다. 처음에는 모르
는 사이에 그렇게 되었어도 그렇게 하는 것이 한 번 습관이 되면 결국 알고
도 그렇게 하게 된다. 고질병이 깊어지면 통증이 심해져도 고치기 힘들다<고
질병에 걸려 보면 고치기가 어려움을 안다.>. 더욱이 활쏘기의 병은 사법보다 백배는
많다. 사법 하나를 익히면 백 가지의 병이 생긴다고 한다. 활쏘기만 그런 것
은 아니며 모든 일이 다 그러하다. 병가(兵家)에서도 용병의 해악을 소상히
알지 못하면 그 이로움도 자세히 알 수가 없다. 그러므로 사법을 모두 지키려
면 활을 쏠 때 생기는 병을 모두 알고 이를 모두 고치지 않으면 안 된다.

然射中之弊　難以偏擧　只是守法而已　射之正法　猶人身之元氣　元氣不
固　百病皆入矣　良朋之言　猶對病之藥石　藥石一入　百弊可消矣　百弊消而
元氣固　百法可常守矣　養生者　不可廢藥石　習射者　可去良朋乎哉　或曰
先生之射學　但言其法　未嘗言病　良朋烏得而知之　曰法可言　而病則隨人
而變因時而形者也　安能豫擬　若臨射而見之　當自有對病之箴　筆不能盡
故曰　書不盡言　言不盡意　非不欲言也　不能耳　惟能得之言外者　眞良朋也

그러나 활쏘기의 병들을 모두 열거할 수는 없다. 오로지 사법을 지키기만
하면 된다. 옳은 사법은 사람의 원기(元氣)와 같다. 원기가 굳지 못하면 온갖
병이 침범한다. 좋은 벗의 말은 병을 고치는 약과 같다. 약을 복용하면 병을
없앨 수 있다. 병을 없애고 원기를 굳혀야만 어느 사법이든 이를 지킬 수 있
다. 양생(養生)에 약을 멀리할 수는 없다. 활을 쏘는 사람은 좋은 벗을 멀리
해서는 안 된다. 나를 보고 "선생은 오직 사법만을 말하고 병에 대한 말은 없
소? 또 좋은 벗은 어떻게 알고 얻을 수 있다는 말이오?"라고 묻는 사람도 있
다. 그러나 사법은 말로 할 수 있지만 병이란 사람에 따라 다르고 때에 따라
달라서 이를 미리 헤아릴 수는 없다. 그가 활 쏘는 것을 보면 그에 맞는 처방
이 있겠지만 사전에 일일이 글로 써 놓을 수는 없다. 글로는 말을 다 옮길 수

없고 말로는 뜻을 다 옮길 수 없다고 한다. 나는 말하고 싶지 않은 것이 아니
라 말로 할 수가 없을 뿐이다.[19] 말은 안 해도 도움을 줄 수 있는 벗이 진짜
좋은 벗이다.

10. 불변풍기지혹(不辨風氣之惑〈第十〉)〈바람을 무시하는 폐혹〉

虛心詢問 百病消而百法備 是可命中矣 乃一遇風塵四起 矢不免有左右
大小之偏 此又何也 則不辨風氣之故也 夫風有大小 又有四方之殊 氣有
燥濕 亦有四時之別 夫射而止於數十步之內 弓矢勁銳 風氣不能奪 卽不
辨可也 約四十步步之外 射漸遠則矢力漸弱 大小左右皆爲風氣所使 此而
不辨發矢 皆偏矣 大抵春氣多濕 夏氣多炎 秋氣多燥 冬氣多冽 氣炎濕則
風和 氣燥冽則風勁 此其大槪也 然四時之中 又有寒熱不常 則就一時之
中 亦有燥濕炎冽之氣 風亦隨之以變矣 燥冽之風勁 矢遇之而多偏 炎濕
之風和 矢遇之而少偏 且風勁則弓亦勁 發矢常遠 風和則弓亦弱 發矢常
近 故善射者 將欲發矢 必先辨風氣 東風則發矢宜頂的之左 西風則發矢
宜頂的之右 對面風則發矢宜頂的之首 背後風則發矢宜頂的之足 而頂之
多寡 一因弓力之强弱不齊 與風氣燥濕炎冽大小之不同 而爲之參酌 變而
通之 存于其人 不可執一 故曰運用之妙 存乎一心

마음을 비우고 남에게 조언을 구하면 온갖 병이 사라지고 사법에 정통해지
므로 명중이 가능하다. 그런데 한 번 사방에서 바람먼지가 일면 화살은 좌우
대소(左右大小)로 치우치는데 이는 왜인가? 풍기(風氣)를 무시했기 때문이다.
바람에는 큰 바람 작은 바람이 있고 방향도 제각각이다. 기후 역시 계절마다
차이가 있다. 수십 보 내의 표적을 쏠 때는 화살이 빨라서 바람에 영향받지
않으므로 바람을 무시해도 된다. 그러나 약 40보를 넘으면 표적이 멀어질수록
화살은 힘이 약해져서 바람에 따라서 대소좌우(大小左右)의 영향을 받는데

---

19) 그러나 청나라 주용은 이 부분을 보완해서 활 쏠 때 생기기 쉬운 병들을 ≪무경칠서휘해≫에 가장 먼저
   열거해 놓았다.

이를 무시하고 쏘면 화살이 치우친다. 대개 봄에는 습기가 많으며 여름에는 덥고 가을은 건조하며 겨울은 춥다. 습기가 많거나 더우면 바람은 온화하다. 건조하면서 추우면 바람이 드세다. 그러나 같은 계절에도 더울 때도 있고 추울 때도 있고 건조할 때도 있고 다습할 때도 있어서 바람도 그에 따라 변한다. 건조하고 추우면 바람이 드세어 화살이 많이 치우치며, 덥고 다습하면 바람이 온화해 덜 치우친다. 또한 바람이 드세면 활이 억세어져서 화살이 멀리 나가고 바람이 온화하면 활도 약해져서 화살이 덜 나간다. 따라서 잘 쏘는 사람은 활을 쏘기 전 먼저 바람부터 살펴서 동풍이 불면 표적 동쪽을, 서풍이 불면 과녁 서쪽을, 앞바람이 불면 과녁 상단을, 뒤바람이 불면 과녁 하단을 조준한다. 그러나 구체적으로 얼마만큼 조준점을 옮길 것인지는 활의 힘과 바람의 세기를 헤아려 변통해야 하는데 사람마다 다르니 이를 일률적으로 말할 수는 없다. 따라서 운용의 묘는 마음에 달려 있다고 한다.

11. 식견미충지혹(識見未充之惑〈第十一〉)〈경험이 부족한 폐혹〉

風氣旣辨　發矢左右大小　宜如意矣　然或當得失死傷之際　便爾色變　不能自持　此又何也　則識之未充也　夫得失之地　莫如應試　死傷之地　莫如臨敵　人惟識見未充　當功名之場　便營得失　臨戰鬪之際　便憂死生　得失死生之念　薰灼于心　不覺神驚氣奪　何暇持弓審固乎　王坦之倒執笏板　殷淵源竟達空函　皆此念也　若識見遠到之人　謂功名富貴過眼浮雲　唐虞揖讓　祇同杯洲　湯武征誅　猶棋一局　況薐小功名　得之未必非禍　失之奚必非福與其位極人臣而戚戚　何如　一丘一壑而肆志哉　見識及此　又何得失介意乎至于臨敵遇變　盆不足慮　古人謀定而戰　決機雖在臨事　勝權握于事先　故曰勝兵先勝而後求戰　又何色變乎　若使果遇大敵　蹈不免之禍　丈夫旣以身許國　馬革裹尸　壯志已畢　又何足患

바람을 분별하면 화살의 좌우대소(左右大小)가 마음대로 되어야 하는데 득실(得失)과 사상(死傷)이 갈리는 자리에 서면 곧 안색이 변하고 평상심을 잃는 것은 왜 그런가? 경험 부족 때문이다. 득실이 가장 크게 갈릴 때는 시험에 응시했을 때고 사생(死生)이 가장 크게 갈릴 때는 적과 싸울 때이다. 경험이 부족한 사람은 공명(功名)이 눈앞에 보이면 득실을 우려하게 되고 전투에 임하면 생사를 우려하게 된다. 득실이나 생사를 우려하게 되면 정신은 놀라고 기(氣)는 위축되어서 활을 쥔 후 조준하고 자세를 굳힐 여유가 없게 된다. 놀란 왕탄지(王坦之)가 손에 든 홀판(笏板)을 떨어뜨리고[20] 겁먹은 은연원(殷淵源)이 빈 궤짝 속으로 기어 들어간 것은 모두가 이 때문이었다. 경험이 많은 사람은 부귀공명은 눈앞을 스쳐 가는 뜬구름이라고 말한다. 요(堯)임금 순(舜)임금이 허리를 숙이고 술잔을 나누었던 일이나 탕왕(湯王) 무왕(武王)이 걸주(桀紂)를 징벌했던 일은 모두 바둑 한판을 두는 것 같은 일이었다. 그럴진대 아주 작은 공명을 얻는다 해서 화(禍)가 없어지고 못 얻는다고 복(福)이 달아나랴? 지극히 고귀한 지위에 올랐던 사람이 어찌해서 은둔해서 자신의 뜻대로 살겠는가? 식견이 이 정도에 이르면 어찌 득실 앞에 마음이 움직이랴? 적을 만나거나 난리를 만나도 걱정할 필요가 더욱 없다. 옛사람들은 계책을 세운 후 싸웠고 생사의 결단은 전투현장의 일이라도 싸우기 전에 먼저 승리의 저울추를 쥐고 있었다. 그러므로 이기는 군대는 먼저 이겨 놓고 싸운다 했다. 그럴진대 안색이 변할 이유가 있으랴? 큰 적을 만나 불가피한 화(禍)가 닥친다 해도 이미 나라 위해 몸을 내어놓은 장부로서 죽어서 시신(屍身)이 말가죽에 싸이면 그만인데 무엇을 걱정하랴?

況大智之人 必能上知天 下知也 中知人事 事機可爲 則出身以殉國 時不可爲 則名哲以自全 彼其出身以赴難者 恕其才之足 以報稱者也 決機應變 胸中自有定衡 當其持弓 自能神閑意定 斟酌而出 動中機宜者也 又何倉徨失措乎 昔孔子射於矍相之圃 觀者如堵 語以修身好學之道 且曰用以臨民則順治 用以戰陣則無敵 夫射一技也 孔子以臨民戰勝之略在 是則射之道廣矣 大矣 射之巧 信非大識之人不能持矣 彼未能充其識而習射

者 必其射之未精者也 能精於射者 死生利害不能動也 然欲精于射者 개
于識充之哉 世有鄙其射爲不足學者 未足與語 識也

더욱이 큰 지혜를 지닌 인간은 위로는 하늘을 아래로는 땅을 그 사이로는
인간사를 모두 꿰뚫고서 마음대로 기(氣)를 부릴 수 있으므로 일을 벌일 만하
면 세상으로 나가 나라를 위해 목숨을 바치고 그렇지 못하면 맑은 정신으로
자신을 보전한다. 그가 세상에 나가 싸움터로 달려가면 충분한 재능으로 자신
의 직위에 보답한다. 그는 상황을 보아 가며 결단을 내리고 늘 평정심을 유지
하므로 활을 쥐면 침착한 마음으로 헤아려서 움직이되 그 움직임이 늘 시의
적절하니 당황해 실수하는 법이 없다. 옛날 공자(孔子)가 확상(矍相) 활터에
서 구경꾼들이 담장을 두른 듯 많을 때 활을 쏘며 수신호학(修身好學)의 도
리를 말했고 또 백성을 다스릴 때 쓰면 태평성대가 오고 전진(戰陣)에서 쓰
면 대적할 것이 없는 것으로는 활이 최고라고 했다. 공자가 백성을 다스리고
전쟁에서 승리하는 책략을 이와 같이 말할 정도로 사도(射道)는 넓고 큰 길
이다. 식견이 있는 사람이라면 활 쏘는 솜씨를 갖추지 않을 수가 없다. 경험
을 넓히면서 습사할 수 없는 사람은 결코 활을 잘 쏠 수 없다. 활을 잘 쏠 수
있는 사람은 사생(死生)과 이해(利害) 앞에서 흔들리지 않는다.

12. 함양미순지혹(涵養未純之惑〈第十二〉)〈덕(德)이 부족한 폐혹〉

又有平居習射 偏能中的 或當分曹角射時 榮辱共睹 未免跼持 失其故
步 此又何也 則養之未純也 夫射之一技 根於靈性 其擧止動盪張弛發縱
之機緘 實一身精神心術之所著也 膽勇氣魄之所沛也 貧富壽殀 于此乎瞻
事業功名 于此乎卜 聰明智慧器識度量 於此乎顯 故引弓迅者 心必躁 持
弓固者 慮必沉 未彀而先思發者 殀之微也 已彀而熟思凝視者 縝密之士
也 發矢剛毅者 果銳而明敏 雍容和平者 寬柔而雅素 欲發不發 比發而不
中節者 孤疑不斷者也 忽左忽右 大小無常者 蒙昧而乖張者也 變性百出
而莫知其端者 浮滑之徒 偃蹇滯澁 宜脫不脫者 困阨之士 始引則是發矢

忽乖張者 老而貧 蕩蕩無忌 疾滿而速出者 少而顯殼弓急促而發 輒中節
者 飽腹而無餘 未殼而急發 巧中而不繼者 始饒而終儍 又有殼弓似穩而
不固 矢發順利而無味者 庸常貧薄無疑 又有滿手皆病 自以爲妙 而視天
下無一是法者 暗淺鄙陋 沒齒無成可知

　평소 습사 때는 과녁을 맞히는데 편을 나누어 활을 쏠 경우 영욕(榮辱)이
눈앞에 보이면 간담이 서늘해지고 평소 솜씨를 발휘할 수 없는 사람은 왜 그
러한가? 덕이 부족하기 때문이다. 활쏘기 기술의 뿌리는 영성(靈性)에 있다.
활 쏠 때의 모든 행동거지는 그 사람의 정신과 마음이 겉으로 드러난 것이요,
담력과 기백의 표현이다. 그의 빈부수요(貧富壽夭)도 이를 통해 알 수 있고
그의 사업공명(事業功名)도 이를 통해 헤아려 볼 수 있고 그의 총명지혜와
기식도량(器識度量)도 이를 통해 드러난다. 활을 빨리 벌리는 사람은 조급한
사람이다. 활을 견고히 쥐는 사람은 사려가 깊은 사람이다. 활을 벌리기도 전
에 화살을 내보내는 것은 죽을 징조이다. 활을 가득 벌린 후에 깊이 생각하면
서 표적을 응시하는 사람은 지극히 신중한 사람이다. 화살을 힘차게 보내는
사람은 과감하고 예리하며 명민한 사람이다. 온화한 것은 그 성격이 관대하고
부드러우면서 단순하기 때문이다. 화살을 내보내고 싶어도 못 내보내다 결국
은 내보내도 절도에 맞지 않는 것은 홀로 고민만 하고 결단력이 없기 때문이
다. 화살이 대소좌우(大小左右)로 멋대로 빗나가는 것은 그가 몽매(蒙昧)하
고 어지럽기 때문이다. 모든 것이 뜻대로 되지 않아도 이유를 모르는 것은 허
황되기 때문이다. 시위에서 손을 떼고 싶은데도 멈칫대는 사람은 피곤하고 지
친 사람이다. 시위를 당기며 바로 화살을 내보내는 사람은 늙고 힘없는 사람
이다. 호탕하고 거리낌 없는 것은 재빨리 활을 가득 벌려 신속하게 화살을 내
보내기 때문이다. 활을 벌리는 듯이 하다 급히 화살을 내보내는 것은 갑자기
절도를 맞추려는 사람이다. 너무 배불리 먹어 숨이 차면 활을 가득 벌리기 전
화살을 내보낸다. 솜씨는 좋아도 계속 맞히지 못하는 사람은 처음에는 여유가
있어도 나중에는 고달프다. 활을 가득 벌린 것 같지만 견고하지가 못하고 화
살을 날카롭게 보낸 것 같지만 겉으로만 그런 것인데도 어리석어 자신의 그

런 빈약한 모습을 모르는 경우도 있다. 또한 손놀림이 병투성이인데도 스스로는 솜씨가 있다고 여기고 자신의 사법만 최고라고 여기는 사람도 있다. 이런 사람은 어둡고 천박하고 비루해서 늙어 이가 빠져도 활솜씨가 생길 수 없다는 것을 바로 알 수 있다.

夫人品之不齊 雖不盡 然而其大略已自可見 此射所以爲觀德之具也 古人論射以其容貌比於禮 節奏比於樂 禮也 樂也 非有德者不能爲也 而射與之同條共貫

사람의 인품은 다양해서 다 말할 수 없지만 그 대략적인 모습은 볼 수가 있다. 활쏘기를 관덕(觀德)의 수단이라고 하는 것은 바로 이 때문이다. 옛사람들은 그의 용모가 예(禮)에 맞는지 그 행동이 연주하는 가락에 맞는지를 보고 그의 활쏘기를 평가했다. 덕이 없는 사람은 예악(禮樂)에 맞추어 쏠 수 없다. 따라서 예악은 활쏘기와 서로 통하는 것이다.

故欲精於射者 必務養其德也 欲養其德 惟在於度 度量弘而人己之形忘 勝負之心泯 分曹角射 勝固欣然 敗亦可喜 猶東波之变也 又何過爲兢持而失其度乎 又在養其膽 膽者勇之決也 膽不足則神寒 居閑且餒 當局必靡 膽旺之人 果而銳 捷而能 久百折不能移 奇險不能惕 是伯昏氏之射也 曾何利害之足以動心 又在養其氣 氣者難持之物也 盈則驕 餒則怯 驕者神奮而疎 怯者神短而懼 疎者發矢多大而無當 懼者多小而偏斜 此善養氣者 貴和平而不撓也 所謂木雞之養者此也

따라서 활을 잘 쏘려면 힘써 덕을 키워야만 한다. 덕을 키우려면 도(度)를 지켜야 한다. 남과 나의 구분을 잊도록 도량을 넓혀야만 하며 편을 나누어 쏠 때는 승부심을 잊고 동파지변(東波之変)같이 이겨도 흔쾌해하고 져도 기뻐해야 한다. 조바심 때문에 도(度)를 잃으면 안 된다. 덕을 키우려면 또한 담력을 키워야 한다. 담력이 있어야 용기가 생기고 담력이 부족하면 정신이 위축

된다. 평시에도 위축되면 전쟁 때는 쓰러진다. 담력이 큰 사람은 과감하고 예리하고 민첩하고 유능하고 백 번 쓰러져도 또 일어서며 예상 못 한 위험에도 놀라지 않는다. 백혼무인(伯昏瞀人)이 말한 활쏘기가 바로 이런 것이다.[21] 조그만 이해(利害) 때문에 마음이 흔들리면 안 된다. 또한 덕을 키우려면 기(氣)를 키워야 한다. 기(氣)란 붙잡아 두기 어려운 것이다. 기가 넘치면 교만해지고 기가 딸리면 겁이 난다. 교만하면 흥분해서 소홀해지고 겁이 나면 위축되어서 두려워진다. 소홀하면 화살이 터무니없이 표적을 넘고 두려워지면 표적에까지 이르지 못하거나 좌우로 빗나간다. 온화하고 꺾이지 않는 것이 기를 적절히 키운 것이다. 목계(木雞)를 키운다는 말[22]은 이를 말한다.

夫度量之弘也　膽勇之壯也　氣局之和平也　皆射之所托　以行其巧　妙者也　舍此三者　以徒言法　法豈爲其所用哉　彼射而不知法者　固不足道　知法而不托根於三者　法固不靈也　此射之大惑也　不可不辨也

---

21) ≪장자(莊子)≫, 전자방(田子方) 편에 있는 말한다. 열자(列子)가 팔꿈치 위에 물잔을 올려놓고 화살을 연이어 쏘는데 뒤의 화살이 앞 화살을 맞히었고 자세에도 흔들림이 없었다. 이를 본 백혼무인은 "이는 활쏘기의 활쏘기일 뿐 활쏘기가 아닌 활쏘기라 할 수 없다[是射之射　非不射之射也].''는 매우 난해한 말을 하면서 "그대는 높은 산에 올라가 아래로 백 길 낭떠러지 밑에 깊은 물이 있는 위태로운 벼랑 위에 서서 활을 쏠 수가 있는가?''라고 묻고 곧 높은 산에 올라가서 아래로는 백 길 낭떠러지 밑에 깊은 물이 있는 위태로운 바위 벼랑 위에 선 다음 뒤로 돌아서서 두 발 앞꿈치로만 바위를 딛고 뒤꿈치는 허공에 걸린 채로 서서 열어구에게 다가오라 했다. 그러나 열자는 바닥에 납작 엎드려서 식은땀만 흘리고 있었다. 이에 백혼무인은 "지극한 경지에 도달한 사람은 하늘 끝이든 황천이든 세상 어느 끝에 서 있건 정신과 기력이 변하지 않는 법이오, 지금 그대는 두려워 눈도 제대로 뜨지 못하고 있소. 그대가 맞히었던 것은 활쏘기의 첫걸음일 뿐이오[夫至人者　上窺靑天　下潛黃泉　揮折八極　神氣不變　今汝怵然　有恂目之志　爾於中也殆矣夫].''라고 했다. 위에 인용한 "是射之射　非不射之射也''라는 구절의 의미에 대해 홍콩의 동양궁시 연구가 셀비(Selby)는 이 구절을 직역하면 "이는 활쏘기 의식에서나 쓰는 기술이고 의식이 아닐 때 쓰는 기술이 아니다.''는 의미이지만 의역하면 "이는 기술로 쏜 것이지 영혼으로 쏜 것이 아니다.''는 의미라고 하며 진정한 활쏘기는 정신수양과 인격완성을 보여 준 활쏘기가 되어야 함을 강조한 말로 보았다. Stephen Selby, Chinese Archery(Hong Kong: Hong Kong University Press, 2000), pp.147 and 371.

22) ≪장자(莊子)≫, 달생(達生) 편에 있는 말이다. 주나라 선왕이 닭싸움을 좋아해 사람을 불러 싸움닭 한 마리를 훈련시키도록 명했는데 10일 후 훈련 정도를 묻자 "아직 멀었습니다. 허장성세가 심한 것이 싸움 준비가 안 되었습니다.''라고 했다. 10일 후 또 묻자 "다른 닭만 보면 싸우려고 하는 것이 훈련이 덜 되었습니다.''라고 했다. 다시 10일 후에 묻자 "아직도 상대 닭을 보면 살기를 번득이는 것이 훈련이 덜 되었습니다.''라고 했고 10일 후 또 물어보니 "이제야 좀 훈련이 되어 나무로 만든 닭같이 되었습니다. 다른 닭이 살기를 품고 달려들어도 이 닭은 나무 닭과 같이 덕이 넘쳐서 덤비던 닭이 등을 돌리고 도망을 칩니다.''라고 답했다고 한다.

도량과 담력과 온화한 기(氣)를 갖추면 활쏘기 솜씨가 생긴다. 세 가지를 떠나 사법(射法)을 말하면 소용없는 사법이 된다. 활을 쏘되 사법을 모르면 사도(射道)라 할 수 없고 사법만 알고 도량과 담력과 기(氣)에 기초하지 않으면 그 사법은 영험한 효과가 없다. 이것이 활쏘기에서 큰 폐혹(弊惑)이니 분별하지 않을 수 없다.

변혹 총결(辨惑 總結)

夫射之惑　非止一端而僅擧其十二條者　此皆相承相倚　射中必趨之弊惑之大者也　有一於此　必且以誤成誤　弊端互起而射法紊　猶植嘉穀者　惡草不除　勢必蔓延　而嘉穀廢　故善植嘉穀者　必先盡去害苗之草　而嘉穀自茂工於射者　必先盡去迷心之惑　而射法始純　況射之巧　至微而至精　發於心而應於手　胸中少有所惑　則心無主而神搖　神搖則氣餒而機沮　機神搖沮發矢皆偏　雖有巧法　無所復施　此惑之不可不辨　而辨之不可不早也　辨之早而去之　盡滿腔之中　無之非道　日習巧妙　勿助勿忘　手舞足蹈　皆中繩墨而機巧自生矣　故曰樹德莫如滋　去害莫如盡知　此者可與進道　可與語射矣

활쏘기의 폐혹(弊惑)은 무수히 많고 지금 말한 12가지는 활쏘기에 반드시 따라다니는 폐혹들 가운데 서로 연관이 있는 큰 것들이다. 이 중 하나만 있으면 다른 것이 따라붙어 폐단들이 서로 얽혀서 사법(射法)이 어지러워진다. 활 벌리는 법을 잘 배웠다 해도 잡초를 뽑지 않으면 이들이 무성해져서 활을 벌릴 수 없게 된다. 활쏘기에 공을 들인 사람은 반드시 폐혹을 모두 제거해야 사법이 무르익는다. 더욱이 활쏘기의 솜씨는 지극히 정미(精微)한 것이라 마음이 쏘면 손이 따라 움직이는데 마음에 자그만 폐혹이라도 자리하면 마음과 정신이 흔들린다. 정신이 흔들리면 기(氣)는 위축되고 솜씨의 기틀이 막히게 되므로 아무리 좋은 사법을 익혔어도 이를 펼칠 수 없다. 그러므로 폐혹들을 일찍부터 분별해야만 한다. 폐혹들을 일찍부터 분별해서 제거하면 마음속에 사도(射道)에 어긋난 것이 모두 없어져 습사를 거듭해 갈수록 손발이 자유롭게 움직이면서 솜씨가 생긴다. 나무의 가장 큰 덕은 잘 자라는 것이고 해악의 제거에는 이를 모두 아는 것이 제일이란 말이 있다. 이렇게 하면 사도를 벗어나지 않을 수 있고 비로소 활쏘기를 안다고 할 수 있다.

택물문(擇物門)

택물서(擇物序)

夫工欲善其事 必善以其器 器械不利 良工無所施其巧 寧猶無所施其巧
抑亦不能不生其弊矣 況射者衆巧之門 百弊之府也 使弓矢不調 縱有落鵰
貫蝨之技 豈施其巧乎 彼習射而不知辨惑者 固不足道 卽使惑辨矣 百病
皆消矣 設以不調之弓矢畀之 則弓手不習 强弱不和 手之性旣與弓抗弓之
性又與矢仇 當控弦彀弓時 已齟齬而不相合 況弦之長短大小愆其制 指機
之高下厚薄失其宜 又安望矢道同的應弦命中乎 此非射之過也 亦非弓矢
機弦之過也 不擇之過也 此擇物之章 所以繼辨惑而作也

공인(工人)이 일을 잘하려면 연장을 정비해야 한다. 양공(良工)도 연장을
정비하지 않으면 솜씨를 발휘할 수 없고 솜씨를 발휘할 수 없으면 병폐(病弊)
까지 생긴다. 더욱이 활쏘기는 수많은 솜씨들이 필요하고 많은 병폐들이 생긴
다. 화살로 보라매를 떨어뜨리고 벼룩을 꿰뚫을 수 있는 솜씨가 있어도 궁시
(弓矢)가 맞지 않으면 솜씨를 펼 수 없다. 폐혹(弊惑)을 분별 못 하고 활을
쏘면 사도(射道)에 어긋난다. 반드시 폐혹을 분별해야 하며 그래야 온갖 병들
이 사라진다. 또한 그런 후라도 궁시가 잘 맞지 않으면 손과 활이 서로 친해

지지 않고 강약도 조화되지 않고 손의 힘이 활의 힘이나 화살의 무게나 길이
와 맞지 않게 되어 활을 가득 벌려도 서로 어울리지 않게 된다. 또한 시위의
길이나 굵기 또는 깍지의 높낮이와 두께가 적절하지 못해도 결코 화살이 과
녁으로 곧게 날아가 명중할 수 없다. 그러나 이는 잘못 쏘았기 때문은 아니고
나쁜 궁시나 깍지나 시위를 썼기 때문도 아니다. 다만 잘못 선택했기 때문이
다. 이런 이유로 변혹문 장에 이어서 이 택물문 장을 썼다.

1. 궁력강약의택(弓力强弱宜擇〈第一〉)〈활의 세기〉

因弓制矢 量力調弓 此不刊之典 今好勝之人 喜用勁弓 而不顧力之不
稱 退怯之人 過用弱弓 而不顧矢之不能及遠 皆非也 夫弓之强弱 必須量
我力之大小 然力有不同 有臂力 有腰力 有足力 各有所用 足力能致遠
腰力能負重 與射無益也 惟臂力多者 能引勁弓 大率以白斤爲準 空引弓
能彀百斤者 射時只用五十斤 大約用力十分之五 不可過竭其力 寧過于軟
過勁則非矣 蓋用弓過勁 則筋力爲弓所束縛 操縱緩急不得如意 安能盡射
法之巧 此弓力之强弱所當擇也 稱弓法 以弓置地上 以足踏定弓弝于地
以稱鉤弦 稱起 將箭簇頂在弓弝上 稱起 弦至箭根齊 方可言彀 而知弓之
重輕 用矢輕重法在後第八章

활 힘에 따라 화살을 정하고 팔 힘에 따라 활을 골라야 한다는 것은 바꿀
수 없는 원칙이다. 승부욕이 강한 사람은 자신의 힘에 맞는지 따지지 않고 억
센 활을 좋아하고 소심한 사람은 화살을 멀리 보낼 수 있는지 따지지 않고
연한 활을 좋아하는데 모두 잘못된 일이다. 활의 강약은 이를 쓸 사람의 힘
강약을 보고 정해야 한다. 다만 힘에는 팔 힘도 있고 허리 힘도 있고 다리 힘
도 있어 각각 쓰임이 다르다. 다리 힘이 세면 멀리 갈 수 있고 허리 힘이 세
면 무거운 것을 들 수 있지만 이런 힘들은 활쏘기와는 무관하고 팔 힘이 세
야 억센 활을 벌릴 수 있다. 대략 100근 힘을 지닌 활을 기준으로 이런 활을
화살을 먹이지 않고 가득 벌릴 수 있으면 50근 힘의 활을 쓰면 된다. 대략 자

신의 힘 절반 정도 되는 활을 쓰면 되는 것이다. 좀 연한 활을 쓸지언정 너무 억센 활을 쓰면 안 된다. 너무 억센 활을 쓰면 근력(筋力)이 활에 눌려서 완급 조정이 여의치 않아 사법대로 솜씨를 발휘할 수 없으니 활의 세기를 잘 선택해야 한다. 활의 힘을 잴 때는 활을 땅에 대고 줌통을 발로 밟아 고정시킨 후 저울 고리를 시위에 걸치고 활을 들어 올려서 잰다. 화살촉의 끝이 줌통 위에 있을 때 시위가 그 화살의 오늬와 높이가 같아지면 활을 가득 벌린 것이고 이때 활의 힘을 저울눈을 통해 알 수 있다. 화살 무게에 대해서는 뒤의 제8장에서 다시 설명한다.

2. 궁투장단의택(弓套長短宜擇〈第二〉)〈활의 길이〉

弓之長短不齊 則力量亦因之而異 長弓之力量長 故能彀長箭 短弓之力量短 只能彀短箭 不可紊亂 如使長弓而用短箭 已彀而弓力量未彀 如此而遽發矢 則不能及遠 且弦口鬆 箭發亦不準 短弓而用長箭 則箭未彀 弓之力量先彀 若復過引 不惟弓之筋角易斷 且肩臂骨節爲弓所局 不得展舒 其巧發矢烏能如意 是以人長則臂長 而弓矢之長亦稱之 人短則臂短 而弓矢之短亦稱之 此爲定論 或曰有短人喜用長弓 長人喜用短弓 奈何 曰短人臂短 而用長弓者 必須勁弓 勁則弦口急 雖未能彀弓之力量 只以臂骨盡處爲彀 發矢亦準 故短人欲用長弓者 勁則無妨矣 若 長人而用短弓 弓力量已彀 强欲過引 須用軟弓 然弓軟發矢不遠 何取於短 但人長而無力 若用長弓而勁 則不能彀 用長弓而軟 恐弦口鬆 發矢不遠 故不得不用小套弓耳 酌權宜之術 可取小圈套弓 式略 故長二三分或半寸許 方可適用 若竟用小套弓 勁則難彀 軟則發矢無威 不能及遠 斷不可也

활의 길이가 다르면 힘도 달라진다. 장궁은 힘이 커서 긴 화살을 가득 당길 수 있고 단궁은 힘이 적어서 짧은 화살이나 가득 당길 수 있다.[1] 짧은 화살

---

1) 단궁은 각궁이건 개량궁이건 억센 활, 연한 활을 모두 만들 수 있지만 장궁의 경우는 각궁과 개량궁에 차이가 있다. 개량궁은 장궁도 연한 활을 만들 수 있지만 각궁은 장궁을 만들려면 뼈대가 두꺼워야 하므로 활의 힘도 커진다.

을 장궁에 쓰면 화살을 가득 당겨도 활이 가득 벌어지지 않아 화살을 멀리 보내지 못할 뿐 아니라 시위가 느슨해 화살이 정확하게 날아가지도 못한다. 단궁에 긴 화살을 쓰면 활을 가득 벌려도 화살을 끝까지 당기지 못한다. 이때 화살을 더 당기면 활의 힘줄과 뿔이 끊어지기 쉬울 뿐만 아니라 어깨와 팔의 골절이 활에 걸려 펴지지 않으니 솜씨가 있어도 화살을 뜻대로 내보낼 수 없다. 큰 사람은 팔도 길기 때문에 화살과 활도 긴 것을 써야 하고 작은 사람은 팔도 짧기 때문에 화살과 활도 짧은 것을 써야 하는 것이 정론(定論)이다. 키가 큰데 단궁을 좋아하고 키는 작은데 장궁을 좋아하는 사람도 있는데 작은 사람은 팔도 짧으니 장궁을 쓰려면 억센 활을 써야 하는데 억센 활은 시위가 팽팽해서 작은 사람이 이를 가득 벌릴 수는 없지만 자신의 팔과 뼈가 모두 펴졌을 때를 가득 벌리는 기준으로 해도 화살을 정확히 내보낼 수 있다. 따라서 작은 사람이 장궁을 써도 억센 활이면 무방하다. 그러나 큰 사람이 단궁을 쓴다면 활을 가득 벌린 후 억지로 더 벌려야 하므로 연한 활을 써야 하는데 연한 활은 화살을 멀리 보내지 못하므로 큰 사람이 단궁을 쓸 이유가 없다. 키는 커도 힘은 없는 사람이 길고 억센 활을 쓰면 골절이 펴지도록 활을 가득 벌릴 수가 없고 길고 연한 활을 쓰면 시위가 느슨해서 화살을 멀리 보낼 수가 없다. 이런 경우 부득불 큰 사람이 단궁을 쓰기도 하지만 이는 임시방편일 뿐이다. 활의 길이는 2~3푼[分] 내지 1/2자[尺] 정도 융통성이 있지만 부득불 단궁을 쓸 경우 억센 활을 쓰면 벌리기 힘들다. 그러나 연한 단궁을 쓰면 화살이 힘이 없어 멀리 못 가니 절대 쓰면 안 된다.

3. 궁지재료의택(弓之材料宜擇〈第三〉)〈활의 재료〉

가. 대나무 뼈대

昔唐太宗取良弓數十 示弓工 工曰非良弓也 木心不正 脈理皆斜 發矢多偏 夫以良材爲弓 而心不正 猶不得爲良弓 況弓之材料 筋角竹木 連合四者而後成 有一不善 必不相調 可不擇乎 今人擇弓 只取外面 色澤光美而不知弓之大病在胎 弓稍次之 角次之 筋膠又次之 弓胎竹須乾透者可用

本地竹 行中竹 新嫩者 不可用 何也 竹乾久者 性堅剛不屈 作弓胎 多有
還性 新嫩竹 性柔 作弓胎 則弓聲不清 鎭江弓 弦口聲清者 非獨做法佳
以鎭江一路弓胎竹 皆江西粮船帶來隔年乾透之物 絶無近地竹 行中竹故
也 若江西竹不可得 不得已而用竹 行中竹者 須去頭段三尺許 以其節多
故不用 只用中間五六段 其餘竹稍 不可用 又須陰乾五六個月後 方能剛
性不屈 燒去竹油 多去黃 而少去靑 胎欲極薄與錢取 兩頭竹節相對 則上
下均調 此擇胎法也

당 태종은 좋다는 활 수십 장을 얻어서 궁공(弓工)에게 보여 주니 "좋은
활들이 아닙니다. 뼈대 대나무의 목심(木心)과 맥리(脈理)가 비뚤어져 화살이
빗나갈 것입니다."라고 했다. 좋은 재료라도 목심이 곧지 않으면 좋은 활이
못 된다. 활의 중요 재료는 힘줄, 뿔, 대나무, 뽕나무 네 가지인데 그중 하나
라도 나쁘면 재료들이 어울리지 못한다. 활의 큰 결함은 뼈대[弓胎]에서 생기
는데 요즘 활을 볼 때 이를 모르고 겉 빛깔과 광택만 본다. 고자[弓稍]는 다
음이고 힘줄과 어교(魚膠)는 또 그다음이다. 뼈대의 재료인 대나무는 속까지
건조시킨 것을 쓴다. 본지죽(本地竹)이나 행중죽(行中竹)이나 어리고 약한
대나무는 안 된다. 왜인가? 대나무는 오래 건조시켜야 강해지고 잘 구부러지
지 않아 뼈대로 쓰면 탄성(彈性), 즉 복원력(復原力)이 크다. 어리고 약한 대
나무는 부드러워서 이를 뼈대로 쓰면 시위가 고자를 때리는 소리가 맑지 못
하다. 진강(鎭江) 일대에서 만든 활의 소리가 맑은 것은 활을 잘 만들었기 때
문만은 아니다. 이 활의 뼈대는 양자강 서쪽 강서(江西) 지역에서 양곡운반선
으로 싣고 온 대나무를 1년을 묵혀서 속속들이 건조시킨 것이고 근지죽(近地
竹)과 행중죽은 안 쓰기 때문이다. 강서 지역 대나무2)를 얻을 수 없을 때 쓰
는 것이 행중죽이다. 대나무는 위 단 3자가량을 잘라 내고 중간 다섯째 단이
나 여섯째 단을 써야 한다. 위 단들은 마디 간격이 좁아 안 쓴다. 밑동 부분
도 쓸 수 없다. 또 음지에서 5~6개월은 건조시켜야 성질이 강해져 잘 구부

---

2) 뒤의 9장 전죽노눈 의택(箭竹老嫩宜擇)에서는 화살대의 경우 광서(廣西), 광동(廣東) 두 곳에서 나는 것
   이 강서 지역에서 나온 것보다 좋다고 했다.

러지지 않는다. 기름기는 다 태워 버리고 황색 부분은 많이 제거하고 청색 부분은 약간만 제거한다. 뼈대는 동전 두께로 얇게 만들어야 한다. 아래위 마디들이 균일해야 아래위가 균형을 이룬다. 이것이 뼈대를 보는 법이다.

나. 고자

弓稍須用杜桑 勿用沙桑 杜桑木紋細而堅 沙桑木紋粗而鬆故也 兩稍俱要一色相配 木心與木心相配 皮與皮相配 則性和同而發矢平直矣 弓稍體式須細小 不必粗大 小則銳而捷 粗則坌而緩 弓腦須堅勁穩實 不取薄而狹 薄則發矢無力 狹則活而易滾 但不可太厚而過濶耳 又不可太鈎<鈎彎曲也>而致滾 畧圓而不必太直 方爲定準 若太稍弓下揷袋者 專取穩實爲主 稍不妨于大 腦不妨于厚 但不宜太過 大約稍與腦 或軟或勁 俱要與弓弰心相配 此擇稍腦法也

고자의 재료인 뽕나무는 두상(杜桑)을 쓰며 사상(沙桑)은 안 쓴다. 나무의 결이 두상은 가늘고 단단하나 사상은 거칠고 엉성하기 때문이다. 아래 고자와 위 고자는 똑같이 만들어야 한다. 두 고자가 목심(木心)도 같고 껍질[皮]도 같아야 성질이 같아져서 화살을 곧고 빠르게 내보낸다. 고자는 가늘고 작아야 하며 넓고 크면 아니 된다. 고자가 작으면 화살이 빠르고 고자가 넓으면 화살이 느리다. 나무뼈대와 고자를 이어 붙이는 곳인 삼삼이[弓腦]는 억세면서도 두툼해야 하며 얇고 좁으면 안 된다. 삼삼이가 얇으면 화살이 힘이 없고 좁으면 활이 쉽게 뒤집힌다. 그러나 너무 두껍거나 넓어도 안 된다. 또 너무 구부러져도<휘어진 것을 말한다.> 활이 쉽게 뒤집히므로 너무 곧지 않고 약간 둥근 듯해야 한다. 고자가 긴 대초궁(大稍弓)에서 아래에 대(袋)를 꽂는 것은 오로지 두툼하게 만들기 위한 것이다. 고자는 약간 커도 되고 삼삼이는 약간 굵어도 되지만 너무 크거나 굵으면 안 된다. 대체로 고자와 삼삼이는 연한 것도 있고 억센 것도 있지만 둘 다 줌통을 붙이는 뼈대 부분인 대쇠[弓弰心]와 서로 균형이 맞아야 한다. 이것이 고자와 삼삼이를 보는 법이다.

다. 뿔

角面須出廣中者佳　然不可必得　只取老而黑　勿取嫩而黑也　粽絞3)者爲
老　細紋者爲嫩　白色而老者次之　黑色而老者爲上　凡弓之最劣者　兩頭角
面一老一嫩　始雖上下相勻　後必相欺　打滾歪斜之患生矣　角面又不取太長
太長則腦活　活則發矢無勢且不準　而腦上角面又易起綻　今人見角面長大
便以爲材料富而愛之　誤矣　此擇角面法也

뿔은 광서(廣西), 광동(廣東) 두 곳에서 나는 것이 가장 좋다. 그런 뿔을
못 구하면 늙은 소의 검은 뿔을 써야 하고 어린 소의 검은 뿔을 쓰면 안 된
다. 결이 떡같이 얽힌 것은 늙은 소의 뿔이고 결이 가는 것은 어린 소의 뿔이
다. 늙은 소의 검은 뿔이 제일 좋고 그다음은 늙은 소의 흰색 뿔이다. 가장
나쁜 활은 아래위의 뿔을 하나는 늙은 소의 뿔을 쓰고 하나는 어린 소의 뿔
을 쓴 것이다. 이런 활은 아래위가 처음에 잘 어울렸어도 나중에는 필히 어긋
나 뒤집히거나 비뚤어진다. 너무 긴 뿔을 쓰면 안 된다. 뿔이 너무 길면 삼삼
이가 놀고 삼삼이가 놀면 화살이 힘차게 나가지 않고 삼삼이에서 정탈목 사
이의 뿔이 터지기 쉽다. 긴 뿔을 댄 활을 재료를 넉넉히 쓴 활로 알고 아끼지
만 이는 잘못이다.4) 이것이 뿔을 보는 법이다.

라. 힘줄과 어교

筋不必過多　多則易滾　且射時烘弓或火力不透　筋亦易鬆　若筋過少　弓
力又易疲　矢發不遠　故筋角必相對配者佳　大約　弓六十斤者　筋用二兩五
錢　軟弓三四十斤者　筋用二兩　筋骨細而白者爲可　粗而紅者爲下<細白粗紅
俱指絲筋時言> 鋪筋法　須刷得筋平安紋直者佳　膠須用麻布　絞　得細膩白淨
爲美　黃魚膠可用　米魚膠不可用　薄而白者爲黃魚膠　粗而白者爲米魚膠不
粘<薄白粗白紅　俱指未煮時言之　非旣煮時　有薄白粗白之分>此擇筋膠法也

---

3) 우게이우(宇惠)의 교정본(校訂本)에는 '교(絞)'는 '문(絞)'의 오자(誤字) 같다는 주석을 붙여 놓았다.

4) ≪조선의 궁술≫에서도 긴 뿔을 정탈목까지 덧댄 장궁(長弓)과 짧은 뿔을 삼삼이까지 덧댄 후궁(帿弓) 중
　 장궁은 화살이 불규칙하게 나간다고 했다. 그러나 요즘 우리나라 각궁은 모두 장궁 형식의 활만 만들고 있
　 는데 후궁은 쓰다 남은 자투리 뿔로 만든 활로서 어느 정도 시위를 당기면 더 당길 수가 없어서 힘이 없는
　 활이라는 견해도 있다.

힘줄을 너무 많이 입히면 활이 뒤집히기 쉽고 활에 열을 가할 때 열이 속까지 침투 못 한다. 반면 힘줄을 너무 적게 입히면 활의 힘이 쉽게 빠지므로 화살을 멀리 보내지 못한다. 힘줄은 뿔과 어울리게 입혀야 한다. 활 힘이 60근이면 힘줄은 2량 5전을 입히며 30근 내지 40근 정도 연한 활에는 2량을 입힌다. 힘줄은 가닥이 굵고 붉은 것보다 가늘고 흰 것이 좋다<굵고 붉다거나 가늘고 희다는 것은 힘줄을 실같이 다듬은 상태를 말한다.>. 힘줄은 깨끗이 씻었을 때 전체가 고르고 결이 곧은 것을 입혀야 한다. 어교(魚膠)는 삼베로 짜서 곱고 매끄럽게 만든 것을 써야 하는데 황어(黃魚)5)에서 얻은 것을 써야지 미어(米魚)6)에서 얻은 것을 쓰면 안 된다. 묽고 흰 것이 황어에서 얻은 것이다. 미어에서 얻은 것은 되고 희며 접착력이 약하다<묽고 희다거나 되고 희다는 것은 끓이기 전의 모습을 말한다. 끓이기 전이라야 묽고 흰 것과 되고 흰 것이 나뉜다.>. 이것이 힘줄과 어교를 보는 법이다.

4. 도반체식의택(挑盤體式宜擇〈第四〉)〈새 활의 해궁(解弓)〉

弓材料雖擇 而挑盤不均 亦不適於用 然挑盤之法妙在一心良工 秘而不傳 雖忌心使 然亦不學無文 未能筆之書也 能學而善書者 又未必工於挑盤 此法所以不傳於世 邊疆重鎭造弓者不一 其家工於挑盤者不過幾人 而最精者未聞也 穎少好射 因好弓矢見 工人所造 多不如意 乃講究其故 良工秘而不言 拙工雖欲言之 而不詳也 於是 訪工人之最良者 與之言 難得其槩 而未敢盡信也 又約諸同志者 出資 買材料 同工人 親造而試之 乃得其詳 又恐其未盡善也 遍訪良工 而察其利弊 考其規制 必極其變而後已 予少時 以好學之心好射 中年推學射之心 學弓滋久 乃得其巧 大抵 射之巧在手而心爲主 挑盤之巧在目而手爲主 心爲主者 以神運也 射之所以難也 手爲主者 以形用也 挑盤之易於射也<新弓 上弦時 以膝揉其上下之勁處 使之勻 謂之盤弓 看弓之上下硬處 銼而去之 謂之挑弓> 然其巧妙 筆不能盡 大要在目力審視之無偏<弓之上下軟勁勻調 謂之無偏> 右手運斤之勻調而已<以下皆言挑盤法>

---

5) 잉어과에 딸린 물고기.

6) 민어(民魚)의 다른 이름.

좋은 재료를 써도 도반(挑盤)[7]이 잘 안 되면 쓰기가 나쁜데 양공(良工)들은 도반법을 감추거나 배우지 못해 글을 몰라서 이를 글로 표현할 수 없고 글을 아는 사람은 직접 도반을 하려 하지 않으므로 도반법이 알려져 있지 않다. 변방 군영에 활 만드는 사람은 여럿 있지만 도반을 아는 사람은 적고 도반을 아주 잘 아는 사람은 보이지 않는다. 나는 젊어서부터 궁시 제작과정을 보고 싶었지만 여의치가 못했다. 양공들은 이를 숨기고 졸공(拙工)들은 말해 주고 싶어도 잘 모르기 때문이었다. 뛰어난 공인(工人)을 찾아가 말을 나누어 보았지만 무슨 말인지 알기 어려웠고 그의 말을 모두 믿기도 어려웠다. 이에 몇 사람이 뜻을 모아 재료들을 구입한 후 공인과 함께 직접 활을 만들어 시험해 보니 어느 정도 알 수 있었지만 다 알게 된 것인지는 자신이 없었다. 그 이후로도 양공들을 찾아다니며 장단점을 비교도 해 보고 제조를 살펴보기도 했지만 각자 방법이 다르다는 것만 알 수 있었다. 나는 젊어서부터 활쏘기를 좋아해서 계속 노력한 결과 제법 솜씨를 갖추었다. 활쏘기가 어려운 것은 활은 손으로 쏘지만 손의 주인은 마음이며 이 마음을 움직이는 것은 정신이기 때문이다. 그러나 도반은 눈으로 보아 가며 하는 것으로 눈의 주인은 손이고 겉으로 보이는 솜씨에 불과해서 활쏘기보다는 쉽다<새 활에 시위를 얹을 때 활 아래위에 억센 곳[勁處]이 있으면 무릎으로 휘어잡아서 고르게 만드는 것을 반궁(盤弓)이라 하고 굳은 곳[硬處]이 있으면 이를 꺾어서 무르게 하는 것을 도궁(挑弓)이라 한다.>. 그러나 도반 솜씨의 핵심을 글로 모두 옮기기는 어렵다. 큰 요점만 말하면 두 눈의 힘으로 살펴보고 치우침이 없게 하는 것이며<활 아래위의 연하고 억센 정도가 같은 것을 치우침이 없다고 한다.> 오른손을 움직여 균형을 맞추어 주는 것일 뿐이다<이하는 모두 도반법에 관한 것이다.>.

---

7) 우리 용어로는 이를 해궁(解弓)이라고 한다.

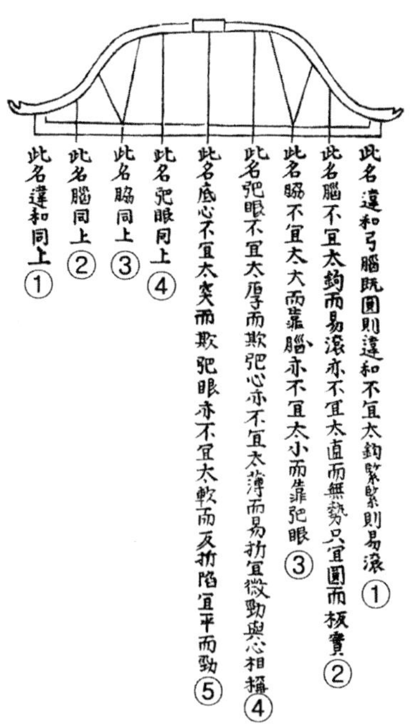

소초궁[8] 체식도(小稍弓體式圖)

① 이곳의 이름이 정탈목[違和]이다. 삼삼이가 구부러져 있기 때문에 이곳까지 너무 구부러지면 안 된다. 이곳까지 너무 구부러지면 활이 뒤집어지기 쉽다.

② 이곳의 이름이 삼삼이[腦]이다. 너무 구부러지면 활이 뒤집히기 쉽고, 너무 곧으면 힘이 없다. 둥근 듯하면서도 뻣뻣해야 한다.

③ 이곳의 이름이 오금[臁]이다. 너무 커서 삼삼이[腦]에 붙거나 너무 작아서 아귀[弝眼]에 붙으면 안 된다.

④ 이곳의 이름이 아귀[弝眼]이다. 너무 두꺼우면 대소[底]와는 균형이 맞지 않고, 너무 가늘면 꺾이기 쉽다. 억센 듯하면서 대소와 균형이 맞아야 한다.

⑤ 이곳의 이름이 대소[底]이다. 너무 솟으면 아귀[弝眼]와 어울리지 못하고 너무 연하면 반대로 주저앉는다. 평평하면서 억세야 한다.

---

8) 고자가 짧은 작은 활.

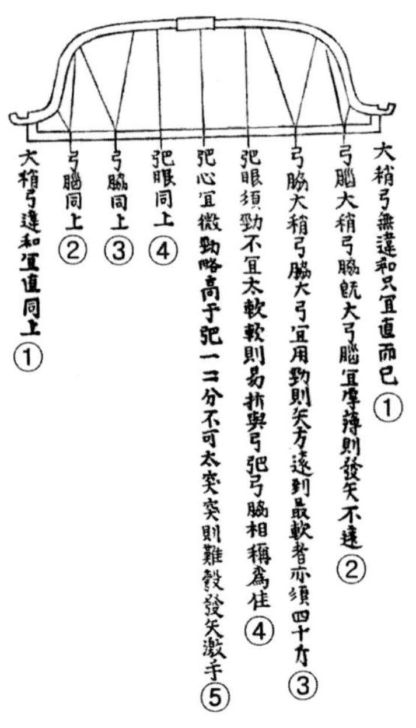

대초궁[9] 체식도(大稍弓體式圖)

① 대초궁에는 정탈목이 없고 이 부분이 곧게 펴져 있다.

② 삼삼이이다. 대초궁은 오금이 크므로 삼삼이도 굵어야 한다. 가늘면 화살을 멀리 보내지 못한다.

③ 오금이다. 대초궁은 오금이 커서 활이 억세고 화살을 멀리 보낸다. 대초궁은 가장 연한 활도 힘이 40근 이상이다.

④ 아귀이다. 억세야 한다. 너무 연하면 꺾이기 쉽다. 대소 및 오금과 균형이 맞는 것이 좋다.

⑤ 대소이다. 약간 억센 듯하고 1~2푼 정도 솟아야 한다. 그러나 너무 솟으면 활을 벌리기 어렵고 화살을 내보낼 때 손이 크게 흔들린다.

大約小稍弓 以腦鉤故 矢發能及遠 雖三十五斤者能中的于八十步之外 若大稍弓腦直脇大 又無違和之緊 非四十斤已外者 不能及遠 最軟者須四十斤 不比小稍弓 雖軟亦亦可以及遠也

---

9) 고자가 긴 큰 활.

소초궁은 삼삼이가 구부러져서 화살을 멀리 보낼 수 있고 35근 힘의 소초궁도 80보 밖 과녁을 맞힐 수 있다. 대초궁은 삼삼이가 곧고 오금은 크고 정탈목의 예리한 기능도 없어서 40근 이하 대초궁은 화살을 멀리 못 보낸다. 대초궁은 아무리 연해도 40근 이상 되어야 한다. 그러나 소초궁은 연한 활도 화살을 멀리 보낼 수 있다.

夫弓之體勢 猶人一身 然明於身之理 而挑盤之理 在是矣 故弓有底 有弝眼 有脇 有腦 有違和 弓底者 猶人之心也 弝眼者 猶人之腰脊也 脇者 猶人之兩臂 腦與違和者 猶人之兩拳也 心者 性之所發也 人之性 貴於剛中 故弓底須中和 不宜太薄而下墮 以失之柔<薄則底軟而下墮 俗呼曰와底 弝犯此病者 發矢不遠> 亦不宜太厚而反突 以偏於剛<太厚反突者 俗號突底 弝犯此病者 不惟彀弓難 發矢時 弓激手> 惟平直微勁者佳

활의 구조와 사람 몸의 구조는 같지만 전자가 후자보다 분명하며 도반(挑盤)의 이치는 여기에 있다. 활에는 대소[底][10]도 있고, 아귀[弝眼][11]도 있고, 오금[脇][12]도 있고, 삼삼이[腦][13]도 있고, 정탈목[違和][14]도 있다. 활의 각 부위를 사람 몸에 비교하면 대소는 마음, 아귀는 허리와 척추, 오금은 두 팔, 그리고

---

10) 활의 중심이 되는 뼈대 부분으로서 우리 용어로는 '대소' 또는 '죽심(竹心)'이라고 한다. 줌통이 이곳에 붙어 있으므로 파저(弝底)라고 한 것이다. 우리 활에서는 이 부위에는 대나무로 만든 뼈대 위에 짧은 참나무를 덧대는데 이를 '대림' 또는 파간(弝幹)이라고 한다.

11) 줌통 다음 부분을 말하며 우리 용어로 줌통의 끝에서 대림끝에 이르는 부분이다. 대림끝은 대림이 끝나는 부분이다.

12) 뒤에 "줌통 다음의 4치쯤"을 말한다는 간주(間註)가 있다. '오금'이란 구부러지는 곳을 일반적으로 일컫는 말로서 시위를 얹은 다음에 반대방향으로 구부러지는 곳을 말한다. 이때 구부러지는 곳의 한가운데를 '오금' 또는 '한오금'이라고 하며 줌통과 가까운 곳을 '바튼오금' 그리고 먼 쪽을 '먼오금'이라고 한다. 오금은 활에서 가장 많은 힘을 쓰는 부분이다.

13) 뒤에 "아귀에서 반 치[寸]쯤 떨어져 있어야 좋다."는 구절도 있고 "뿔과 나무가 서로 만나는 곳"을 말한다는 간주(間註)도 있다. 대나무로 만든 나무뼈대인 '대소' 또는 죽심(竹心)과 뽕나무로 만든 고자, 즉 목소(木弰)가 연결된 곳을 말한다. 그러나 이는 앞의 각주 2에서 말했듯이 우리나라 활에서는 후궁(猴弓)의 경우만 해당한다. 옛날에는 전투용이나 사냥용 활은 고자뿐만 아니라 나무뼈대까지 모두 뽕나무로 만들었다고 하며 요즘 경기도 부천의 궁시장(弓矢匠) 김박영(金博榮) 씨(중요무형문화재 47호)는 대소와 고자를 하나의 대나무로 만든 활을 제작하고 있다.

14) 뒤에 "고자 중간의 1치쯤"을 말한다는 간주(間註)가 있다. 고자 중간에 도고자를 붙이는 자리를 말한다. 시위를 얹어 놓은 활에서는 고자의 끝, 즉 양양고자에서 이곳까지만 시위가 활에 붙어 있다.

삼삼이와 정탈목은 두 주먹에 각각 해당한다. 마음은 성격이 발생하는 곳으로서 사람도 성격이 강직하면서 중도를 지켜야 좋듯이 활의 대소 역시 적절히 부드러워야 하지만 너무 얇아서 처지면 유연성이 없어진다<대소는 얇으면 연해서 주저앉는데 이를 속칭 '구부러진 대소[鉤底]'라고 한다. 줌통을 붙이는 부위에 이런 결함이 있으면 화살이 멀리 나가지 않는다.>. 반대로 지나치게 두꺼워서 솟아오르면 너무 억세진다<대소가 너무 두꺼워서 솟아오른 것을 속칭 '솟은 대소[突底]'라 한다.[15] 줌통에 이런 결함이 있으면 활을 벌리기 힘들고 화살을 내보낼 때 손이 흔들린다.>. 평평하면서도 억센 듯한 것이 좋다.

腰脊者 周身之力所發也 故弝眼不宜微弱 弱則弓腰傾折而無力 不宜太強 強則弓腰板勁而欺底 須壯勢活潑 與弓底强弱相稱者佳

사람의 몸에서도 허리와 척추가 온몸의 힘이 나오는 부분이듯이 활에서도 아귀가 약하면 안 된다. 아귀가 약하면 활이 비뚤어지거나 꺾여서 힘을 못 쓴다. 그러나 아귀가 너무 강해도 안 된다. 아귀가 너무 강하면 뻣뻣해서 대소와 균형이 안 맞는다. 아귀는 힘이 있고 활발하면서도 대소의 강약과 균형이 맞아야 한다.

人之兩臂所以達其力於拳者也 欲捷而銳 故脇不宜太大 大則無力<太大者 俗號靠腦脇者此也 犯此者 發矢無力>不宜太小 小則弝眼易傾<小者 俗號靠弝脇者 此也 犯此者 弝眼易折> 必須脇在弝眼外半寸許者佳 既不靠腦 又不靠弝脇道勻調 與弝腦相配 發矢方銳

사람의 힘도 두 팔을 통해서 주먹으로 전달되듯이 활에서도 힘이 빠르고 예리하게(삼삼이와 정탈목으로) 전달되려면 오금이 너무 크면 아니 된다. 오금이 너무 크면 무력하다<오금이 너무 큰 것을 속칭 '삼삼이로 붙은 오금[靠腦脇]'이라 하는데 이렇게 되면 화살이 힘이 없다.>. 그러나 너무 작아도 안 된다. 오금이 너무 작으면 삼삼이가 비뚤어지기가 쉽다<오금이 너무 작은 것을 속칭 '아귀로 붙은 오금[靠弝

---

15) 우리 용어로는 이를 '알줌'이라고 한다.

脇]'이라 하는데 오금이 이렇게 되면 아귀가 꺾이기 쉽다.>. 오금은 아귀에서 반 치[寸] 쯤 떨어져 있어야 좋고 삼삼이나 아귀에 붙어 있으면 안 된다. 오금이 적절해야 줌통 및 삼삼이와 어울려 화살을 예리하게 내보낼 수 있다.

人之兩拳者 所以致其力於搏擊者也 欲其猛而剛故 腦不宜太直 直則無勢 不欲太鉤 鉤則易滾 而但期於圓 圓則 外向捷 而違和自緊<弓稍內 寸許 名違和> 弦口急 而發矢遠到 此挑盤之大槪也

사람의 힘은 두 주먹을 통해 무엇을 힘차게 때릴 수 있듯이 활도 화살을 강하게 내보내려면 삼삼이가 너무 곧으면 안 된다. 너무 곧으면 기세가 없다. 그러나 너무 구부러져도 안 되며 둥근 듯해야 한다. 둥근 듯하면 앞으로 빨리 뻗어 나가고 정탈목도 긴장되고<고자 중간의 1치쯤을 정탈목이라고 한다.> 시위가 팽팽하게 되어 화살을 멀리 내보낸다. 이상이 도반법(挑盤法)의 대강이다.

是以良弓體式 必期弛底平勁<弓心爲弛底 平勁也者 不太突不傾折也> 弛眼與脇道勻調<弓弛外四寸許爲脇道> 弓心與兩腦相應<弓面上角木相接處爲弓腦> 弓雖弱而弦和鳴<弦聲響喨緊急爲和鳴> 性雖勁而底掌不悖<弓性雖緊急勁銳 然 挑盤勻調 弓之底 與人之手掌相和而不悖戾> 巧妙之要是在良工之一心

따라서 좋은 활의 구조는 대소는 평평하고 억세야 하고<활의 중간 부분이 대소이다. 평평하고 억세면 너무 솟지 않고 비뚤어지거나 꺾이지도 않는다.> 아귀와 오금이 균형이 맞아야 하고<줌통 다음 4치쯤 되는 곳이 오금이다.> 대소와 아래위의 두 삼삼이가 서로 호응해야만 하고<뿔과 고자나무가 만난 곳을 삼삼이라 한다.> 연한 활이라도 시위 소리가 부드럽게 울려야 하며<화살을 내보낼 때 시위가 정탈목을 치는 소리가 짧고 단호한 것을 부드럽게 울린다고 한다.> 억센 활이라도 대소와 손바닥이 어긋나지 않아야 한다<날카롭고 예리한 억센 활도 도반이 잘되면 활의 대소와 사람의 손바닥이 균형이 맞아서 서로 어긋나지 않는다.>. 여하간 뛰어난 솜씨의 비결들은 바로 양공(良工)의 마음속에 있다.

5. 궁파대소의택(弓弝大小宜擇〈第五〉)〈줌통의 크기〉

弓弝不宜太大 恐握之易緊 發矢時 常犯撇病 撇則矢易偏於左 弝亦不宜
太小 小則難握 彀弓發矢時 常犯括臂之患 與其過大寧過小 須得中爲妙

줌통은 너무 크면 안 된다. 너무 크면 앞 손이 긴장하기 쉬우므로 화살을
내보낼 때 앞 손으로 활을 앞으로 쓰러뜨리는 별(撇) 동작을 취하는 병이 생
겨서 화살이(우궁의 경우) 왼쪽으로 치우치기 쉽다. 너무 작으도 쥐기가 어려
워 활을 벌려 화살을 내보낼 때 골절이 펴지지 않을 수가 있다. 너무 큰 것보
다는 차라리 좀 작은 것이 좋지만 적절한 크기가 가장 좋다.

蓋握弓之法 掌根得力而實 無藉于指之力 自然不用大弝 惟握弓不得法
掌根不實 必須指上用力 若弓弝小 指握不能緊 撇出無勢 必然括臂 故不
得不用大弝撇出 雖免括臂之患 孰知矢易偏于左乎 此用大弝者非也

줌통 쥐는 법은 장근(掌根)[16]에 힘이 들어가 실해야 하고 손가락의 힘에
의존하면 안 되므로 큰 줌통을 쓰지 않는 것이 자연스럽다. 줌통 쥐는 법을
터득하지 못해 장근이 부실하면[17] 필히 손가락의 힘에 의존하게 되는데 이때
줌통이 작으면 손가락을 단단히 감아쥘 수 없어서 발시 때 별(撇) 동작을 취
할 수도 없고 팔의 골절도 구부러지기 마련이므로 부득불 큰 줌통을 쓰면서
별(撇) 동작으로 화살을 내보내게 된다. 그러나 이렇게 하면 팔의 골절이 구
부러지는 것을 피할 수는 있겠지만 화살이(우궁의 경우) 왼쪽으로 치우친다.
큰 줌통을 쓰는 것이 잘못인 이유가 여기에 있다.

善射者貴用小弝 而不貴大弝者 非弝大小有貴賤 以善握弓者 手掌實
故不必用大弝 惟不善握弓者 手掌不知實法 故必用大弝 掌根實者 發矢

---

16) 장근(掌根)은 새끼손가락 쪽의 손바닥 하단을 말한다. 앞의 변혹문(辨惑門), 6장 참고.
17) 앞의 변혹문(辨惑門), 제6장 각주 15 참고.

平直 掌根不實者 發矢多偏 貴賤在掌根之實與不實 不在弝之大小也 拙
射不知求實掌根之法 但慕弓弝小之可貴 則誤矣

　잘 쏘는 사람은 큰 줌통을 피하고 작은 줌통을 귀하게 여기지만 줌통 크기
에 귀천(貴賤)이 있는 것은 아니다. 줌통을 잘 쥐는 사람은 손바닥이 실해서
큰 줌통을 쓸 필요가 없다. 줌통을 잘못 쥐는 사람은 손바닥을 실하게 하는
법을 몰라 흔히 큰 줌통을 쓴다. 장근(掌根)이 실하면 화살이 곧고 힘차게 날
아가지만 장근이 부실하면 화살이 치우치기가 쉽다. 귀천은 장근이 실한지 여
부에 있지 줌통의 크기에 있지 않다. 장근을 실하게 하는 법을 찾지 않고 단
지 작은 줌통이 귀하다는 것만 알고 이를 귀하게 여기는 것은 잘못이다.

　人有一種臂曲前突者 弓弝若小 必然括臂 則宜稍用大弝 亦救弊之法耳
若能用苦功者 將前肩及臂 極力向前 番下朝地 弓弦從臂上邊出 自可免
括臂之病 亦奚必用大弝爲

　팔이 구부러져 앞으로 튀어나온[18] 사람이 있다. 이런 사람이 작은 줌통을
쓰면 팔 골절이 구부러지므로 약간 큰 줌통을 써야 하지만 이는 팔이 구부러
지는 병폐를 피하려는 편법일 뿐이다. 노력할 줄 아는 사람이라면 앞 어깨와
팔을 앞으로 돌려 있는 힘껏 땅을 향해 내리뻗고 시위를 어깨보다 높게 뽑아
올리면 팔이 구부러지는 것을 피할 수 있으므로 꼭 큰 줌통을 쓸 필요가 없다.

　又有一種臂向前曲出半尺許者 此等異相 千人中間亦有之 若番下向地
亦不免括臂者 則將臂番轉朝天 使發矢時 弦從臂下邊出 亦可免括臂之患
而無藉於大弝 臂形異 則法因之以異 亦自然之理也 臂曲極而番轉朝天者
世不多見 予於太倉衛 曾見一孫姓者爲然 故記之 以備參考廣見聞云

---

18) 과녁을 겨누었을 때 팔꿈치 앞부분이 위로 솟아오르는 것을 말한다.

드물지만 팔이 앞으로 반 자[尺]쯤 구부러져 올라오는 기형인(畸形人)도 있다. 그런 사람은 팔을 내리뻗고 시위를 당겨도 팔의 골절이 펴지지 않는다. 그러나 이런 사람도 팔을 하늘을 향해 뻗어 올렸다가 발시할 때는 시위를 어깨 아래로 끌어내리면 팔 골절을 펼 수 있으므로 큰 줌통에 의존하지 않아도 된다. 팔이 기형이면 사법도 달라져야 하는 것이 자연의 이치다. 팔이 많이 구부러져서 하늘로 팔을 뻗어 올리고 시위를 당겨야만 하는 사람이 흔하지는 않은데 나는 태창위(太倉衛)에서 손(孫) 씨 성의 한 사람이 그런 것을 본 바 있어 이를 말해 두니 참고해서 견문을 넓히기 바란다.

6. 궁현장단의택(弓弦長短宜擇〈第六〉)〈시위의 길이〉

弦之長短　隨弓體式　弓長則弦宜離弓弛七寸許　弓短則弦宜離弓弛六寸五分　今人以拳按弓弛　以大指頂著弦爲準者　則弦太長　非也　何也　弦長則口鬆　弦口鬆　則發矢時振蕩不定　矢發不準

시위 길이는 활의 길이에 따른다. 시위를 활에 얹었을 때 시위와 줌통의 간격이 긴 활은 7치[尺]쯤이 적절하고 짧은 활은 6치 5푼[分]쯤이 적절하다. 요즘 주먹을 줌통에 대고 엄지의 끝이 시위에 닿는 것을 기준으로 하는 경우가 있는데 그런 시위는 너무 길어서 잘못된 것이다. 왜인가? 시위가 길면 현구(弦口)가 느슨해서 발시 때는 출렁이고 화살을 곧게 날려 보내지 못한다.

大抵　江北人多用短弦　離弓弛八寸許　則嫌于太短　故北人多用短箭　以官制爲率　恐長人用短箭　骨節俱縮　力亦易疲　不能久射　久後　必有括臂之病　且弦太短　弓亦易傷　彀弓亦不能畫一　矢亦隨之　以大小矣　此北方之病而人不察也〈邊制箭　小尺算　二尺七寸五分　官制箭　小尺　二尺六寸五分〉南人多用長弦　取其易彀　而弓不傷也　穎初亦好用長弦　因北人張姓者言長弦之害甚悉乃悅而從之　稍稍用短弦　殊覺發矢準　弓亦不滾　且弓聲淸響　得益多矣　但弦不宜太短　以得中爲貴　大約　小套弓　以大指食指托直　從弓弛上量　至弦

口一托爲準 大套弓 以大指中指托直 量之 亦一托爲率 若人長 指亦長
弓套亦隨之而長   人短   指亦短   弓套亦隨之而短   各以其人形之長短以定
弓因人指之長短以定弦 是爲定論

　　대체로 양자강 북쪽에서는 짧은 시위를 많이 쓰는데 줌통에서 시위까지의
간격이 8치나 되니 이는 시위가 너무 짧은 것으로 보인다. 그들은 화살도 짧
은 것을 쓰고 이를 관제(官制) 규격으로 하는데 큰 사람이 이렇게 짧은 화살
을 쓰면 골절이 위축되고 힘도 빨리 빠지므로 오래 활을 쏠 수 없고 시간이
흐르면 골절이 구부러지는 병이 생길 수가 있다. 또한 그들은 시위도 너무 짧
은 것을 쓰기 때문에 활도 쉽게 상할 뿐 아니라 일정하게 활을 벌릴 수도 없
으므로 화살이 날아가는 거리도 이에 따라 불규칙하게 된다. 이것이 강북(江
北) 사람들에게 흔한 병인데도 그들은 이를 잘 모르고 있다<변경지역의 화살은
작은 자로 2자 7치 5푼인데 관제(官制) 화살은 2자 6치 5푼밖에는 안 된다.>. 양자강 남쪽
에서는 긴 시위를 많이 쓰는데 활을 벌리기 쉽고 활도 잘 상하지 않는다. 나
역시 처음에는 긴 시위를 즐겨 썼는데 장(張) 씨 성의 어떤 강북 사람이 긴
시위의 단점을 자세히 말하는 것을 듣고는 기꺼이 그의 말을 따라 차차 짧은
시위를 써 보니 과연 화살이 정확하게 날아가고 활도 쉽게 뒤집어지지 않고
시위 소리도 맑게 울리는 등 장점이 많았다. 그러나 시위가 너무 짧으면 안
되고 적절한 것이 좋다. 대략 줌통과 시위 사이 간격이 단궁(短弓)은 엄지와
검지를 벌린 길이가 기준이 되고 장궁(長弓)은 엄지와 장지를 벌린 길이가
기준이 된다.[19] 큰 사람은 손가락들도 길어서 위의 기준을 따르면 장궁을 써
야 하고 작은 사람은 그 반대이다. 이와 같이 키에 따라 활과 시위의 길이를
정해야 되는 것이 정론(定論)이다.

---

19) 이는 우리나라 활에 비해 줌통과 시위 사이의 간격이 대단히 높은 것이다. 우리나라에서는 앞손을 줌통에
　　대고 엄지를 펴서 엄지의 끝마디가 시위의 위로 올라가는 것을 기준으로 하는 경우가 많다. 양궁 선수들
　　은 줌통과 시위 사이의 간격을 일정하게 유지하려고 'T' 자 모양의 자를 휴대하고 다니면서 늘 점검한다.
　　시위가 늘어나면 이 간격이 좁아지는데 그럴 때는 시위를 꼬아서 길이를 줄여 준다. 이때 시위를 꼬아 주
　　는 방향에 따라 화살 나가는 방향이 달라진다고 말하는 사람도 있지만 이는 허황된 말이다.

7. 전식장단의택(箭式長短宜擇〈第七〉)〈화살의 길이〉

箭之長短宜隨臂之骨節 今好勝之人 臂短而過用長箭 以誇其能 退怯之
人 臂長而喜用短箭 以圖易彀 皆非也 長人用短箭 骨節俱縮 百病易生
固不足道 短人用長箭 是專以力彀 非以骨節彀也 力彀者 力衰則不彀矣
彀安能齊 骨節彀者 不勞力而彀自齊 至老不衰者也 故臂長矢亦長 臂短
矢亦短 以骨節爲度 此不易之理 引弓必令前後肩臂平直如衡 後肘平屈
向後垂下 大約後手指機與後耳齊 如向南射之人 彀弓時體勢 反覺向西北
則彀法方爲極致 骨節旣定 則箭之長短 亦因之以定 安可妄用

화살 길이는 팔 골절 길이에 맞추어야 한다. 팔은 짧지만 승부심 강한 사람
이 긴 화살을 쓰면서 자기 능력을 과시하려 하거나, 팔은 길지만 약한 사람이
짧은 화살을 즐겨 쓰면서 화살을 쉽사리 가득 당기려고 하는 것은 잘못이다.
큰 사람이 짧은 화살을 쓰면 골절이 위축되어서 온갖 병이 쉽게 생기니 이는
도리에 맞지 않는다. 작은 사람이 긴 화살을 쓰면 골절로 활을 벌리지 못하고
근육 힘으로만 벌리게 된다. 근육 힘으로만 활을 벌리는 사람은 힘이 떨어지
면 활을 일정하게 벌리지 못한다. 골절로 활을 벌리는 사람은 크게 힘들이지
않고도 항상 일정하게 활을 벌릴 수 있으므로 나이가 들어도 별로 힘이 안
든다. 팔이 길면 화살도 길어야만 하고 팔이 짧으면 화살도 짧아야만 하는데
그 기준은 골절 길이며 이는 바꿀 수 없는 이치이다. 화살을 당길 때는 앞뒤
의 어깨와 팔이 저울대같이 곧게 펴지게 당겨야 한다. 뒤 팔꿈치는 어깨 높이
에서 구부려 뒤를 보게 했다가 발시 때 밑으로 내리는데 대략 깍지가 귀와
나란히 있도록 시위를 당기면 된다. 남쪽의 과녁을 쏠 경우 화살을 가득 당겼
을 때 몸의 자세가 서북쪽을 볼 정도가 되면 가장 적절한 화살을 제대로 당
긴 것이다. 골절의 길이는 사람마다 이미 정해진 것이고 화살의 길이도 이에
따라 결정되는 것이다. 함부로 결정하면 안 된다.

量箭法 自有定理 將左臂及左手中指 俱向左伸直 須以箭鏃頂在左肩下

脇骨上　量至左手中指頂止　指頂外又加二寸五分<小尺算>　是爲箭之定式
長短人各隨其臂指爲量準　此天定之理　潁嘗考訂多方　始得<其法識者　遵之
庶無差錯　若力小之人　自脇骨上　量至中指頂外　加二寸　亦足矣>

　　화살의 길이는 정해진 이치에 따라야 한다. 왼쪽 팔과 손바닥을 왼쪽으로
곧게 펴고 어깨 밑 갈비뼈에서 중지 끝까지의 길이에 2치[寸] 5푼[分]을 더하
면<작은 재[小尺]로 계산한 것이다.> 자신에게 절적한 화살의 길이다.[20] 키가 크건
작건 모두 자신의 팔과 손가락의 길이를 기준으로 결정해야 하는 것이 하늘
이 정한 이치다. 나는 일찍이 다양하게 그 방법들을 조사해 보고 이런 기준을
얻을 수 있었다<이 기준을 아는 사람은 조금의 오차도 없이 이 기준을 지켜야 한다. 힘이 약
한 사람이면 갈비뼈에서 중지 끝까지의 길이에 2치만 더해도 될 것이다.>.

8. 전체식경중의택(箭體式輕重宜擇<第八>)〈화살의 무게〉

力大之人　弓用勁　力小之人　弓用弱　弓勁則箭重　弓弱則箭輕　此自然之
理　今有貪平之人　弓本勁而好用輕箭　以示發矢得平狠之法　抑孰知箭輕則
體桿柔弱　不能勝弓孟之力發遣　矢纔脫弦　箭桿卽鉤　發矢無定準　寧特不
能平直　矢且不知偏於何所矣　又有好名之人　弓本弱而顧用重箭　以示發箭
得疾遣之法　豈知箭重則行遲　竭力　遣之力必不齊　矢亦不準　是二人者之
所爲　皆過也

　　힘센 사람은 억센 활을 쓰고, 약한 사람은 연한 활을 쓰고, 억센 활에는 무
거운 화살을 쓰고, 연한 활에는 가벼운 화살을 쓰는 것이 이치에 맞다. 낮은
살고를 탐하는 사람이 억센 활에 가벼운 화살을 즐겨 쓰면서 자신은 낮고 빠
르게 화살 내보내는 법을 안다고 자랑하려는 경우도 있지만 가벼운 화살은
화살대가 약해서 억센 활의 강한 힘을 감당할 수 없다. 화살대가 활을 떠날

---

20) 이는 족이 '↑' 모양으로 생긴 전투용 화살의 경우 화살이 가득 당겨졌는지 여부를 앞으로 중지 끝으로
　　확인할 때를 말한 것이다. 현재 우리가 습사용으로 쓰는 유엽전 형태의 화살은 이보다는 약간 짧아도 될
　　것이다. 화살을 가득 당기는 기준에 관해서는 앞의 첩경문(捷徑門), 각주 3 참고.

때 구부러져21) 일정하게 날아가지 않고 특히 낮고 곧게 날아가지도 않으며 결국 빗나가고 만다. 이름 알려지기를 좋아하는 사람이 자신은 연한 활로 무거운 화살을 빨리 날아가게 하는 방법을 터득했다고 자랑하려는 경우도 있지만 연한 활에 무거운 화살을 쓰면 살걸음이 느리고 일정하게 내보낼 수도 없으므로 결국 빗나가고 만다. 둘 다 잘못이다.

夫弓矢相配 如權衡然 不可分毫過差 大約 弓力量十斤者用箭一錢二分 百斤之弓 箭可重一兩二錢 弓勁至百斤 箭重至一兩二錢者 猶可復重 弓弱至三十斤 箭至三錢六分者 弱亦甚矣 弓弱至此 不可復減 箭至此 不可復輕矣 何也 弓過弱 矢不能及的 箭過輕 發必不準 以箭輕桿軟 發出必搖 矢不能勝弓力之遣耳 此弓箭輕重定法也

활과 화살은 저울과 저울추같이 서로 어울려야지 조금이라도 어긋나면 안 된다. 대략 활의 힘 10근(斤)22)당 화살의 무게가 1전[錢]23) 2푼[分]이면 된다. 따라서 100근 힘의 활일 경우 1량(兩) 2전(錢) 무게의 화살을 쓰면 된다. 그런데 100근 힘의 활로 쏠 때는 화살 무게가 1량24) 2전보다 무거워도 되지만 30근 힘의 연한 활로 무게 3전 6푼의 화살을 써야 할 경우라면 이들보다 더 연한 활이나 더 가벼운 화살을 쓰면 안 된다. 활이 너무 약하면 화살을 멀

---

21) 화살이 날아가는 모습을 고속으로 촬영해 보면 매끄럽게 나가지 않고 뱀이 진행하는 모양으로 좌우상하로 꾸물대며 날아간다. 양궁의 경우 이를 아처 패러독스(archer's paradox)라고 하며 흔히 사행(蛇行) 현상으로 번역한다. 화살이 활을 떠날 때 활대나 앞손과 마찰 때문에 화살은 약간 구부러지고 한 번 구부러진 화살은 그 반동으로 다시 반대로 구부러지기를 반복하면서 전진하기 때문이다. 화살이 활대나 앞손과 크게 마찰할수록 이런 현상은 더 심해지며 이때 에너지 손실 때문에 비행거리도 줄어들 뿐 아니라 정확히 나가지도 못한다. 양궁은 화살이 앞손을 스칠 수 없는 구조로 되어 있어 화살이 활대와 스치는 부분, 즉 애로 레스트(arrow rest)를 부드러운 재질로 바꾸거나 유동성 있는 구조로 바꾸어 활과 화살의 마찰을 줄여 주기도 하고 강한 금속 재질로 화살대를 만들어서 이런 마찰을 이기게도 해 준다. 우리 활도 화살이 스쳐 가는 줌통 위의 부분에 출전피(出箭皮)란 부드러운 가죽을 대 주는데 이는 활대 마모 방지보다 이런 현상을 줄이려는 것이다. 출전피가 마모되면 화살이 나가는 거리가 줄어들 뿐 아니라 방향도 흐트러진다. 화살 깃을 부드러운 새털로 만들면 이런 현상을 약간 줄일 수는 있겠지만 플라스틱 깃보다 공기 마찰을 이기는 힘이 약하므로 전통 죽시(竹矢) 외에는 새털을 깃으로 쓰지 않는다. 그러나 우리 활에서는 화살이 앞손 엄지에 닿을 수 있어서 줌통을 단단히 쥐지 않으면 화살과 앞 손 엄지의 마찰이 커진다.

22) 현재의 도량형으로는 6㎏ 또는 약 13lb 정도 된다.

23) 현재의 도량형으로 1돈이다.

24) 현재의 도량형으로 10돈이다.

리 보낼 수 없고 화살이 너무 가벼우면 화살대가 약해 날아갈 때 흔들리기 때문이다. 화살이 활 힘을 이기지 못하는 것이다. 이것이 화살 무게를 보는 정법(定法)이다.

9. 전죽노눈의택(箭竹老嫩宜擇〈第九〉)〈화살대의 나이〉

弓矢相配 重輕合宜矣 乃發矢時 忽有左右大小之偏至甚丈者 以箭竹柔嫩 不能當勁弓之發遣耳 箭竹性 出廣中者 最佳 江西次之 然廣竹不可多得 卽 江西竹中 亦有可用 在人知所擇耳 箭竹以老者爲可 嫩者爲劣 老有不同 有桿粗大而老者 有細小而老者 而粗細中 又有厚薄之殊 以薄者作輕箭 厚者作重箭 方適于用 若偶値箭竹缺少時 不及揀選 或以厚竹者作輕箭 勢必多去 竹靑而矢易曲 或以薄者 作重箭 必桿大而矢行遲 不可不辨也

화살의 길이와 무게가 활과 잘 맞아도 화살이 심지어 1장(丈)[25] 정도나 좌우대소로 심하게 빗나가는 경우가 있는데 이는 화살대가 어리고 약해 억센 활의 힘을 감당하지 못하기 때문이다. 화살대로 쓰는 대나무는 광서(廣西), 광동(廣東) 두 곳에서 나는 것이 양자강 서쪽에서 나는 것보다 좋다.[26] 그러나 전자는 많지 않고 후자 중에서도 쓸 만한 것이 있으니 잘 알고 선택하면 된다. 화살대로 쓰는 대나무는 오래 자란 것이 좋지만 오래 자란 대나무도 굵고 큰 것이 있고, 가늘고 작은 것도 있고, 굵기와 관계없이 살집이 두툼한 것도 있고 얇은 것도 있다. 살집이 얇은 것은 가벼운 화살을 만들고 두툼한 것은 무거운 화살을 만들면 좋다. 좋은 대나무가 많지 않을 때는 나머지 중에 골라야 하는데 살집이 두툼한 것으로 가벼운 화살을 만들면 날아가는 힘이 떨어지고, 푸른색 부분[竹靑]으로 만든 화살은 쉽게 구부러진다. 살집이 얇은 대나무로 무거운 화살을 만들면 화살이 길어지고 느리게 날아간다.

---

25) 약 3m.

26) 앞의 3장 궁지재료의택(弓之材料宜擇)에서는 활의 나무뼈대로 쓰는 대나무는 양자강 서쪽 지역의 것이 가장 좋다고 했다.

竹嫩者 無論粗細 俱不可用 今人 看老嫩者 俱以色辨 以黑者焦黃者爲
老 以白者淡黃者爲嫩 皆非也 何也 已成之箭 皆從沙泥火中燒出 其色非
本色也 如使嫩竹而多燒 色亦可黑 而可黃 老竹而火力未透 色亦可淡 而
可白 故色不足辨其老嫩 惟于竹紋辨之 紋粗者爲老 紋細者爲嫩 又須揉
其體桿 硬者爲老 軟者爲嫩 指甲上 撚之 聽其聲 淸響者爲老 木樸者爲
嫩 乃爲定論 又有箭桿上 多大白痕者 此必以粗竹作細箭 多去竹靑故也
此箭之最劣者也 發矢必不準 且嫩極不耐久用

어린 대나무는 굵기에 관계없이 써서는 안 된다. 요즘은 대나무의 나이를
그 색만 보고 검은색 또는 초황색(焦黃色)이면 늙은 것으로 알고 흰색이나
담황색(淡黃色)이면 어린 것으로 아는데 모두 잘못이다. 대나무를 화살로 만
들 때 모래와 진흙으로 싸서 불에 굽는 중 색이 변하기 때문이다. 어린 대나
무도 오래 구우면 흑색도 되고 황색도 되며 늙은 대나무라도 덜 구우면 담색
(淡色)도 되고 흰색도 되기 때문이다. 색으로는 화살대의 나이를 분별할 수
없고 오직 그 결로 분별해야 한다. 결이 굵으면 늙은 대나무로 만든 것이고
결이 가늘면 어린 대나무로 만든 것이다. 또 화살대를 휘어 보아 뻣뻣한 것은
늙은 대나무로 만든 것이고 무른 것은 어린 대나무로 만든 것이다. 또한 손톱
위에 놓고 굴려 보아서 맑은 소리가 나면 늙은 대나무로 만든 것이고 둔한
소리가 나면 어린 대나무로 만든 것이다. 이것이 정론이다. 또 화살대에 흰
잡티가 많은 것은 굵은 대나무로 가는 화살을 만든 것이 분명한데 푸른색 부
분[竹靑]을 많이 제거했기 때문이다. 이는 가장 나쁜 화살이며 결코 정확하게
날아가지 않는다. 아주 어린 대나무로 만든 화살은 오래 쓸 수도 없다.

10. 전체식의택(箭體式宜擇〈第十〉)〈화살의 규격〉

가. 촉의 크기와 무게

用輕箭者 頭以其輕而小也27) 約重不過二三分 用重箭者 頭以其重而大

---

27) 원문에는 앞에 '須牛奶'란 구절이 있지만 오기(誤記)로 보여 생략했다.

也28) 約重六七分 蓋箭體重 頭亦重 箭體輕 頭亦輕 欲其稱也 稱則不惟
能及遠 矢發亦有定準

가벼운 화살은 촉[頭]이 가볍고 작으며 무게가 대략 2~3푼을 넘지 않고
무거운 화살은 촉도 무겁고 크며 무게가 6~7푼 정도는 된다. 대개 화살[箭
體]이 무거우면 촉도 무겁게 하고 화살이 가벼우면 촉도 가볍게 해서 균형을
맞추어야 한다. 균형이 맞으면 멀리 날아갈 뿐 아니라 정확하게 날아간다.

나. 배의 위치

今人用箭鏃 輒以己意爲好 尙非也 重箭 肚宜在前段 輕箭 肚宜在後段
<箭體中間大處爲肚>何也　箭重體必粗　後半不患其軟<箭體以根爲後　鏃爲前段>
只患弓力猛遣 箭頭入土深 故前半體易曲 亦易折 必須肚在前段 以壯其
體 且弓力勁者 矢發至的 猶不肯垂頭 須肚在前半 以殺其勢 輕箭 體必
細 後半常軟而易鉤 故肚須在後半 則體不鉤 且弓力弱 發矢入土淺 前半
不患其鉤而折 何藉於肚在前乎 弓力弱者 矢至半路而頭已垂 須前半細小
輕利 以無沮其進步

요즘 화살대와 촉을 멋대로 쓰지만 이는 잘못이다. 무거운 화살은 배[肚]
<화살대 중간 굵은 부분을 배라 한다.>29) 부분이 전반부에 있어야 하고 가벼운 화살
은 후반부에 있어야 한다. 왜인가? 무거운 화살은 화살대가 전체적으로 굵어
서 후반부가 약할 염려는 없지만<화살은 오늬[根] 쪽이 후반부, 촉 쪽이 전반부다.> 억
센 활에 쓰므로 전반부가 땅에 깊이 박혀 쉽게 구부러지거나 부러질 우려가
있어 전반부를 강하게 하는 것이다. 또한 과녁에 가까이 가도 머리 부분을 낮
추려 하지 않으므로 전반부에 배를 두어 기세를 꺾어야 한다. 가벼운 화살은
화살대가 가늘어서 늘 후반부가 약하고 쉽게 구부러지고 또 연한 활에 쓰므
로 화살이 땅에 깊이 박히지 않아서 전반부가 꺾일 우려가 없어서 그럴 필요

---

28) 원문에는 앞에 '須蝴蜂翅'란 구절이 있지만 오기(誤記)로 보여 생략했다.
29) 우리 화살 용어로는 '허리'라고 한다.

가 없다. 또한 활의 힘이 약하면 화살이 반쯤 날아갔을 때는 머리를 숙이므로 전반부를 가늘고 가볍고 날카롭게 해서 힘차게 더 날아가게 해야 한다.

다. 토리

重箭宜用馬蹄口 輕箭宜用荳板口 以馬蹄口 粗壯而牢固 故與重箭鏃相配 荳板口 尖小而輕捷 與輕箭鏃相配

무거운 화살에는 마제구(馬蹄口)를 쓰고 가벼운 화살에는 두판구(荳板口)를 쓴다. 마제구는 굵고 힘이 있어 견고하므로 무거운 화살에 잘 어울리고 두판구는 뾰족하고 작아 가볍고 민첩하므로 가벼운 화살촉에 잘 어울리기 때문이다.[30]

라. 깃

翎大箭行遲 翎不宜太大 但箭重弓必勁 翎宜稍大 以稱其勢 儻翎過小 矢發亦不準 箭輕弓弱 翎宜稍小 以稱之 若箭輕翎大 矢亦不前此 易曉也 但不可用鵝毛 小邊翎耳 鵝毛中有一梗 一邊翎大 一邊翎小 小邊翎 大小不關風 矢發不準 此已試之功 非虛語也 今人用小邊翎者 甚衆 但不知射法之人 中則不知合何法 不中亦不知犯何病 故中則以爲手之能 不中則以爲手之病 小邊翎之病 人不知察也 故特表而出之 以示君子 黑翎切不可用 以射入草中 色黑難覓 不如白翎之爲愈也 今人欲學京箭樣式 故用黑翎 是備虛名而受實禍矣

너무 깃이 크면 살걸음이 느리지만 무거운 화살은 억센 활에 쓰므로 약간 큰 깃으로 서로 어울리게 해야 한다. 깃이 너무 작으면 화살이 곧게 날아가지 않지만 가벼운 화살은 연한 활에 쓰므로 좀 작은 깃으로 서로 어울리게 해야 한다. 화살이 가벼운데 깃이 크면 날아가다 쉽게 고개를 숙인다[曉]. 거위 털로 된 작은 깃은 쓰면 안 된다. 거위 털은 중간에 뼈대[梗]가 있어 깃 폭이 한쪽은 넓어지고 한쪽은 좁아진다. 폭 좁은 깃[小邊翎]은 바람이 세건 약하건

---

30) 마제구(馬蹄口)와 두판구(荳板口)는 우리 화살 용어로는 촉이 화살대 속에 박히는 부분인 내촉(內鏃) 부분을 화살대 겉에서 감싸 주는 둥근 고리인 '토리'의 종류를 말하는 것으로 보인다.

곧게 날아가지 못한다. 이는 이미 시험을 해 본 것이며 빈말이 아니다. 요즘 폭 좁은 깃을 많이 쓰지만 사법을 모르면 과녁을 맞혀도 어느 사법 때문에 맞혔는지 모르고 안 맞아도 무슨 병(病) 때문에 그런지 모르고 단지 맞혔을 때는 손이 잘해서 그런 것으로 알고 못 맞혔을 때는 손의 잘못으로만 여긴다. 폭 좁은 깃의 문제점을 사람들이 모르므로 특히 강조해서 여러 군자들에게 알려 주는 것이다. 검은 깃을 쓰면 안 된다. 화살이 풀 속에 떨어지면 찾기가 어렵다. 흰 깃을 쓰는 것만 못하다. 요즘 북경 화살 모양을 배워 검은 깃을 쓰고 있지만 이는 헛된 모양만 따르는 것으로 실익이 없다.

11. 지기식의택(指機式宜擇〈第十一〉)〈깍지의 규격〉

指機之名 古未嘗有也 古號爲決 決者取其決機捷而無凝滯也 今人所用 指機 名一盞燈者 四圍口太廠 中間四邊 又薄而無肉 空弦時 大指必極力 扣緊 開時 已不脫灑 一不便也 射時用皮襯 二不便也 指機口太廠 彀時 機碍箭開 指機底離箭根半寸許 矢亦難彀 三不便也 指機底薄 彀時傷弦 四不便也

지기(指機)라는 이름은 옛날에는 없던 이름이며 옛날에는 이를 결(決)이라고 했다. 결(決)이란 상황 판단이 빠르고 멈칫거림이 없다는 뜻으로 취한 이름이다. 요즘 잔등(盞燈)이라는 깍지를 많이 쓰는데 엄지를 끼는 구멍이 너무 넓고 재질이 얇아 시위를 당길 때 엄지에 압박이 크고 매끄럽게 시위에서 벗겨 낼 수 없으니 첫째 불편함이다. 또 가죽골무를 엄지에 끼워야 하니 둘째 불편함이다. 또한 구멍이 너무 커서 시위를 당길 때 화살이 걸리고 깍지의 밑 부분과 화살 오늬 사이의 간격이 반 치[寸]나 되어서 화살 당기기가 힘드니 셋째 불편함이다. 그리고 깍지 밑부분 재질이 얇아 활을 벌릴 때 시위가 상하니 넷째 불편함이다.

又有荷新樣者 前口獨廠 後邊及兩邊口 稍斂而薄 此式稍善而未盡美 何

也 前口廠 雖善 而嫌中間無肉 則控引時 大指亦須扣緊 又用皮襯 且兩邊
旣薄 指機底如刀口 則控弦時 亦傷弦 其三不便與一盞燈同 惟兩邊薄 控
弦㲉時 則矢根離指機底不過一二分 則控弦易㲉 故云稍善而未盡美也

   새로운 모양의 깍지도 있는데 구멍이 앞쪽(즉, 손톱 쪽)만 넓고 뒤로 갈수
록 좁아지고 재질도 얇아진다. 조금 좋기는 해도 아직도 불편하다. 구멍 앞쪽
이 넓어 좋기는 한데 중간부터 재질이 얇아져 시위를 당길 때 엄지에 압박이
크고, 엄지에 가죽골무를 끼워야만 하며, 밑부분 재질이 칼날같이 얇아 활을
벌릴 때 시위가 상하니 잔등(盞燈) 깍지의 불편함 넷 중 셋이 그대로 남아
있다. 단지 양쪽 두 변의 재질이 얇아 활 벌릴 때 오늬와 깍지 밑부분 사이의
간격이 불과 1~2푼[分] 이내이므로 활 벌리기 쉬워 조금은 좋다.

   穎嘗創一指機式 與荷新樣相似 前口廠 而中多分肉 控弦時 大指不必
極力扣緊 則㲉時脫弦鬆快 一便捷也 後面稍厚 兩邊極薄如錢 引弓㲉時
指機底離箭根 不過一線許 則箭易㲉 二便捷也 然兩邊旣薄 指機底如刀
口 恐㲉時傷弦 故於指機底前 用兩足 砥住弓弦 不使控在兩邊薄處 只以
指機前邊平底 控弦則弦不傷 一弦可當五弦之用 三便捷也 且前兩足 砥
住弦 則弦不碍指 而不必用皮襯 四便捷也 邑中諸友 愛之者 號曰高公四
捷機云 三吳好射者 倣其式而爲之 不約而同也

   나는 일찍이 나름대로 깍지를 만들어 보았는데 새 모양의 깍지 비슷하게
구멍 앞쪽을 넓히고 중간의 재질을 두껍게 해서 활 벌릴 때 엄지를 크게 압
박하지 않아서 쉽고 빠르게 시위에서 손을 뗄 수 있는 것이 첫째 장점이다.
또 뒤쪽 재질이 약간 두껍고 양옆 재질은 동전같이 얇아 활을 벌렸을 때 깍
지 밑부분과 화살 오늬 사이에 간격이 거의 없어 화살 당기기가 쉬우니 둘째
장점이다. 그러나 양옆 재질이 얇아 밑부분이 역시 칼날같이 얇아지므로 밑부
분(손가락 뿌리 쪽) 앞에 혹 두 개를 붙여서 이 부분에 시위를 걸고 재질이
얇은 양옆 부분이 아니라 앞쪽(손톱 쪽) 낮고 평평한 부분으로 시위를 당기게

해 시위가 상하지 않으므로 시위 하나를 종전보다 5배는 오래 쓸 수 있는 것
이 세 번째 장점이다. 또한 밑부분 앞에 붙인 두 혹이 시위를 막아 주어 시위
가 손가락에 걸리지 않아 가죽골무를 엄지에 낄 필요가 없으니 이것이 넷째
장점이다. 읍내 벗들이 이 깍지를 즐겨 쓰면서 고공사첩기(高公四捷機)[31]란
이름을 붙여 주었다. 삼오(三吳) 지방의 궁사(弓士)들이 이를 모방한 깍지를
만들어 쓰기는 하지만 전혀 다른 깍지이다.

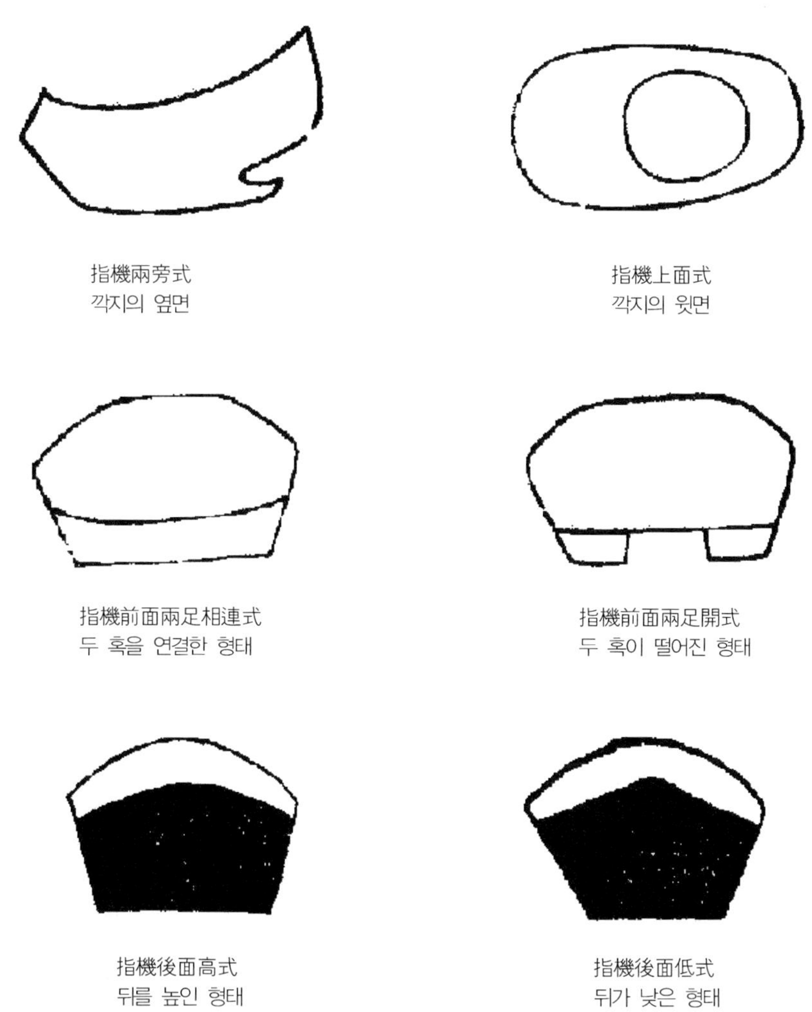

---

31) "고영(高潁)이 창안한 네 가지 장점을 지닌 깍지"라는 뜻.

깍지 만드는 법[做指機法]

指機之適用 全在中間之眼與大指形相肯然 大指形合有不同 有圓 有偏
又有指機後突起高骨者 故指圓 眼亦宜圓 指偏 眼亦宜偏 指機前面宜高
而中間稍宜留肉 此大指形圓與偏者 指機眼 宜然也 若大指後面突起高骨
者 則不然 指機之眼後面亦 宜 作一凸 與大指突骨形相肯 指機前面 又
不宜高 只宜平塌 中間又不宜多留肉 方爲貼妥在于通變 不宜可執一

깍지가 쓰기 편한지 여부는 전적으로 엄지를 끼우는 구멍이 엄지 모습과
비슷한지 여부에 달려 있다. 엄지의 모양은 사람마다 다르다. 둥근 모양도 있
고 납작한 모양도 있으며 또 깍지의 뒤로 뼈가 솟아 있는 경우도 있다. 따라
서 손가락이 둥글면 깍지 구멍도 둥글어야 한다. 손가락이 납작하면 깍지 구
멍도 납작하게 하고 앞부분(손톱 쪽)을 높이되 중간 재질을 약간 두껍게 하면
된다. 그러나 깍지의 뒤로 뼈가 솟은 사람의 깍지는 깍지 뒤쪽을 그 솟은 뼈
와 비슷한 모양으로 볼록하게 만들되 앞쪽은 높지 않고 평평하게 하고 중간
부분의 재질을 얇게 하면 형편에 따라서 편안하게 깍지를 엄지에 낄 수 있다.
깍지가 늘 같은 형태라야 하는 것은 아니다.

指機前兩足間 可連 亦可斷 隨其人之所欲 爲之 不必拘也 又須一人用
大小而指機 以備相代 久不射則指小 久射則指漸大故也 故欲令人做指機
者 必須先以指形示人 使做指機之眼與大指形相肯 方不必皮襯而妥貼 若
不以指形矢人 妄取人指機帶而不妥 不得不用皮襯爲穩矣 此特論平時習
射則然 若臨戰陣 手執枹鼓 安用此有足指機爲 莫若用平底銅圈 方爲寔
用 花羊角圈亦可用 外此 牛角竹木圈 皆不堅固 不適於用者也

깍지 밑부분(손가락 뿌리 쪽) 앞에 붙인 두 혹은 꼭 분리되어야 하는 것은
아니며 취향에 따라 이를 연결해도 된다. 활쏘기를 오래 쉬면 엄지가 작아지
고 계속 쏘면 커지므로 구멍이 큰 깍지와 작은 깍지를 각 1개씩 준비했다가

형편에 따라 써야 한다. 깍지를 주문할 때는 반드시 자신의 엄지를 보여 주고
그 모습을 닮게 깍지 구멍을 만들게 해야 한다. 그렇게 하면 엄지에 골무를
끼지 않고도 편안히 깍지를 쓸 수 있다. 그렇게 하지 않고 아무 깍지나 가져
오면 쓰기에 불편하므로 할 수 없이 가죽골무를 사용하게 되는 것이다. 이상
의 설명들은 평시에 습사할 때 그렇게 한다는 것이다. 전쟁터에서 손에 북채
를 쥐고 북을 쳐야 할 형편이면 이런 혹이 붙은 깍지를 쓸 수 없을 것이니
납작한 구리 반지를 쓰면 편할 것이다. 화양(花羊)의 뿔로 만든 반지도 사용
할 만하지만 쇠뿔이나 대나무로 만든 것은 견고하지 못해서 전쟁터에서는 적
합하지 않다.

12. 죽목전의택(竹木箭宜擇〈第十二〉)〈나무 화살과 대나무 화살〉

北人多用木箭 南人多用竹箭 非北人好木而南人好竹也 木産於北邊 竹
産於江南 各因其土之所産而用之耳 木箭有三 樺桿爲上 楸桿次之 柳桿
又次之 樺桿堅而難曲 柳桿鬆而易折 亦易曲 故有上中下之分 然堅者恐
傷於重 故勁弓宜用樺桿 弱弓宜用柳桿爲稱 人又有謂木重竹輕 竹不如木
箭之能洞堅也 抑孰知臆逆 何如 目睹而親試 之爲眞 吾邑參戎公 錢三持
曾蹲甲試之 只用一弓而竹木箭各一 令一人力射之 木箭洞甲不過一粟許
而竹箭則貫甲三寸 是木不如竹之勁利可知 若射遠則木益不如竹 射近則
不甚相違也

북쪽에서는 목전(木箭)을, 남쪽에서는 죽전(竹箭)을 많이 쓰는데 북쪽에서
는 나무를, 남쪽에서는 대나무를 좋아하기 때문이 아니다. 화살에 적합한 나
무는 북쪽에서, 대나무는 남쪽에서 많이 나오므로 각자 그 지역의 산물을 쓰
는 것일 뿐이다. 목전의 재료는 세 종류로 자작나무[樺]32)가 으뜸이고 가래나
무[楸]33)는 그다음이고 버드나무[柳]가 또 그다음이다. 자작나무는 단단해 잘

---

32) 원문의 화(樺)는 벚나무, 자작나무를 모두 지칭하는 글자이나 둘 중에서 시베리아 등 추운 북쪽에서 자라
  는 것은 자작나무이다.
33) 원문의 추(楸)는 가래나무, 개오동나무, 호두나무를 모두 지칭하는 글자이지만 셋 중에서 시베리아 등 추

구부러지지 않고 버드나무는 물러서 쉽게 부러지거나 쉽게 구부러지므로 위와 같이 상중하로 나뉜 것이다. 그러나 단단한 것은 크게 망가질 수도 있다. 다만 억센 활에 쓸 화살은 자작나무로 만들고 연한 활에 쓸 화살은 버드나무로 만들어 활과 화살이 어울리게 해야 한다. 대나무는 다른 나무보다 가벼워 대나무 화살의 관통력이 나무화살만 못하다는 말도 있지만 직접 시험해 보니 정반대였다. 나와 같은 읍내에 사는 참전용사인 전삼지(錢三持)가 갑옷을 걸어 놓고 쏘아 본 적이 있다. 그는 같은 활로 죽전과 목전을 각각 힘껏 쏘아 보게 했는데 목전은 촉이 갑옷을 겨우 뚫고 들어가는 데 그치고 죽전은 갑옷을 뚫고 세 치[寸]를 더 들어갔다. 이로써 대나무가 더 날카롭고 단단함을 알 수 있었다. 먼 거리를 쏠수록 목전이 죽전만 못했다. 그러나 가까운 거리를 쏠 때는 별 차이가 없었다.

택물문 총결(擇物門 總結)

良朋美景　豪飮之助也　風帆迅利　長驅之資也　筆墨俱妙　淨几明窓揮灑
之具也　弓矢旣調　機引善制　豈非豪士逞懷之助　修人輝德之資乎　習射者
當未入門　宜虛心博採求益爲先　旣入門之後　又當利器　以善用　擇物爲急
世乃有好勝之徒　茫不知法　射不佳　手之過也　乃不罪手而罪弓　以掩其拙
又有鄙吝之　夫學法已成　輒以敝弓劣矢　以不中的　弓之過也　乃不罪弓而
罪法之不驗　皆非也　甚者　手之過而罪弓　必欲更其弓　弓之過而罪法　又欲
易其法　妄更其弓　害猶可言　妄易其法　展轉乖誤　害不可言矣　惟明智之士
利弊昭然　功過莫掩　弊在法　則易法　弓無留弊　手無微疵　人弓相親　心手
相悅　機神和暢　而射之道盡矣　嗟嗟　以此道推之　天下事可幾而理矣　非明
智之士　安能見之哉

　좋은 벗, 좋은 경치는 술맛을 돋우고 바람과 돛은 배를 오래 가게 하며 좋은 필묵(筆墨)은 깨끗한 책상과 밝은 창문을 빛나게 만든다. 호쾌한 남자가

운 북쪽에서 자라는 것은 가래나무뿐이다.

잘 맞는 궁시(弓矢)를 마련해서 활을 가득 벌려서 잘 쏘면 어찌 속이 후련하지 않겠으며 어찌 덕(德)을 보여 줄 밑천이 아닐까? 활을 배울 때 아직 입문 전이면 먼저 마음을 비우고 널리 묻고 도움을 구해야 하고 이미 입문한 후라면 궁시를 잘 골라서 잘 쓰는 것이 중요하다. 간혹 사법은 모르면서 승부심만 강한 사람이 있으니 제대로 쏠 리 없다. 이는 손의 허물인데 그는 손을 탓하지는 않고 활만 탓하며 자신의 하잘것없는 솜씨를 감추려고만 하지 결코 잘못을 고치려고 하지는 않는다. 사법을 배웠어도 나쁜 활과 나쁜 화살로는 잘 쏠 수 없는데 이는 궁시(弓矢)가 잘못된 것인데 궁시를 바꿀 생각은 않고 배운 사법이 효험 없다고 여기기도 하는데 이는 모두 잘못된 것이다. 심지어 잘못은 손에 있는데도 궁시를 탓하면서 궁시를 바꾸려 하기도 하고 잘못은 궁시에 있는데 사법을 탓하면서 사법을 바꾸려고 하기도 한다. 함부로 궁시를 바꾸는 것은 그래도 그 피해를 가늠할 수 있지만 함부로 사법을 바꾸면 문제가 점점 더 커지니 피해를 가늠할 수 없다. 현명한 사람은 모든 것의 장단점을 밝혀내 공과(功過)를 감추지 않는다. 그는 사법에 문제가 있을 때만 사법을 바꾼다. 궁시에 문제점을 없애고 손의 잘못을 고쳐서 사람과 궁시가 가까워지고 마음과 손이 가벼워지고 기신(機神)이 편해지면 비로소 사도(射道)를 터득하게 된다. 사도를 따라서 정진하다 보면 천하 모든 사리를 분별할 수 있다. 현명하지 못한 사람이 어찌 도달할 수 있는 경지인가?

무경사학입문 후서(武經射學入門 後敍)

夫射之法 深且繁矣 然以道通之 則又至簡而至易 何以明其然也 習射
之初 以法求射 則見其繁 習之滋久 法熟而理暢 理暢而氣洽 氣洽而道通
則千條萬緒 皆可一貫 安見射法之繁乎

사법(射法)은 깊고 복잡하지만 도(道)에 통하게 되면 지극히 간단하고 쉽
다. 무엇으로 이를 알리오? 처음에 활을 배울 때는 사법이 매우 복잡해 보이
지만 오래 쏘아서 사법에 익숙해지면 그 이치를 알게 되고 그 이치를 알면
기(氣)가 흡족해지며 기가 흡족해지면 사도(射道)에 통하면서 천 가닥 만 가
닥 갈래 길들이 하나로 연결되어 있음을 알게 된다. 이때 어찌 사법이 복잡하
다 하리오?

穎弱冠時 以好功名之心射 遂忘 寒暑 晚年頗得力於射 而通其道 遂以
好道之心好射 并忘功名 行住坐臥 非射不思 閑居燕處 非射不樂 憂患
非射不息 怨仇 非射不解 疾痛疴癢 非射不忘 推之九地九天 觸目警心之
事 無之非射者也 今年齒雖漸加 長而好樂不捲 不知予者 以爲勞且苦 而
予則彌覺其樂也 知予者 以爲樂且癡 而不知予之樂 皆從苦中來也

나는 약관 시절부터 공명심(功名心)으로 추위와 더위도 잊고 활을 쏘았는
데 만년에 이르러 활쏘기에 힘을 얻고 사도(射道)에 통한 후로는 공명심까지

잊고 앉으나 서나 오나가나 활쏘기만을 생각했다. 한가히 놀 때도 활을 쏘지 않으면 즐겁지가 않았고 우환이 있어도 활을 쏘지 않으면 휴식이 되지 않았으며 원한이 있어도 활을 쏘지 않으면 풀리지 않았고 병이 생겨도 활을 쏘지 않으면 병을 잊을 수 없었다. 천지간에 눈에 띄고 마음에 들어오는 것은 모두가 활쏘기에 관한 것들뿐이었다. 이제 나이가 들었어도 활쏘기에 싫증을 느껴본 적은 없다. 나를 모르는 사람은 힘들고 고생이 많다고 보지만 나는 모든 것이 즐거울 뿐이다. 나를 아는 사람은 나를 즐길 줄만 아는 바보로 보지만 나의 즐거움이 고통 속에서 나오는 것임은 모른다.

夫射之道 外粗而內精 形動而神靜 功非驟得 養非襲取 其存心欲虛 取益欲廣 志欲孟 力欲實 膽欲旺 氣欲和平 精進欲無已 然後可以收其功 而推其用 其精神心術之微 涵養持循之功 無非至道 通其道而遊之 與之上下非可一藝目矣

사도(射道)는 겉은 거칠고 동적이지만 속은 정밀하며 정적이다. 솜씨는 갑자기 생기거나 늘지 않는다. 마음을 비우고 널리 도움을 얻고 뜻을 굳히고 힘을 기르고 담력을 키우고 기(氣)를 편히 하되 자신을 잊고 정진해야 쓸 만한 솜씨가 생긴다. 정신과 마음을 함양하면 필히 사도에 통하게 되며 사도에 통한 다음 그 속을 거닐다 보면 세상사 모두 예(藝)가 아닌 것이 없다.

予講究四十餘年 而始得其略 貧而益堅 老而益壯 頗得力於此 而精神已備矣 欲以授之子若孫 而長子武孟 孫念祖 雖喜讀書 左臂俱折 不能學也 強授之 而亦不能精 是天限之也 欲授之次子修孟 幼子聲孟 又不喜讀書 則不學無術之人 授之技而不善用 不若農焉而已

나는 40여 년을 노력한 결과 사법의 요점을 터득한 후 가난할수록 더욱 굳어졌고 늙을수록 더 힘이 생겼으며 이로부터 큰 힘을 얻고 정신도 맑아지게 되었다. 나는 이를 아들을 거쳐 손자에게 전해 주고 싶었지만 맏아들 무맹(武

孟)과 손자 염조(念祖)는 독서는 좋아하나 모두 왼쪽 팔이 부러져 활을 배울 수 없고 억지로라도 가르쳐 보려 해도 결국 좋은 궁사가 될 수 없는 처지이니 이는 하늘의 뜻이다. 둘째아들 수맹(修孟)과 막내아들 성맹(聲孟)을 가르쳐 보려 했지만 이 녀석들은 독서를 싫어하고 배운 것이 없어서 가르쳐 준들 좋은 곳에 쓰지를 못할 것이니 차라리 농사나 지어야 할 녀석들이다.

又不忍此術之無傳也　每見彎弓角射之人　不學欣喜神動　無論賢愚貴賤　見其射中之弊　必徐爲指引　卽有强項　自是者　亦必多方開導　冀其一悟　非好爲人師也　深恨

그러나 나의 이 사법을 세상에 전하지 않을 수 없는데 활 쏘는 사람을 보면 사법을 배우지는 않고 그저 즐기기만 하면서 정신이 산만해져 있는 경우가 있다. 어리석은 자, 현명한 자, 귀한 자, 비천한 자를 가리지 않고 그들이 잘못 쏘는 것을 보면 나는 차분하게 지도해 주었다. 말을 듣지는 않고 자신이 옳다고 주장하는 자가 있어도 다방면으로 그를 지도해서 그가 깨닫기만을 바랐다. 남을 잘 가르쳐 줄 수 있는 사람이 못 되는 나 자신이 깊이 원망스럽다.

少年初射時　以無人指示之　故廣求博採淘洗更革　不知幾番變易　徒罷筋骸　或以片時　可得之法　而流汗數年　或以不費絲力之法　而深求玄算　形神俱槁　此何異　欲尋友於咫尺之地　不知其家處所　乃周行千里轍迹　幾遍天下　復還　故處而遇之者乎　回視四十餘年　艱辛之苦　今幸得之　雖可喜也　亦可悲矣　是以一見持弓妄逞之人　何惜一開口之勞不以破人終身之惑　無奈　知音者絶少　徘徊四顧　無與爲偶

나는 소년 시절 처음 활을 쏠 때 누가 가르쳐 주는 사람이 없어 이 사람 저 사람을 보고 쏘는 방법을 수없이 고쳐 보다 결국 근골에 피로가 왔다. 잠시 사법을 알 수는 있었지만 힘들이지 않고도 쏘는 방법을 터득하지 못해서 몇 해가 지나자 몸과 정신이 모두 지치고 말았다. 가까운 벗을 찾으려고 하면서 그의 집은 모르고 천 리 길을 두루 헤매다 다시 살던 곳으로 돌아와서 그 벗을 만난 것과 무엇이 다르랴? 지난 40여 년 세월을 돌아보면 수없는 고생을 거쳐 이제는 다행히 사법을 터득했지만 한편 기쁘기도 하지만 한편으로는 슬프기도 하다. 그러니 멋대로 활을 쏘는 사람을 보고도 입을 열어 그의 평생 미혹을 깨우쳐 주지 못한다 한들 무엇이 서운하랴만 내 사법을 이해하는 사람은 사방을 돌아보아도 보이지 않는다.

甲子春 有毛連生 名廣者 婁陰人也 好學樂喜 予愛而授之 幾盡其法 而又性懶 恐其不能記臆也 因作射略 以遺之 予友嚴永思名衍者 樂道不 仕博洽君子也 聞射略 成索而觀之 嫌其略而不詳 雜出而無序也 丁卯春 遂作射法三十餘條 分之爲三門 則各自爲始終而爲一小成 合之爲一門 則 共爲始終而爲一大成 自表及裏 由粗入細肢節 相承 各有其序 如四時之 代謝 不可紊也 如臟腑之相因 不可缺也 使學者得望道 而趨歷階而進 故 總名之爲射學入門 噫 高山流水 可以入琴神 相契也 公孫舞劍書法 斯成 道相通也 予所言者 射也 意之所指 不止於射也 後有得予法者 實有望於 斯人

갑자년(甲子年) 봄에 누음인(婁陰人)으로 이름이 광(廣)인 모련생(毛連生) 이란 사람이 있어 배우기를 몹시 좋아하므로 그에게 사법을 거의 다 전수해 주었지만 그가 좀 게으른 사람이라 모두 기억하지 못할 것 같아서 ≪사략(射 略)≫이란 글을 써서 그에게 보내 준 적이 있었다. 그러나 나의 벗 중에 벼슬 길에 나서지는 않았지만 도(道)를 즐기는 진실한 군자(君子)로서 이름이 연 (衍)인 엄기영(嚴永思)이란 사람이 있어서 이 글을 자세히 읽어 보고는 너무 소략하고 두서가 없는 것 같다는 평을 해 주었다. 정묘년(丁卯年) 봄에 드디 어 사법 30여 조(條)를 완성해서 이를 3개 문(門)으로 나눴다. 각 문(門)이 스스로 시종(始終)이 있어서 독자적인 글이 되지만 이를 모아 놓아도 전체가 다시 시종(始終)이 있어서 체계적인 큰 글이 된다. 내용이 전개될수록 요점에 서 시작해서 상세한 설명으로 이어지며 마치 계절이 변하는 것같이 또는 사람의 장기(臟器)가 서로 연결되어 있어 어느 하나라도 빠뜨릴 수 없듯이 모두 순서 있게 차분하게 서술해 놓았다. 이로써 활쏘기를 배우는 사람이 사도(射道)가 무엇인지를 알 수 있고 이를 따라 단계적으로 발전할 수 있게 했으므로 이 글 전체의 이름을 사학입문(射學入門)이라 한 것이다. 고산유수(高山流水)는 금신(琴神)과 통하고 도(道)의 경지에 들어서면 검법(劍法)과 서법(書法)이 서로 통하게 되는 법이다. 나는 활쏘기만 말했지만 그 뜻한 바는 활쏘기에서 그치지 않는다. 후일 내 사법을 깨우친 사람은 참으로 나보다 큰 뜻을 이루리라.

崇禎丁丑仲春旣望 高潁識

서기 1637년 음력 2월 16일 고영(高潁)이 쓰다.

무경사학정종지미집 (武經射學正宗指迷集)

무경사학정종지미집서(武經射學正宗指迷集序)

射爲六藝之文禮樂詩書竝陳 古者 天子選諸侯卿大夫士 亦必以射 爲殿
最 且取節於是 觀德於是 則射之義不爲不深 且遠矣 故古者男子生 懸桑
弧蓬矢 以射天地四方 有以也 然考之三代而下 凡好爲論議負一長一技者
多創爲一家之言 以垂不朽 自古迄今 以善射名者 后羿 由基 而後如樂伯
非衛 賈堅之流 穿石洞鐵 志目夾胅之才 代不乏人 卒無一書 垂訓於後
卽有宣洩其秘者 亦不過一二言而止 辭不盡乎其意 意不盡乎其言 此又何
也 潁嘗反覆推之 意者 古人得力於射者深 故其發之言也訒 夫是以言 簡
意精誠　不欲射中隱如躍如之機趣滯之於言語文辭之粗　而存其甘苦疾徐
之妙於微辭婉轉之間 以俟人之自悟未可知也 無奈 後人不能深惟其奧 往
往 以文害辭 以辭害意 失之毫釐 謬之千里 而射法之不明於世所從來矣
且又有好事者 創爲偏執迂疏之說以惑世 而愚者爭趨之 則愈趨愈遠 而射
法益不可明矣

활쏘기를 예(禮)·악(樂)·어(御)·서(書)·수(數)와 함께 육예(六藝)라고
한다.1) 옛날 천자(天子)가 제후(諸侯)와 경대부(卿大夫)와 여타 관리를 선발
할 때는 활쏘기로 우열을 평가했고 활쏘기를 통해 사람의 예절과 덕성(德性)
을 평가했을 정도로 활쏘기는 그 뜻이 깊고도 크다. 옛날에는 남자가 태어나
면 뽕나무 활과 쑥대 화살을 걸어 놓고 천지사방을 쏘게 했다. 또 하(夏)·은

---

1) ≪주례(周禮)≫, 〈지관(地官)〉 편에 의하면 당시는 이 여섯 가지를 젊은이들에게 필수 교양과목으로 가르
   쳤다고 한다.

(殷)·주(周) 삼대(三代) 이후는 인간의 기묘한 솜씨에 대한 이야기를 즐기는 사람들이 유명한 말을 많이 만들어 후세에 전했다. 예부터 알려진 선사(善射)로는 예(羿),[2] 유기(由基),[3] 악백(樂伯),[4] 비위(非衛),[5] 가견(賈堅) 등의 인물들이 있어서 화살로 돌이나 쇠를 뚫었다는 등의 이야기가 대를 이어서 끊임없이 전해지고 있지만 사법을 기술한 책자는 한 권도 전해진 것이 없고 비법(秘法)이라고 전해진 말들도 역시 한두 마디에 불과한데 그나마도 뜻을 알 수 없다. 이는 또 왜 그런가? 이유를 생각해 보니 옛날에는 활쏘기에 정통한 사람들이 많아서 가급적 활 쏘는 법을 말로 표현하려고 하지 않았고 말로 표현할 때도 세세히 말하려고 하지 않았고 그 핵심만 간단한 몇 마디 말로 남겨 놓아 알기 힘든 것들을 스스로 깨닫게 했었기 때문이다. 그러나 후대인들은 그 뜻을 알 수 없으니 어찌하랴? 문장이 말을 왜곡하기도 하고 글이 뜻을 왜곡하기도 하므로 조금만 잘못 이해하면 본래 뜻에서 한없이 멀어진다. 이 때문에 사법이 분명히 전해지지 못한 것이다. 또 세상에는 호사가(好事家)들이 터무니없는 말들을 지어내 사람들을 미혹하기도 하는데 어리석은 자들이 그런 말들을 다투어 믿기 때문에 사법은 점점 더 이해가 어려워진다.

馴至我太祖高皇帝爲萬世計深遠 天下雖定 武備之嚴 歲時加惄射儀之制 載會典不啻詳矣 神京留都 俱有武學之設 列省郡縣 復設射圃於學宮址 可按而數也 奈承平之久 擧天下聰明絶異之資 醉酣墨瀋 旣以射爲鄙事 卽業於武事 率皆以急功苟且之意 習爲蹴張之儀容 未暇研窮其精義 故語射於今日 無論文士武弁 皆不得而知矣 今皇上赫然振勵 悼 文詞日益浮 武備日益弛 勅天下文學士 誦韜鈐 習騎射 使有文事者 盡有武備 而又郡縣設爲武學 羅天下奇才 劍戟之士 工騎射而精武略者 進之泮宮

<hr>

2) 앞의 ≪사학입문정종≫, 변혹문(辨惑門), 각주 4 참고.

3) ≪춘추좌전(春秋左傳)≫, ≪초사도올(楚史檮杌)≫, ≪여씨춘추(呂氏春秋)≫ 등에 그에 관한 이야기가 있다. 그러나 중국에는 양(養) 씨가 없음을 이유로 양유기(養由基)를 예(羿)나 마찬가지로 선사(善射)를 지칭하는 보통명사였을 것으로 보는 견해도 있다. Stephen Selby, ≪Chinese Archery≫(Hong Kong: Hong Kong University Press, 2000), p.130.

4) 초(楚)나라의 장군 이름. ≪춘추좌전(春秋左傳)≫, 선공(宣公) 12년 기사에 그에 관한 기록이 있다.

5) ≪장자(莊子)≫, 〈탕문(湯問)〉 편에 기록된 비위(飛衛)를 말한다.

咸與儒生等 是慨然 欲與天下相更始也 故一時章縫之彦 跗注之儔 非不
奮焉 戎務 以射爲馳神

　우리 태조 때에 와서는 만세를 위한 심원한 계획을 세워 천하가 안정되었
음에도 불구하고 무비(武備)를 더욱 엄격히 해서 때맞추어 활쏘기 의식을 행
하고 이를 회전(會典)에 상세히 수록해 놓았을 뿐 아니라 북경(北京)과 남경
(南京)에는 무학(武學)을 설치하고 각 성(省)과 군현(郡縣)에는 옛 학궁(學
宮) 터에 활터를 다시 부활시키니 활터가 수없이 많아졌다. 그러나 태평성대
가 오래 계속되다 보니 천하에 뛰어난 자질을 지닌 자들은 누룩 냄새와 묵향
(墨香)에 취해 활쏘기를 업신여기고 무인(武人)들까지 구차하게 승진에나 연
연하게 되어 지금 와서는 습사(習射)의 모습이 초라해지고 그 심오한 뜻을
헤아릴 틈이 없어져서 문인(文人), 무인(武人)을 막론하고 활쏘기에 대해 잘
모른다. 현 황제께서는 이를 몹시 안타깝게 여기고 나날이 문장은 피폐해지고
무비(武備)는 해이해지고 있음을 슬퍼하시면서 문인(文人)들에게도 병법서(兵
法書)를 읽고 기사(騎射)를 익혀 무비(武備)를 갖추라는 칙명을 내렸다. 또
각 군현에 설치한 무학(武學)에서는 뛰어난 인재들과 무기를 잘 다루는 젊은
이들을 모아서 기사(騎射)가 뛰어나고 병법에 정통한 자들을 반궁(泮宮)6)에
입학시켜 유생(儒生)들과 함께 공부하게 하셨으니 이는 천하를 개조하려는
것이다. 이에 글을 쓰던 선비들이 일시에 군무에 몰려 활쏘기에 정성을 쏟게
되었다.

　當此射學久湮之後 莫適所從 不過因古人之遺言 及昭代紀效武略諸書
所載者 習之耳 抑孰知 諸書所載 未必盡出古人 足爲後學之模範 其爲好
事者之勸說 所謂偏執迂疏之弊 以誤成誤者不少也 愚故遍錄其文辭 以列
之篇 取其論議無偏 足爲後世法者 明著其美 使之知所趨 其有膠固失宜
足爲後世蔽者 詳指其瑕 使之知所避 又有意甚美 而辭未達者 明於此而

暗於彼者 擧其端 而未竟其全者 則補綴其缺落 以暢其所欲言 使人得以
因顯察微 由粗入奧

　　그러나 사학(射學)이 오래 정체되어 있던 후인지라 옛사람들이 남긴 말들
과 우리 시대에 저술된 척계광(戚繼光)[7]의 ≪기효신서(紀效新書)≫나 정자
이(程子頤)[8]의 ≪무비요략(武備要略)≫에 의존해 습사를 하고 있을 뿐인데
이런 책자들은 후학(後學)들에게 모범이 될 만한 옛사람들의 말을 모두 담고
있지 못할 뿐 아니라 호사가(好事家)들의 표절로 인해 옛사람들의 말이 왜곡
되면서 오류가 또 다른 오류를 만들어 내고 있는 경우가 많다. 이 때문에 나
는 옛사람들의 글을 두루 수집해서 후세에 기준이 될 만한 내용들을 치우침
없이 골라서 좋은 점은 이를 드러내 따르게 하고 잘못되거나 적절하지 못한
부분은 문제점을 지적해서 이에 현혹되지 않도록 했다. 또 심장한 의미가 글
로 잘 표현되지 못한 경우와 잘된 부분, 잘되지 못한 부분이 섞여 있는 경우
에는 이를 지적했고, 글의 내용에 결락이 있는 경우에는 이를 보완해서 본래
의도가 드러나게 함으로써 사람들이 바로 미세한 부분까지 알 수 있도록 했
고, 대략적인 내용에서 시작해서 심오한 내용으로 들어갈 수 있도록 했다.

　　夫 射之正法 前射學入門 已詳具之矣 此又錄諸說之利弊 而條著之 庶
機天下後世 不爲邪說所惑 而直趨正道 故名其集爲射學正宗指迷云 雖然
迷一途 指矣 知而行之 其在人與 知而弗明 猶不知也 行而不致 猶不行
也 知明而行致 文弱者 懦而不前 凡庸者 淺而不入 勇悍剛銳者 又粗浮
而不精 一切勤始惰終 欲速苟簡者 不足以語此也 精深獨到者 惟明智沈
雄之士稱焉 天子所之所向 天下精神才力之所向也 今明天子以武備望諸
有文事者 則天下明智沈雄之士 投袂而起者 霧集矣 知而行之 其在斯人
與 其在斯人與

---

7) 명(明) 말기의 장수(將帥)로서(서기 1528~1588년) 왜구(倭寇)의 침입을 물리치는 데 큰 공을 세웠다. 호
　(號)는 남당(南塘) 또는 맹제(孟諸)이고 시호(諡號)는 무의(武毅).
8) 고영(高潁)과 동시대의 인물.

올바른 사법에 대해서는 앞서 ≪사학입문정종≫에 상세하게 설명해 놓았으므로 이곳에서는 그에 이어서 제설(諸說)의 장단점들을 조목(條目)별로 상세히 지적함으로써 후세에 이에 미혹되지 않고 바로 정도(正道)를 따를 수 있게 했고 이런 이유로 책의 이름도 ≪사학정종지미집(射學正宗指迷集)≫으로 했다. 이제 잘못된 길을 지적해 놓았으니 이를 알면 고쳐야 한다. 알아도 제대로 알지 못하면 차라리 모르는 것만 못하고 고쳐도 철저하게 고치지 않으면 차라리 고치지 않는 것만도 못하다. 잘 알고 철저하게 고쳐야 한다. 문약자(文弱者)들은 소심해서 그렇게 못 하고, 변변치 못한 사람들은 그렇게 하는 척만 하며, 사납고 고집이 센 사람들은 덤벙대면서 모든 일들을 처음에는 열심히 하다 나중에는 나태해진다. 성급하기만 한 사람은 더불어 말할 필요가 없다. 지혜롭고 침착하며 또 큰 뜻을 품은 사람이라야 끝까지 목표를 이룰 수가 있다. 천자(天子)께서 바라는 바는 천하의 정신과 재능과 힘이다. 이제 밝으신 천자께서 문인(文人)들까지 무비(武備)를 갖추기를 원하니 옷소매를 떨치고 일어선 천하의 지혜롭고 침착하며 큰 뜻을 품은 사람들이 구름같이 모여들고 있다. 알고 고치는 것이 정녕 그들이 할 일이다.

崇禎丁丑仲春旣望　高穎識

서기 1637년 음력 2월 16일 고영(高穎)이 쓰다.

녹고인사법유언(錄古人射法遺言)1) 〈공칠조(共七條)〉

1. 孔子射於矍相之圃　觀者如堵　曉以孝悌忠信之道　播以修身好學之義
而他日又曰　用之以戰勝則無敵　用之於臨民則順治〈第一〉

공자는 확상(矍相)의 활터에서 구경꾼들이 담장을 두른 듯이 많은 속에 활
을 쏘며 효제충신(孝悌忠信)과 수신호학(修身好學)의 도리를 일깨워 주었다.
또 다른 어떤 날에는 활쏘기는 전쟁터에서는 가장 좋은 전투수단이고 평시에
는 가장 좋은 백성 교화(敎化)의 수단이라고 했다〈제1조〉.2)

射一技也　孔子以孝悌忠信修身好之道　悉具於是　何也　射之道　外粗而
內精　形動而神注　以剛猛勁銳之事　而雍容和平　沈毅而出之　非孝悌忠信
之道乎　分曹耦射　不怨勝己　反身克治　殫慮以求之　修身好學之道　不是過
也　故用此以戰陣　剛柔竝施　仁者之兵也　其誰與敵　用此以臨民　和易嚴明
禮義之敎也　何難順治　此孔子之意　有如斯也　嗟嗟　今之工於射者　果能體
雍和之道　以存心　則孝悌之行也　體沈毅之道　以踐言　則忠信之友也　推反
身之道　以改過　則好修之士也　推禮義之敎　以治兵　臨民　則遠近悅懷　頑

梗歸化矣 國家得若人焉 尙可徒 以蹶張之夫 目之否

    활쏘기에는 효제충신과 수신호학의 도가 모두 있다고 한 것은 왜인가? 사도(射道)는 겉은 거칠어도 안은 정밀하며, 몸을 움직이면서도 정신을 집중해서 힘차고 예리한 일을 하는 것이다. 또한 외모는 온화하고 침착하면서도 힘차게 화살을 내보내니 효제충신의 도가 아니겠는가? 또 편을 나누어 승부를 가를 때도 이긴 편을 원망하지 않고 반성을 통해 자신을 극복하는 방법을 깊이 생각해서 모색하니 수신호학의 길이 이것과 무엇이 다르랴? 또 활쏘기는 전쟁터에서도 강유(剛柔)를 동시에 실천하니 인자(仁者)의 무기인 것이다. 뿐만 아니라 적을 상대할 때 쓰는 무기인 활을 백성을 다스릴 때도 쓰는 것은 온화함과 엄격함으로 예의를 가르치는 것이니 어찌 백성들이 교화되지 않겠는가? 이것이 공자가 말한 취지이다. 오늘날도 활쏘기를 익히면 온화한 용모를 체득해 마음을 지키고 효제(孝悌)를 실천하게 되며, 침착하고 힘찬 활쏘기를 체득하면 자신의 말을 지키고 충신(忠信)을 실천하며 자신을 반성해 잘못을 고치고 수신(修身)에 힘쓰게 된다. 병화(兵禍)를 다스리고 예의를 가르쳐서 백성을 교화하면 모두가 행복해지고 탐욕스러운 자들도 옳은 길로 돌아온다. 나라 안에 사람은 많지만 활을 잘 쏘는 사람은 보이지 않는다.

2. 禮記曰 射者 進退周還 必中禮 內志正外體直 然後 持弓矢審固 持
   弓矢審固 然後 可以言中 此可以觀德行矣〈第二〉

    ≪예기(禮記)≫에서는 "활을 쏠 때는 진퇴와 행동이 예(禮)에 어긋남이 없고 마음과 몸을 바르게 한 후 활에 화살을 먹인 다음 벌려서 버티면서 정신을 집중시켜 자세를 굳혀야 명중을 말할 수 있다. 그러므로 활 쏘는 것을 보면 덕(德) 있는 사람을 분별할 수 있다."고 했다〈제2조〉.3)

---

3) 역시 ≪예기(禮記)≫, 〈사의(射義)〉 편에 있는 구절이다. 활쏘기를 관덕(觀德)이라 함은 바로 이 구절에서 유래된 말이다. 청나라 나란상균(那蘭常鈞)의 ≪사적(射的)≫ 첫 구절에서는 "나는 일찍이 활쏘기를 통해 덕을 알아볼 수 있다는 말에 대해 깊이 생각해 본 끝에 활쏘기의 도는 덕에 있는 것이지 힘에 있는 것이 아님을 알았다. 그 이유는 무엇인가? 덕이 본체에 해당한다면 힘은 본체의 외적 쓰임에 불과하기 때문이다."라고 했다. 활쏘기에서는 바른 마음과 바른 자세가 갖추어져야 함을 강조한 말이다.

射期於中的而已 然必於進退周還 中禮者 以射發於心 而應於手 故射
必先比耦 設爲升階降階 揖讓左右周還 飮釂之禮 以肅其形容 然後 凝神
定志 乃可言射耳 故射必先周還中禮也 射必內志正 而後持弓矢審 外體
直 而後持弓矢固 此二句 射中妙法 萬世不能易也

활쏘기에서는 과녁을 맞혀야 하지만 진퇴와 행동도 예(禮)에 어긋남이 없어
야만 한다. 활을 쏠 때는 마음이 쏘면 손이 이에 호응해 화살을 내보내는 것
이다. 따라서 활을 쏠 때는 먼저 순서대로 늘어서서 사대로 오르고 내리며 좌
우에 두루 허리를 굽혀 예를 갖출 뿐 아니라 술을 마시는 절차에서도 자세를
흐트리지 않는다. 그런 다음 정신을 집중해야 활을 쏜다고 할 수가 있다. 따
라서 활을 쏠 때는 먼저 두루 예를 갖춘다 하는 것이다. 활을 쏠 때는 반드시
마음을 바르게 한 후에 궁시를 쥐고 조준하고 몸을 곧게[直] 한 다음에 궁시
를 쥐고 굳힌다. 조준한다는 심(審)과 굳힌다는 고(固)는 활을 쏘아서 맞힐
수 있게 하는 만고불변의 묘법(妙法)이다.

然觀今人 志正而能審者 有矣 體直而持弓固者 絶少 何也 以直之一字
經文發之未明 故後世知之未析 卽古人以善射名者 亦未有極言所以直之
道 以示人 故後世言體直者 或以站立正直爲直者 或以前臂番直爲直者
此皆體直中之一事 而直之本不專在此也 何也 站立直者 身形直耳 於持
弓矢何益而能固乎 前臂番直者 引弓將滿 臂力已竭 必然顫動 如何能持
弓矢牢固乎 抑孰知 直之標在直身與番臂 直之本在前肩 不直前肩 徒直
前臂 是爲無本之直 引弓將彀 前肩卽聳 骨節不對 如何能直 故直肩之法
後弓工妻章內 及前捷徑門 辨惑門 郊射章內言之已詳 引弓如是 則前後
肩臂 并力凝結一片 平直如衡 方可云外體直 體直而彀弓者 箭鏃弓弝中
間 而肩臂之力交至 前肩從下達上 送前掌托出 後臂從高瀉下 徐徐發矢
目力審定 可高可下 方可云持弓矢審固 可以言中矣 涵養若此 其人必殫
心好學 樂於禮義 和平恭敬 用志不分者能之 故曰 此可以觀德行矣 此段
又當與後雜錄四卷或問第八章同看 方得體直之全法

　　그러나 요즘 마음을 바르게 한 다음에 조준하는 사람은 있는데 몸을 곧게 한 다음에 활을 쥐고 굳히는 사람은 별로 없다. 경문(經文)에 곧게 한다는 직(直)이라는 글자의 뜻이 분명하지 않아 후세 사람들은 이를 들어도 무슨 말인지 잘 모르기 때문이다. 누구도 몸을 곧게 한다는 것이 어떤 뜻인지 명료하게 설명해 준 적이 없다. 따라서 후세에는 몸을 곧게 해야 한다는 말이 곧게 서는 것을 말한다고도 하고 팔을 곧게 펴는 것을 말한다고도 하는데 이는 모두 몸을 곧게 하는 것의 일부일 뿐이다. 곧게 해야 하는 것의 근본은 그런 것들만은 아니다. 곧게 서면 몸의 모습은 곧게 되지만 궁시를 쥐고 굳히는 데 무슨 도움이 되는가? 앞 팔을 곧게 펴도 활을 가득 벌리면 팔 힘이 모두 떨어져서 흔들릴 수밖에 없다면 어떻게 궁시를 쥐고 단단히 굳힐 수 있다는 말인가? 몸을 곧게 한 징표는 곧게 서고 팔을 곧게 펴는 데서 나타나지만 그 근본은 앞 어깨에 있음을 누가 알았으랴? 앞 어깨가 곧지 않으면 앞 팔을 곧게 펴더라도 헛되이 편 것이며 근본 없이 곧게 편 것이다. 활이 가득 벌어져 갈 때 앞 어깨가 솟아오르면 골절들이 서로 맞물리지 못하는데 어떻게 몸이 곧게 되랴? 어깨를 곧게 하는 법에 대해서는 뒤에 궁공(弓工)의 처(妻)에 관한 장과 앞의 첩경문 및 변혹문, 교사태조지혹 장에서 상세히 설명해 놓았다. 그곳에서 말한 대로 활을 벌리면 앞뒤 어깨와 팔의 모든 힘이 하나가 되어서 저울대와 같이 곧게 되면서 이때 비로소 몸이 곧게 된다고 할 수 있다. 이렇게 몸을 곧게 해서 활을 벌리면 화살촉이 줌통 중간까지 들어왔을 때 팔과 어깨의 힘을 함께 사용해서 앞 어깨를 밑에서 위로 올리면서 앞 손바닥을 앞으로 밀 수 있고, 뒤 팔꿈치를 위에서 아래로 쓸어내리면서 서서히 화살을 내보낼 수 있고, 조준점이 높건 낮건 눈의 힘을 이에 집중시킬 수 있다. 이때 비로소 궁시를 쥐고 정신을 집중해서 자세를 굳힌다고 말할 수 있고 명중을 기약할 수 있다. 이렇게 자신을 단련해야 마음을 비우고 배움과 예의를 즐기는 것이다. 온화한 마음으로 남을 공경하고 뜻을 한곳에 모으는 사람만이 그렇게 할 수 있다. 따라서 활쏘기를 보면 그 사람의 덕(德)을 알 수 있다 하는 것이다. 이 단(段)은 뒤의 제4권 잡록사법유언 중의 혹문십발 장, 제8절과 함께 보아야 몸을 곧게 하는 법을 모두 알 수 있다.

3. 禮記曰 古者天子以射選諸侯卿大夫士 射者 男子之事也 因而飾之以禮
樂也 故事之盡禮樂而可數爲以立德行者 莫若射 故聖王務焉 是故古者
天子之制 諸侯歲獻貢士於天子 天子試之于射宮其容體比於禮 其節比
于樂 而中多者得與於祭 其容體不比於禮 其節不比於樂而中少者 不得
與於祭 數與於祭而君有慶 數不與於祭而君有讓 數有慶而益地 數有
讓而削地 故曰 射者射爲諸侯也 是以諸侯君臣 盡志於射 以習禮樂 夫
君臣習禮樂而以流亡者 未之有也〈第三〉

≪예기(禮記)≫에 이런 구절이 있다. "옛날에 천자는 활쏘기로 제후와 경
대부 및 관리들을 선발했다. 활쏘기는 남자의 일이므로 예악(禮樂)으로 활쏘
기를 장식했다. 예악을 즐기며 덕행(德行)을 세우는 데는 활쏘기가 으뜸이므
로 성왕(聖王)은 사례(射禮)를 통해 덕행을 세우려고 애썼다. 옛날에는 천자
가 제후들에게 매년 인재를 뽑아 올리게 해 사궁(射宮)에서 그들의 활솜씨를
시험해 용모와 몸가짐이 예(禮)에 어긋남이 없고 몸놀림이 가락에 맞고 많이
명중시키면 천자의 제사(祭祀)에 참여할 수가 있었고, 용모와 몸가짐이 예에
어긋나거나 몸놀림이 가락과 맞지 않거나 많이 명중시키지 못하면 제사에 참
여할 수 없었다. 자신이 뽑아 올린 자들 중 제사에 참여하게 된 자가 많은 제
후에게는 경(慶)[4]의 상(賞)이 있었고 자신이 뽑아 올린 자들 중 제사에 참여
치 못한 자가 많은 제후에게는 양(讓)[5]의 벌(罰)이 있었다. 경(慶)이 많으면
땅이 늘었고 양(讓)이 많으면 땅이 줄었다. 이 때문에 활쏘기는 제후를 위한
일이라 했었고 제후들은 군주의 신하가 된 도리로 활쏘기에 정성을 다해 예
악을 익혔었다. 무릇 군주의 신하가 된 자로서 예악을 익히고도 군주를 배반
한 자는 없었다."<제3조>[6]

按禮記 以射爲男子之事 故飾之以禮樂 使後世知事之盡禮樂 可以數爲

---

4) 땅을 하사하는 상(賞).

5) 땅을 거두어들이는 벌(罰).

6) 역시 ≪예기(禮記)≫, 〈사의(射義)〉 편에 있는 구절이다.

以立德行者 莫如射 故聖王務焉 嗚呼 是先王以射教天下 爲後世計深遠
也 但以飾之一字繹之 得無以射中 本無禮樂 特以禮樂飾之 使後之好禮
樂者 不得不因禮樂而習射 使習射者 不得不因射而知禮樂矣 抑孰知 射
中原自有禮樂 何待飾之 始有禮樂乎 何以明其然也 射雖以形用 其實以
神運也 故飢飽失中者不能射 喜怒失中者不能射 凡疾痛痾癢抑鬱無聊之
事 感于外而動于心者 亦不能射 何也 射固有中和之道也 心神一動 形體
乖違 中正和平之度失耳 由此觀之 射之中果原有禮樂乎 果無禮樂乎 抑
待飾之而禮樂始見乎 其故可思矣

≪예기(禮記)≫에 의하면 활쏘기를 남자의 일로 보았기에 예악(禮樂)으로
장식했었고, 예악을 즐기며 덕행을 세울 수 있는 것으로는 활쏘기가 으뜸이라
성왕(聖王)은 사례(射禮)로 덕행을 세우는 일에 힘을 기울였다 한다. 이는 선
왕(先王)들이 후대를 위해 활쏘기로써 천하를 교화(敎化)했던 원대한 계책을
말하는 것이다. 다만 장식한다는 식(飾)이란 글자의 해석에 있어 활쏘기 자체
에는 본래 예악이 없으므로 예악을 즐기는 후세 사람들을 위해 부득불 예악
을 갖추어 습사하도록 해서 습사하는 사람들에게 활을 쏘면서 예악을 알게
했던 것으로 보면 안 된다. 예악으로 장식하지 않아도 활쏘기 자체에 본래 예
악이 있음을 누가 알리오? 처음부터 예악이 있는데 이를 다시 예악으로 장식
할 필요가 있을까? 활은 몸으로 쏘는 것 같지만 실은 정신이 움직여 쏘는 것
이다. 너무 배가 부르거나 고프면 활을 잘 쏠 수 없고 희로애락의 감정이 지
나쳐도 활을 잘 쏠 수 없다. 왜인가? 사도(射道)는 실로 중화(中和)의 도(道)
로서 정신이 흔들리면 몸도 흔들려 중화화평(中正和平)을 잃기 때문이다. 이
럴진대 활쏘기에 본래부터 예악이 존재하는가, 존재하지 않는가? 활쏘기를 예
악으로 장식해야만 비로소 예악을 알 수 있겠는가? 반드시 그렇지는 않음을
우리는 알 수 있다.

是以精于射者 彎弓對的 必先幷氣而固形 安心以全神 得失不棲于情
喧雜不留于意 其引弓也 捷疾果銳 以彀之 欽躬敬愼 以待之 雍容和平

婉以出也　而又輕鬆脆裂　迅以節之　其甘苦疾徐　合宜中節之巧　何者非禮
樂之精意　豈若後世之禮樂　僅僅飾之聲容　末節之粗哉　古聖王以之比禮比
樂　良有深意　而諸侯君臣盡志于射　以習禮樂者　是不特得禮樂之精意　抑
亦得射中之精意者矣　故得射中之精意者　手舞足蹈　無之非禮　無之非樂矣
彼以射求射者　烏足以語也

활쏘기에 정통해지면 활을 벌려 과녁을 겨눌 때 기력을 모아서 자세를 굳
히며 정신을 집중해서 마음을 편하게 하며 득실(得失)도 염두에 없으며 주변
이 소란해도 개의치 않는다. 또 빠르고 과감하고 예리하게 시위를 당겨 활을
가득 벌리며 겸손한 자세로 기다리다 온화한 얼굴로 천천히 사대로 나간다.
또 경쾌하고 부드럽고 빠르고 절도 있게 시위에서 손을 떼어 내 화살을 내보
낸다. 이런 수준 높은 솜씨에는 절도가 있으니 무엇이 예악의 깊은 뜻에 어긋
나겠는가? 활쏘기가 어찌 후세에 와서 예악으로 그 겉모습과 소리를 부지런
히 장식해야만 하는 하찮고 거친 일이란 말인가? 옛 성왕이 활쏘기를 예악에
견준 것은 참으로 깊은 뜻이 있다. 제후들이 군신 간 어울려 활쏘기에 정성을
기울이며 예악을 익혔던 것은 예악의 깊은 뜻만을 알게 하려는 것이 아니라
활쏘기 자체의 깊은 뜻을 알게 하려는 것이기도 했다. 활쏘기의 깊은 뜻을 알
게 되면 손놀림과 발 디딤 어느 하나도 예악에 어긋나는 것이 없다. 그는 활
쏘기로 활쏘기를 구하는 사람이다. 이를 어찌 말로 다 표현할 수 있으랴?

4. 弓工妻之對楚王有言　前手如拒　後手如附枝　後手發之　前手不知〈第四〉

궁공(弓工)의 아내는 초왕(楚王)에게 "전수여거 후수여부지(前手如拒　後手
如附枝) 후수발지 전수부지(後手發之　前手不知)"라는 말을 했다〈제4조〉.[7]

前手如拒後手如附枝　此言引弓法　附枝者　輕鬆依附之謂　言後手引弓

---

7) 전한(前漢) 말기의 유향(劉向)의 ≪열녀전(烈女傳)≫, 〈변동전(辨通傳)〉에 보이는 구절로 이 글에서는 초왕
　　이 아니라 진(晉)의 평공(平公)에게 한 말로 되어 있다. 전한(前漢) 한영(韓嬰)의 ≪한시외전(韓詩外傳)≫
　　에도 유사한 구절이 있는데 이 글에서는 제(齊)의 경공(景公)에게 한 말로 되어 있다.

不逼弦　不逼矢　前手推定弓弰　後手輕引而觳也　後手發之前手不知　此言
發矢法　後手引弓　旣觳　輕輕瀉脫　不可一毫凝滯　發矢旣輕　前手托定　全
然不動　故曰　前手不知

　"전수여거　후수여부지(前手如拒　後手如附枝)"라는　말은　활　벌리는　방법
을　말한다.　부지(附枝)는　가볍게　붙인다는　말로　활을　벌릴　때　뒷손이　시위나
화살을　구부러질　정도로　짓누르지　말라는　뜻이다.8)　앞손으로　줌통을　밀며　뒷
손으로　가볍게　시위를　당기면　활은　가득　벌어진다.　"후수발지　전수부지(後手
發之　前手不知)"라는　말은　화살　내보내는　방법을　말한다.　활을　가득　벌린
다음　뒷손을　조금도　머뭇거림　없이　자근자근　매끄럽게　시위에서　벗겨　내면
화살은　경쾌하게　나가는데　이때　앞손은　고정되어　있어서　전혀　움직이지　않으
므로　앞손이　모른다고　한　것이다.

　如此引弓發矢　雖見安妥　然恐坐不觳之病　何也　大抵引弓之力在臂　觳
弓之力在肩　分開之力在拳　善射者　將欲引弓　必先以前臂　番直向地　前肩
向前下捲<捲卽番也>　極其堅實　後肩聳起　與前肩竝力　凝結一片　後手搭箭
掛弦　後肘向上提緊開弓　前肩向下捲實不動　只將前拳齷<音窈>起　與眉齊
後拳平引　與耳齊　前肩之勢　反低　後肩之勢　反高　兩臂平直如衡　以肩使
臂　以臂使拳　如此引弓　則周身之力盡爲兩肩　分達于拳臂之間　後手一提
便觳<前臂番直向地　後手搭箭扣弦　後肘向天一提　前掌托實弓心　兩臂一齊竝力撑開　豈非
一提便觳乎>前後拳非分勻輕脫　方可謂後手發之前手不知　不然　只用兩臂
之力開弓　不知用肩　縱然後手如附枝之易輕　恐後手之力有限　輕輕引來
如何能觳　後手旣不能觳　而又輕鬆發矢　欲使前手不知　矢發必無氣　如何
能及遠　故弓工妻之言　當善用之　用其輕鬆之法　以發矢　用予實肩之法　以

---

8) 이 점은 우리 사법과 확연히 다르다.　≪조선의 궁술≫은 앞 팔을 단단하게 고정시킬 수 없을 때는 깍짓손
을 가볍게 시위에서 떼어 내야 하지만 앞 팔을 단단하게 고정시킬 수 있을 때는 깍짓손을 바짝 짜서 맹렬
하게 뒤로 내야 한다고 했다. 깍짓손을 바짝 짠다는 것은(우궁의 경우) 시계 반대방향으로 비틀어서 시위와
화살대를 짓누른다는 뜻이다. 상세 내용은 졸저(拙著), ≪조선과 중국의 궁술≫(한국학술정보, 2010년),
168~169쪽 및 176쪽 참고.

彀弓　則古法誠爲我用<彀弓法詳于捷徑門>　此段　又當與四卷　或人問　合看
方得彀弓法

　그러나 이렇게 시위를 당기고 화살을 내보내면 편안해 보이기는 해도 활을
가득 벌리지 못할 수 있다. 왜인가? 대개 시위를 당기는 힘은 팔에 있고 활을
가득 벌리는 힘은 어깨에 있고 화살을 내보내는 힘은 주먹에 있기 때문이다.
활을 잘 쏘는 사람은 시위를 당기기 전에 반드시 우선 앞 팔을 땅을 향해 내
리뻗고 앞 어깨를 최대한 견고하게 앞으로 돌려 낮춘 다음<돌려서 낮추는 것이
바로 펴 주는 것이다.> 뒤 어깨를 들어 올려 앞 어깨와 힘을 모아 하나로 굳힌
후 뒷손을 화살 먹인 시위에 걸어 놓고 뒤 팔꿈치를 위로 들어 올린 자세에
서 활을 벌린다. 이때 앞으로 돌려 낮춘 앞 어깨는 미동도 없이 그대로 두고
단지 앞 주먹만 눈높이까지 높이[趫<중국 발음은 ‘qiào’이다.>] 올리면서 뒤
주먹을 귀 옆으로 당긴다. 이때 앞 어깨는 낮추고 뒤 어깨는 높여 두 팔이 저
울대같이 직선이 된다. 어깨가 팔을 부리고 팔이 주먹을 부리게 하며 활을 벌
리면 온몸의 힘이 두 어깨로 모였다가 주먹과 팔로 뻗어 나가면서 뒷손을 위
로 뽑아 올리기만 하면 활이 가득 벌어진다<앞 팔을 내리뻗고 뒷손은 화살 먹인 시위
에 걸고 뒤 팔꿈치를 들어 올리고 앞 손바닥으로 줌통을 밀면서 두 팔에 함께 힘을 가해서 벌려
주는데 어찌 단번에 활이 가득 벌어지지 않으랴?>. 그다음 앞뒤 주먹에 고르게 힘을 가
하면서 뒷손을 시위에서 가볍게 벗겨 내야 비로소 뒷손이 시위에서 벗겨지는
것을 앞손이 모르게 된다. 이렇게 어깨를 쓰지 않고 단지 두 팔의 힘으로만
활을 벌린 후 뒷손이 가볍게 시위를 붙들기만 하면 뒷손 힘에는 한계가 있는
데 어떻게 가볍게 시위를 당겨 활을 가득 벌릴 수 있으리오? 뒷손으로 활을
가득 벌리지 못한 데다가 앞손이 모르게 뒷손을 가볍게 시위에서 떼어 내면
무력하게 화살을 내보내게 될 수밖에 없다. 어찌 멀리 화살을 보낼 수 있겠는
가? 그러니 궁공(弓工)의 처(妻)의 말은 이를 잘 이해해야만 한다. 그의 말대
로 가볍게 화살을 내보내되 나의 말대로 앞 어깨를 견고하게 하는 방법으로
활을 벌려야 옛 사법이 도움이 될 것이다<활을 가득 벌리는 방법을 앞의 ≪
사학입문정종≫, 첩경문(捷徑門)에서 상세히 설명했다.>. 이 단(段)도 뒤의 제4권 잡

록사법유언(雜錄射法遺言), 혹문십발(或問十發) 장과 함께 보아야 활을 가
득 벌리는 법을 모두 알 수 있다.

5. 烈女傳曰　怒氣開弓息氣放箭　蓋怒氣開弓　則力雄而引滿　息氣放箭
   則心定而慮周〈第五〉

≪열녀전(烈女傳)≫에 "노한 기세로 활을 벌리고 쉬는 기세로 화살을 내
보내라. 노한 기세로 활을 벌리면 힘이 넘쳐 활을 가득 벌릴 수 있고 쉬는 기
세로 화살을 내보내면 마음이 안정되어서 두루 살필 수가 있다."는 말이 있다
<제5조>.9)

怒氣開弓者則力雄而引弓易滿　息氣放箭者則心定慮周　發易中的　此法
極是　然今人多不能怒氣開弓者　一彀隨脫　不能少留而息氣凝定者何　其病
皆在用臂而不能用肩耳　夫臂之力小而肩之力厚　只用臂力開弓者　怒氣引
弓一滿　臂力骨節已盡必然急脫　又焉能息氣放箭　凝定周詳於怒氣　振蕩之
後哉　故善射之法　將欲引弓必先將前肩下捲　前後肩臂骨節　凝結一片而後
怒氣開弓　將彀之時　臂力已竭　肩力繼之　力量有餘自能息氣放箭　而收心
定慮周之功　中的始穩<用肩法　詳于四卷內　或問十發中　宜合看>

노한 기세로 활을 벌리면 힘이 넘쳐서 쉽게 활을 가득 벌릴 수 있고 쉬는
기세로 화살을 내보내면 마음이 안정되어서 두루 살필 수 있어 쉽게 과녁을
맞힐 수 있다. 이 사법은 극히 옳다. 그러나 요즘은 노한 기세로 활을 벌리지
못하는 사람들이 많아 활이 벌어지면 잠시도 버티지 못하고 바로 시위를 놓
는데 어찌 쉬는 기세로 침착해질 수 있겠는가? 그들의 병은 팔 힘만 쓰고 어
깨 힘을 쓰지 못하는 것이다. 팔 힘은 약하지만 어깨 힘은 강하다. 팔 힘만으
로 활을 벌리면 노한 기세로 활을 가득 벌려도 팔 힘과 골절이 풀려서 급히
화살을 내보내게 될 수밖에 없는데 어찌 쉬는 기세로 화살을 내보낼 수 있고

---

9) 역시 유향(劉向)의 ≪열녀전(烈女傳)≫과 한영(韓嬰)의 ≪한시외전(韓詩外傳)≫에 있는 구절이다.

한껏 노한 후에 어찌 침착하게 두루 살필 수 있겠는가? 활을 잘 쏘려면 활을 벌리려고 할 때 먼저 앞 어깨를 앞으로 돌려 낮추고 앞뒤 어깨와 팔의 골절들을 하나로 굳혀 노한 기세로 활을 벌리고 활이 가득 벌어져 가면 팔의 힘이 떨어지므로 어깨의 힘으로 이어받으면 힘에 여유가 있어 저절로 쉬는 기세로 화살을 내보낼 수 있으며 마음을 가라앉혀서 두루 살펴 그 효과를 볼 수 있고 편안히 과녁을 맞힐 수 있다<어깨 쓰는 방법에 대해서는 뒤의 제4권 잡록사법유언(雜錄射法遺言), 혹문십발(或問十發) 장과 함께 보아야 한다.>.

6. 紀昌師非衛　先學不瞬　次學視　視小如大　視微如著　以髮懸虱於牖　三
　　年　如車輪　射以朔蓬之幹　貫虱之心〈第六〉

기창(紀昌)이 비위(非衛)에게 활을 배울 때는 눈을 깜박이지 않는 것을 먼저 배운 다음에 보는 법을 배웠다. 작은 것을 크게 보고 흐린 것을 밝게 보기 위해서 창문에 이[虱] 한 마리를 걸어 놓고 3년을 보니 수레바퀴같이 크게 보이자 쑥대 화살로 쏘아서 그 이[虱]의 심장을 꿰뚫었다<제6조>.[10]

先學不瞬　此練目之法也　人之精神　皆萃於目　目之所注　一身之筋力精
氣俱赴矣　故射以練目爲先焉　審視旣明　發矢自準　神馳意到　虱心可貫　不
必有其事而有其理也　今初習者　弓一接見　便往郊射　不藉力於骨節　惟憑
筋力引弓　胸突頭仰　目光爲前拳所障　習射數年　兩目未曾見的　卽欲審視
頭仰之人　箭在弓右　視在弓左　目終不能見鏃　故曰　終身習射　只爲瞎射
烏何中的

먼저 눈을 깜박이지 않는 법을 배운 것은 눈의 단련법을 배운 것이다. 사람의 정신은 모두 눈에 모인다. 눈이 가는 곳으로 온몸의 근력과 정기가 모두 간다. 따라서 활쏘기는 눈의 단련이 우선이다. 밝게 살펴서 본 후에 화살을 내보내면 저절로 정확하게 날아간다. 정신과 마음이 함께 간다면 이[虱]의 심

___
10) ≪열자(列子)≫, 〈탕문편(湯問篇)〉에 있는 구절이다.

장도 뚫을 수 있겠지만 이치가 그렇다는 것이지 반드시 실제로 그렇다는 것은 아니다. 요즘 활을 처음 배울 때 활을 보기만 하면 바로 활터로 나가서 쏘는데 골절의 힘을 쓰지 못하고 단지 근육 힘으로만 활을 벌리니 가슴은 튀어나오고 턱은 들리고 앞 주먹이 시선을 가로막는데 이렇게 쏘면 몇 해가 지나도 화살촉으로 과녁을 조준하지 못한다. 그렇게 해 보려 해도 화살은 활 오른쪽에 있는데 턱이 들려서 시선이 활의 왼쪽에 있게 되어서 화살촉을 볼 수 없기 때문이다. 평생 쏘아 보아도 눈을 감고 쏘는 것이나 같으니 어찌 과녁을 맞힐 수 있겠는가?

練目之法 在初學時 胸欲欽 腹欲脡 足欲直 頭欲向前 側視 弓稍欲斜 引弓將彀 骨節已平直 鏃至弓弝中間 以目稍自箭桿至鏃 以達於的 視之了然 發矢可準 東西遠近毫髮不爽 目注于此 矢亦至于此 方爲練目之法

눈의 단련법은 활을 처음 배울 때 해야 한다. 가슴은 끌어당기고, 배와 다리에는 힘을 주고, 머리는 과녁 쪽으로 돌려서 과녁을 모로 보고, 활은 약간 기울이고, 활이 거의 가득 벌어지고 골절이 곧게 펴질 때쯤 화살촉이 줌통 중간까지 들어오면 눈으로 잠시 화살대를 따라 촉을 거쳐서 과녁을 분명히 보고 화살을 내보내면 정확하게 화살을 내보낼 수 있다. 조준이 전후좌우로 조금도 틀어지지 않게 시선을 집중하면 화살도 조준점으로 날아간다. 이와 같이 하는 것이 눈의 단련법이다.

今人習射亦知練目矣 然卒不能中微破的者 只因初引弓時 目雖能審 旣彀將發 心手俱忙 倉皇撒放 何以中微 故練目之道 自初引弓時 目固審視 發矢時 尤宜加審 目到意到手到 發矢如意 方可收練目之功<此段 當與前捷徑門注字篇 合看>

요즘 사람들도 활을 배울 때 눈을 단련해야 한다는 것을 알고는 있지만 작은 조준점을 관통시킬 수 없는 것은 처음에 시위를 당길 때는 조준을 할 수 있어도 활이 가득 벌어진 다음에는 마음과 손이 모두 분주해져서 갑자기 시위를 놓아 버리기 때문이다. 어떻게 작은 조준점을 맞힐 수 있으랴? 눈의 단련법을 말하자면 처음에 시위를 당길 때 눈으로 분명히 조준하고 화살을 내보낼 때 더욱더 조준에 정성을 기울이면 눈이 가는 곳으로 마음과 손도 따라가게 되므로 화살을 마음이 가는 곳으로 보낼 수 있다. 이때 비로소 눈을 단련한 효과를 거둘 수 있다<이 단락은 앞의 ≪사학입문정종≫, 첩경문(捷徑門), 논주법(論注法) 장과 함께 보아야 한다.>.

7. 伯昏瞀人 立於巉巖峭壁 萬仞之巓 背不測淵 足垂二分 射百發而百中〈第七〉

백혼무인(伯昏瞀人)은 아래로 백 길 낭떠러지 밑에 깊은 물이 있는 위태로운 바위 벼랑 위에서 두 발 앞꿈치로만 바위를 딛고 서서 활을 쏘면서 백발백중의 솜씨를 보였다<제7조>.[11]

此練膽之法也 今人習射 平時或可中的 一當角射分曹 則得失介懷而不中 或臨戰鬪 死傷在前 則目眩心駭而盆不中 此無他 不練之故也 人之智慮 以練而深 筋骸 以練而固 況射之功力 中微於百步之外者 而可不練乎 練目 練掌 練臂 練肩 練身 練足 一身之中 無所不鍊 而膽爲先 何也 膽者 心之衛也 膽不足則心懾 一臨利害 則耳目手足俱非我有 尙可挽强命中乎 此習射者 學法旣成之後 必須練膽 練膽之道 莫如臨敵 然戰不可得而試 於何以練之 北方之人 地勢高阜 無川澤溝池之限 山陵糾紛 草木翁蘙之所 練之以射獵 騰山超谷 搏兔伐狐 擊猛獸如田豕 何有于卽戎乎 南方之人 見丘陵城塹 則登高履深 練而習之 熟習之久 高下在心 發矢如意 臨變倉猝 自有定衡 而命中可機矣 練掌練臂諸法 詳于辨惑門 妄射藁砧章第三 宜合看

11) 앞의 ≪사학입문정종≫, 변혹문(辨惑門), 각주 21 참고.

이는 담력을 키우는 방법을 말한 것이다. 요즘 활 쏘는 사람들을 보면 평소 과녁을 제법 맞히다 편을 나누어 내기를 하면 승부심에 마음이 흔들려 못 맞히게 된다. 더욱이 전투에 임해 사상자(死傷者)들이 눈앞에 보이게 되면 눈은 침침해지고 마음은 놀라 더욱더 못 맞히게 된다. 이는 바로 담력을 키우지 못했기 때문이다. 사람의 지혜와 분별력도 단련해야 커지고 몸도 단련해야 강해진다. 더욱이 활쏘기는 백 보 밖 미세한 것을 맞혀야 하는 일인데 단련 없이 어찌 가능하겠는가? 활을 쏘려면 눈, 앞 손, 어깨, 팔, 다리 등 몸의 모든 부분을 단련해야 하지만 그중에서도 담력을 키우는 것이 가장 중요하다. 왜 그런가? 마음을 지켜 주는 것이 담력이기 때문이다. 담력이 부족하면 마음이 흔들려서 이해(利害)가 갈리게 되는 곳에서는 눈과 귀, 손과 발이 모두 내 것이 아닌 것같이 되니 어찌 힘차게 시위를 당겨서 명중시킬 수 있겠는가? 따라서 사법을 익힌 후에도 담력을 키워야 한다. 담력을 키우는 방법으로는 적을 상대하는 것이 제일 효과적이지만 전투란 실습해 볼 수 없는 일이니 어찌해야 할까? 북방 지역은 강이나 습지가 적고 지세가 험하고 초목이 울창하므로 사냥을 통해 담력을 키운다. 그들은 능선을 넘고 계곡을 건너다니며 토끼나 여우를 잡기도 하고 멧돼지 같은 맹수를 때려잡기도 하니 전쟁터와 다름없는 생활을 한다. 남방 지역에선 언덕이나 성벽 앞의 해자(垓子)가 보이면 이를 타고 넘으면서 단련을 하는데 오래 단련하다가 보면 높은 곳은 낮아 보이고 깊은 곳은 얕아 보이게 되면서 화살을 마음대로 쏠 수 있게 되고 예측 못 한 상황에서도 침착함을 잃지 않고 명중시킬 솜씨를 갖춘다. 앞손이나 팔의 단련법은 앞의 ≪사학입문정종≫, 변혹문(辨惑門) 편, 망사고침지혹(妄射藁砧之惑) 장에 상세히 설명했으니 이를 함께 보아야 한다.

녹기효신서사법(錄紀效新書射法)[1] 〈공십구단(共十九段)〉

1. 量力調弓 因弓制矢〈第一〉

힘을 보고 활을 고르며 활을 보고 화살을 고른다〈제1단〉.

因人力之强弱 以制弓 因弓力之軟勁 以制矢 此法極當 無容議矣 但以
弓稱人 以矢稱弓 其輕重 俱有定法 大抵 欲定弓之軟勁者 須量臂力 直
臂能平擧石十斤者 弓宜用勁二十斤 擧石二十斤者 弓宜用勁四十斤 以外
擧石多者 弓依例加之 欲定矢之重輕者 須量弓力 每勁十斤者 用矢一錢
二分 自此以上 弓力勁者 每以例加之 則人弓相配 弓矢相調 發矢大小有
定衡矣 稱弓法 詳于擇物門 弓力强弱篇 宜合看

사람 힘의 강약을 보고 활을 정하고 활의 세기를 보고 화살을 정한다는 것
은 매우 타당한 말이지만 활을 사람에 맞추고 화살을 활에 맞추는 기준이 있
다. 활의 세기를 정할 때는 팔을 수평으로 편 채 돌 10근을 들어 올릴 수 있
으면 20근 힘의 활을 써야 하고 20근을 들어 올릴 수 있으면 40근 힘의 활을
써야 하며 힘이 더 크면 위의 비율에 따라 활의 힘을 더해 간다. 또 화살의

---

1) 명나라 척계광(戚繼光)이 저술한 병법서(兵法書)인 ≪기효신서(紀效新書)≫ 중 사법(射法) 부분에 있는
   중요 구절들을 설명한 글이다.

무게를 정하려면 활의 힘을 보아야 하는데 활 힘 10근당 화살 무게 1전(錢) 2푼(分)이면 된다. 이런 기준으로 활과 화살을 정하면 사람과 활이 잘 어울리고 활과 화살이 잘 어울려 화살 날아가는 거리가 정확해진다. 활 힘을 측정하는 방법은 앞의 ≪사학입문정종≫, 택물문(擇物門), 궁력강약의택(弓力强弱宜擇) 장에서 설명했으니 함께 보아야 한다.

2. 凡打袖 皆因把持不定〈第二〉

시위가 옷소매를 때리는 것은 모두가 앞 손을 단단하게 쥐지 않았기 때문이다<제2단>.

打袖之弊 非止一端 而紀效書云把持不定 非也 打袖者 或紮袖未安而然 或因前掌突出弓弰之右而然 或因前掌不實 發矢時 撐開無勢<前掌指掌根而言 非掌心也 對小指之掌爲掌根 對中指之掌爲掌心 掌心實則虎口太仰 矢出挿天而大矢不能平疾 惟掌根實則虎口不甚緊 亦不太仰 故發矢平疾 而且遠到矣> 弦隨臂括出亦然 又或引弓時 前肩太突 前拳未能靦<音敼>出 亦打袖 弓弰太小 手汗多而滑持弓 發矢無勢 亦不免于打袖 打袖之病無常 而太略總不出此 欲免是病者 發矢須帶撤勢 前拳靦起 掌勁硬直推出 而後以肩力從下達上 迻前掌直入而出 決無括臂打袖之因 若槪以把持不定論之 何以曉後學乎

시위가 옷소매를 치는 병폐의 원인은 다양한데 ≪기효신서≫가 앞손을 단단하게 쥐지 않은 것만 말한 것은 잘못이다. 옷소매를 잘 여미지 않았거나, 앞손이 줌통 오른쪽으로 튀어나올 정도로 들이켜 쥐었거나, 앞 손바닥이 부실해서<손바닥이란 장심(掌心)이 아니라 장근(掌根)을 말한다. 손바닥에서 중지와 무명지 밑의 끝부분이 장심이며 소지(小指) 밑의 끝부분이 장근이다. 줌통을 쥘 때 장심에 힘을 주면 호구가 위를 향하므로 화살은 하늘 높이 떠올라 과녁을 넘고 화살이 낮고 빠르게 날아가지 못한다. 장근에 힘을 주어야 호구가 너무 긴장하지 않고 너무 위를 보지 않으므로 화살이 낮고 빠르게 또 멀리 날아간다.> 활을 힘없이 벌렸거나, 곧게 펴지지 않은 팔뚝을 따라 시위가 나갈 때도 시위가 옷소매를 친다. 또한 시위를 당길 때 앞 어깨가 너무 솟아올라

앞 주먹을 높이[趫<중국 발음은 'qiào'이다.>] 올리지 못한 경우에도 시위가
옷소매를 친다. 줌통이 너무 작거나 앞 손에 땀이 나서 미끄럽거나 힘없이 화
살을 내보내도 마찬가지이다. 시위가 옷소매를 치는 원인은 대략 이 정도를
벗어나지 않는다. 이런 병폐가 있는 사람은 이를 피하기 위해 반드시 별(撇)
동작을 취하게 된다. 그러나 앞 손을 높이 올리고 손바닥을 단단히 앞으로 내
민 다음에 앞 어깨를 위로 올리는 기세를 타고 앞 손바닥을 앞으로 내밀면서
화살을 내보내면 앞 팔이 펴지지 않거나 시위가 옷소매를 칠 이유가 없다. 앞
손을 단단히 쥐지 않은 것 한 가지만 시위가 옷소매를 치는 이유라 한다면
그 의미를 후학들이 어찌 알리오?

3. 持弓矢審固 審者詳審 固者把持堅固也〈第三〉

궁시를 쥐고 심고(審固)한다는 말 중 심(審)은 상세히 조준한다는 말이고
고(固)는 줌통을 단단히 쥔다는 말이다<제3단>.

按紀效書 講審字義 曰詳審 是專用目力也 前捷徑門 審法已詳具之 此
不復論 講固字義 曰把持堅固 殊欠明暢 愚謂固者 指全體而言 凡引弓發
矢 須全體之間 拳臂肩足胸腹腰背 無不安妥 則身法手法皆中乎節 方可
言固

≪기효신서≫에서는 심(審)이란 글자의 의미를 상세히 조준한다는 의미로
보았는데 이는 전적으로 눈의 힘을 쓰는 것이다. 조준법은 앞의 ≪사학입문정
종≫, 첩경문(捷徑門)에서 상세히 설명했으므로 이곳에서는 다시 논하지 않
겠다. 그러나 고(固)라는 글자의 의미를 줌통을 단단히 쥔다는 의미로 본 것
은 그리 명쾌한 설명이 못 된다. 나는 고(固)라는 글자의 의미를 몸 전체를
견고하게 굳힌다는 말로 본다. 활을 벌려서 화살을 내보낼 때는 주먹, 팔, 어
깨, 다리, 가슴, 배, 등, 허리 등 몸 전체에 어느 곳도 불편한 곳이 없이 모두
신법(身法)과 수법(手法)에 부합되게 하는 것이 바로 고(固)이다.

以身法言之 頭欲斜側向的 胸欲欽 腹欲挺 足欲直 步欲不丁不八 立站
穩便 此身法也 所以然者 何也 頭側則無却垂之病 胸欽則無背仰前突之
病 腹挺則 無露臀之病 足直則無蹲倒之病 站立穩便則無竝足體浮之病
諸病俱消而 身法始固

　신법(身法)에서 고(固)란 머리는 옆으로 돌려 과녁을 향하고, 가슴은 끌어
들이고, 배에는 힘을 주고, 다리는 곧게 펴고, 발 디딤은 ‘丁’ 자나 ‘八’ 자의
모습이 되지 않게 하고,2) 편안히 서는 것을 말한다. 머리를 과녁 쪽으로 돌리
면 고개를 숙이는 병이 없어지고, 가슴을 끌어들이면 상체를 뒤로 젖혀서 가
슴이 앞으로 튀어나오는 병이 없어지고, 배에 힘을 주면 궁둥이를 뒤로 내미
는 병이 없어지고, 다리를 곧게 펴면 쪼그려 앉는 병이 없어지고, 편안하게
서면 몸이 들뜨는 병폐가 없어진다. 이렇게 모든 병을 없애는 것이 신법(身
法)에서 고(固)의 뜻이다.

---

2) 활 쏠 때 발의 자세를 비정비팔(非丁非八)이라고 하는 것은 조선뿐 아니라 중국과 일본이 모두 같지만 활
쏘기에 불편한 자세를 피하라는 뜻 외에 다른 의미는 있을 수 없다. 즉, 비정비팔은 어떤 고정된 자세를 말
한 것이 아니라 피해야 할 옹색한 자세만 소극적으로 말한 것에 불과하다. 앞발은 ‘ㅡ’ 자로 놓고 뒷발은
그 가운데 뒤에 ‘1’ 자로 놓는 것이 ‘丁’ 자로 서는 것이고 ‘11’ 자로 선 후 두 발끝을 안쪽으로 오므리는
것이 ‘八’ 자로 서는 것으로 생각된다. 그러나 ≪조선의 궁술≫에 비정비팔로 서라고 한 후에 “앞발의 끝
이 과녁을 바로 향하게”라고 하기도 하고[서유구(徐有榘)의 ≪사결(射訣)≫도 왼쪽 무릎이 과녁을 향하게
서라고 했다.] “몸은 …… 과녁과 정면으로 향해야 하나니”라고도 한 것을 보고 실제로 쏠 때도 몸 전체가
정면을 향한 채 두 발을 거의 ‘1’ 자로 하거나 그런 자세에서 뒷발을 반 족장쯤 뒤로 뺀 후 발끝을 바깥쪽
으로 45° 쯤 벌려 준 자세만 비정비팔이라고 믿는 사람이 흔하다. 그러나 이런 자세는 ‘丁’ 자나 ‘八’ 자
자세 못지않게 활쏘기에 불편한 자세일 뿐만 아니라 ≪조선의 궁술≫ 어디에도 뒷발의 모습에 대한 말은
없다(서유구의 ≪사결≫에도 뒷발의 모습에 대한 말은 없다.). ≪조선의 궁술≫은 실제 활 쏠 때 자세와
활을 쏘기 전 사대에 늘어서 있을 때의 자세를 두서없이 뒤섞어 말한 것이 아닌가 생각된다. 우리 민족은
기마민족이며 말 등에 앉은 자세와 유사한 그런 자세가 우리 민족의 고유한 발 자세라고 그럴듯하게 말하
는 사람도 있다. 그러나 이는 보사(步射)와 기사(騎射)를 혼동한 것이다. 기사에서는 표적에 접근해 쏘므로
말 등에 올라탄 자세 그대로 전방, 측방 또는 후방의 과녁을 쏠 수가 있다. 그러나 보사 때 그런 자세로
전방의 먼 거리 과녁을 쏘면 허리에 심한 긴장이 생기므로 불안정한 자세가 될 수밖에는 없다. 비정비팔은
중국에서 건너온 말로서 중국 최고(最古)의 체계적 사법서인 당나라 왕거(王琚)의 ≪사경(射經)≫은 “왼
쪽 어깨와 허벅지가 과녁을 향하도록 두 발을 ‘二’ 자로 놓고 서서 왼발 끝을 돌려서 과녁 가운데를 향하
게 한다. 이를 ‘丁’ 자도 아니고 ‘八’ 자도 아닌 모양이라 한다[左肩與胯對垜之中 兩脚先取四方立 後
次轉左脚尖 指垜中心 此爲丁字不成八字不就].”고 했고 또한 “왼쪽 발끝이 과녁을 향하되 발꿈치는 약
간 바깥쪽으로 내민다. 오른발은 과녁과 평행되게 횡으로 놓아 신발과 버선이 과녁을 마주 보게 한다[左脚
尖指垜 脚跟微出 右脚橫 直鞋襪對垜].”라고 했다. 옛날에 중국에서는 사대(射臺)에 “十(십)” 자 선을
그려 놓고 왼발을 종선(縱線) 앞부분에 오른발을 횡선(橫線) 오른쪽 부분에 맞추도록 했다는 기록도 있다.
이 자세가 비정비팔 자세의 기본적인 형태이다. 후대의 중국 사법서에서는 “정자불성팔자불취(丁字不成八
字不就)” 외에 ‘비십비팔(非十非八)’ 또는 ‘불정불팔(不丁不八)’이란 표현도 쓴다. 졸저(拙著), ≪조선과
중국의 궁술≫(한국학술정보, 2010년), 168~169쪽 및 243쪽 참고.

以手法言之　前拳掌根欲托實　前臂肘節欲番直<番直向地爲直>　前肩下捲
後肩反聳　兩拳欲平對　引弓彀時　前後肩臂須平直如衡　此手法也<平直如衡
詳俱見五卷體式圖>所以然者　何也　前掌根實則虎口不緊　前臂番則臂直　前肩
下則肩實　後肩聳則前後高而中低　前肩愈實　兩拳相對則出矢平　彀極時
前後肩臂平而肘垂則後拳脫弦得勢　諸法畢集　則手法始固

수법(手法)에서 고(固)의 뜻은 앞손 장근(掌根)으로 줌통을 단단하게 밀어
주고,3) 앞 팔꿈치를 쭉 펴 주고<쭉 펴서 팔이 땅을 향하게 한 것이 앞 팔꿈치를 편 것이
다.>, 앞 어깨를 앞으로 돌려 낮추고, 뒤 어깨는 반대로 올려 주고, 두 주먹을
같은 높이로 마주 보게 하고, 앞뒤 팔과 어깨를 저울대와 같이 일직선으로 펴
는 것을 말한다<저울대같이 직선으로 펴는 것에 대해서는 뒤의 제5권 체식도(體式圖)에서
다시 설명한다.>. 이유는 무엇인가? 장근으로 줌통을 단단히 밀어 주면 호구(虎
口)가 긴장하지 않고, 앞 팔을 내리뻗으면 팔이 펴지고, 앞 어깨를 낮추면 어
깨에 힘이 생기고, 뒤 어깨를 올려 주면 앞뒤 두 주먹은 높고 중간의 앞 어깨
는 낮아져 앞 어깨에 힘이 솟고, 두 주먹이 같은 높이에서 마주 보면 화살이
힘차게 날아가며, 활이 가득 벌어졌을 때 앞뒤 어깨와 팔이 직선이 된 상태에
서 뒤 팔꿈치를 내려 주면 뒤 주먹이 힘차게 시위에서 벗겨진다. 이런 여러
요소들을 모두 갖춘 것이 수법(手法)에서 고(固)의 뜻이다.

身法手法俱固　彀時方能堅持不動　以目審定的　必發矢始準　若只以把持
堅固四字講固字之義　後學如何能解　然此特論持弓之大略耳　若對的發矢
時　忽偏左　忽偏右　忽大　忽小　隨時變態百出　非口授不能盡也

신법(身法) 수법(手法)이 모두 굳혀지면 활을 벌렸을 때 요지부동으로 버
틸 수 있게 되고 이때 비로소 눈으로 과녁을 조준하면 화살을 정확하게 내보
낼 수 있다. 단지 줌통을 단단히 쥔다는 '파지견고(把持堅固)' 네 글자로만

---

3) 앞의 ≪사학입문정종≫, 변혹문(辨惑門), 제6장 참고.

고(固)의 뜻을 설명하면 후학들이 어찌 그 깊은 뜻을 알리오? 그러나 지금 말한 것은 활을 쥐는 큰 요점일 뿐이다. 과녁을 보고 화살을 내보낼 때 화살이 갑자기 좌우대소(左右大小) 어느 한쪽으로 치우치는 등 때때로 백 가지 변화가 생길 수 있는데 그 원인들을 모두 글로 써 놓을 수는 없다.

4. 凡矢搖而弱 皆因鏃不上指也〈第四〉

화살이 흔들리며 약하게 날아가는 것은 모두 화살촉이 손가락 위에까지 올라오지 못했기 때문이다〈제4단〉.

夫鏃不上指者 只因引弓不轂 發矢弱而不能及遠耳 若矢搖者 不止一端 或矢曲 或箭翎缺半邊 或因括袖激動箭鋒 或因後手羈弦太緊 發矢不鬆 逼箭之故 若槪謂鏃不上指 則非矣

화살촉이 손가락 위에까지 올라오지 못하는 것은 단지 활을 가득 벌리지 못했기 때문이다. 이렇게 되면 화살이 약해서 멀리 날아가지 못한다. 그러나 화살이 흔들리는 이유는 여러 가지가 있다. 화살이 구부러져 있거나, 깃의 한쪽이 손상되어 있거나, 화살이 떠나면서 옷깃을 스치고 나갔거나, 뒷손이 시위를 너무 옥죄고 있다가 가볍게 시위에서 벗겨지지 못했거나 화살을 짓눌러 구부러뜨리고 있었을 때도 화살이 흔들리며 날아간다. 화살 흔들리는 이유를 촉이 손가락 위로 올라오지 못한 것 한 가지만으로 설명하는 것은 잘못이다.

5. 審字 審於弓滿 今人多於大半矢之時審之 何益 必將滿臨發之際 尤加
   意于審 使精神和易 而手足安固 然後發矢 必直而中的矣〈第五〉

조준은 활이 가득 벌어진 후에 한다. 요즘 화살을 반쯤 당겼을 때 조준하는 경우가 대부분인데 무슨 도움이 되겠는가? 반드시 활을 가득 벌린 다음 화살을 내보내려 할 때 더욱 조준에 정성을 기울여서 정신이 편안해지고 수족이 편안하고 굳혀진 후 화살을 내보내면 화살이 곧게 날아가 과녁에 명중한다〈제5단〉.

審于臨發之際　直而可中的　此審之善法　無容議矣　審法詳于捷徑門　茲
不具　若謂精神和易手足安固亦由於審　則非矣　審者　以目用事　僅可知矢
之遠近大小而已　至於形神安固　實因彀弓得法　手之骨節直　足之站立穩
腹挺胸欽所致　安得謂神和形固　亦由于審乎

화살을 내보내려 할 때 조준하면 화살이 곧게 날아가 명중할 수 있다는 것
은 훌륭한 조준법이고 재론의 여지가 없다. 조준법에 대해서는 앞의 ≪사학입
문정종≫, 첩경문(捷徑門)에서 상세히 설명했다. 다만 편한 정신과 굳건한 수
족이 조준에서 비롯된다고 한다면 이는 잘못이다. 조준은 눈으로 하는 것으로
이를 통해 화살의 원근대소(遠近大小)나 알 수 있다. 정신이 편안해지고 수
족이 굳건해지려면 활을 가득 벌리는 방법을 터득해야 한다. 팔 골절이 펴지
고 편안히 서고 배에 힘을 주고 가슴을 끌어들여야 된다. 어찌 편안한 정신과
굳건한 수족이 조준에서 비롯된다고 말할 수 있으랴?

6. 射法中審字　與大學中　慮而后能得之慮字同　君子於引滿之餘　發矢之
　　際　尤加審　而後中的可決　能知審字工夫合于慮字工夫　玩之乃得〈第六〉

사법(射法)에서 말하는 심(審)이란 글자는 ≪대학(大學)≫의 "여이후능득
(慮而后能得)"이란 구절 중 여(慮)란 글자와 같다. 군자는 화살을 내보내려
할 때 더욱 심(審)에 정성을 기울여야 과녁을 맞힐 수 있다. 심(審)이란 글자
의 의미는 여(慮)란 글자의 뜻을 잘 생각해 보면 알 수 있다<제6단>.

大學慮字之義　戚南塘比之審字同　以爲君子能慮而後能得所止　猶射者
能審而後中的可決　此說甚美　施之用則疎　何也　大學慮者與得字義　皆在
心上做工夫　故慮而后卽能得　若射者審在目托力在手者也　目雖能審　毫髮
不爽　若肩臂骨節未直　主持不固　如何卽能中的　故審特射中之一事　安得
謂能審者卽能中的乎　故曰其說甚美　施之用則疎　故習射者　手中射法無不
備具　發矢時　尤加詳審明察　方可中的　戚公之言　蓋指射法熟習者云

남당(南塘) 척계광 장군은 ≪대학≫이 말하는 여(慮) 자의 뜻을 사법의 심(審), 즉 조준과 같은 뜻으로 보고 "군자는 살펴볼 수 있은 후에 멈추어야 할 곳을 알 수 있다."는 말을 인용해서 활을 쏘는 사람은 조준할 수 있은 후에 과녁을 맞힐 수 있는 것으로 보았다. 이 말은 대단히 훌륭한 말이나 실제 적용에는 미흡하다. 왜 그런가? ≪대학≫에 나오는 여(慮) 자와 득(得) 자는 모두 마음의 작용이며, 살펴보면 알 수 있다는 말이다. 그러나 활쏘기에서 조준은 눈으로 하지만 힘을 쓰는 것은 손이므로 눈으로는 조금의 오차 없이 조준할 수 있어도 어깨와 팔의 골절이 펴지지 않아서 자세가 고정되지 않으면 어떻게 과녁을 맞힐 수 있으리오? 조준은 활쏘기의 특별한 한 부분일 뿐인데 어찌 조준할 수 있으면 과녁을 맞힐 수 있다고 말할 수 있는가?4) 그렇기 때문에 나는 척계광 장군의 이 말은 매우 훌륭한 말이지만 실제 적용에는 미흡한 말이라고 한 것이다. 활을 쏠 때는 손놀림에 관한 사법을 빠짐없이 지킨 후 화살을 내보낼 때 더욱 조준에 정성을 기울여야 비로소 과녁을 맞힐 수 있다. 척계광 장군의 말은 사법에 익숙한 사람의 경우를 말한 것이다.

然今人不知習法 而專致力於審 必至敗廻 何也 目力能審 輜銖不差 手不合法 矢發必不準 以必不準之發矢 將發之際 合必準之目力 則未發之時 矢鏃雖能對的 矢發出時 必不對的矣 此敗廻之大弊 拙射犯此弊者最多 而人莫之察也 故書之以示 明者見之 當爲解頤

요즘 사람들은 사법을 익힐 줄은 모르고 조준에만 모든 신경을 쓰고 있으니 낭패를 볼 수밖에 없다. 왜 그러한가? 눈으로는 조금의 오차 없이 조준할 수 있어도 손놀림이 사법에 맞지 않으면 화살을 정확히 내보내지 못할 것이 분명하다. 화살을 내보내기 전에는 조준을 정확히 해서 촉이 과녁을 향하게 했다고 하더라도 정작 화살이 시위를 떠나는 순간에는 촉이 과녁을 향하지

---

4) 필자는 이 부분에서 고영(高潁)의 견해는 척계광이 말하는 심(審)이나 여(慮)라는 글자의 의미를 지나치게 좁게 해석한 것이라고 생각한다. 척계광은 심(審)이나 여(慮)라는 글자를 단순히 눈과 마음의 작용에 의한 조준만 의미하는 것이 아니라 잡념을 버리고 정신을 집중해서 활쏘기의 모든 요소들이 제대로 되었는지 여부까지도 두루 살펴본다는 의미로 사용했을 것이다.

못할 것이 분명하기 때문이다. 이것이 곧 낭패를 보고 마는 큰 병폐이다. 활을 잘 쏘지 못하는 사람 중에는 이런 병폐가 있는 사람들이 많은데도 불구하고 이를 잘 살피지 못하는 사람들이 있어서 지적해 두니 현명한 사람이라면 이에 유의해야 할 것이다.

7. 大指壓中指把弓 此至妙之古法也 決不可不從之而更從他法〈第七〉

엄지로 중지를 눌러 줌통을 쥐는 것은 지극히 뛰어난 옛 사법이며 이를 따르지 않고 다른 방법을 쓰면 결코 안 된다〈제7단〉.

大指壓中指 此鷹爪把弓之說也 大抵把弓 須看弓力軟勁 不必專用鷹爪何也 軟弓力小 矢不能及遠 則用鷹爪把弓 勁弓力大 矢發必遠 恐太遠而益過的端 故必用滿把持弓 若弓勁而亦鷹爪 則矢揷天而大 必難中的 豈至妙之法哉 持弓法詳于指迷集三卷 錄胡射漢射論中 玆不載

엄지로 중지를 누르는 것은 응조(鷹爪) 방식으로 줌통을 쥐는 것이다. 줌통 쥐는 방법은 활의 힘에 따라 달리하며 꼭 응조 방식을 쓰지는 않는다. 연한 활은 힘이 적어 화살을 멀리 보내지 못하므로 응조 방식으로 줌통을 쥐나 억센 활은 힘이 커 화살을 멀리 보내며 오히려 과녁을 넘기는 것이 문제점이라 반드시 만파(滿把) 방식으로 줌통을 쥔다. 억센 활도 줌통을 응조 방식으로 쥐면 화살이 하늘로 치솟아 과녁을 맞히기 어렵다. 이를 어찌 지극히 뛰어난 사법이라 하랴?5) 줌통 쥐는 법은 제3권 녹무비요략사법(錄武備要略射法), 첫 단(段)인 한사호사(漢射胡射) 부분에 있다. 이곳에서는 생략한다.

8. 凡發矢 寧高而過的 愼勿低而不及也〈第八〉

화살을 내보낼 때는 차라리 살고가 높아 과녁을 넘길지언정 살고가 낮아 과녁에 미치지 못하게 해서는 안 된다〈제8단〉.

---

5) 앞의 《사학입문정종》, 변혹문(辨惑門), 제3장 각주 9 참고.

此說　雖是而未盡善也　夫善射者　百法閑習　持弓則固　步立則穩　審視詳
明　然後發矢　大小左右了然在目　有不發　發必中的　卽始發者　未必中的
而繼發者　自能斟酌得宜　又何必寧大無小乎　若手射法習之未精　大小皆不
能自主　過低者　固不中的　過高者　又豈能中節哉　戚公之論　特就初習射者
云　然非射家之正法

이 말은 옳은 말이나 완전하지는 않다. 잘 쏘는 사람은 평소 모든 사법들을
익혀 활을 단단히 쥐고 편히 서서 선명히 조준한 후 화살을 내보낸다. 그는
화살의 대소좌우가 눈에 선명해서 쏘지 않는다면 몰라도 쏘기만 하면 반드시
맞힌다. 그는 첫 화살은 못 맞히더라도 다음 화살부터는 스스로 짐작해 맞힐
수 있다. 살고가 높을지언정 낮아서는 안 될 이유가 무엇인가? 만약 손이 아
직 사법에 숙달되지 않아 화살이 날아갈 거리를 마음대로 할 수 없다면 지나
치게 화살 나가는 거리가 짧아도 과녁을 맞히지 못하겠지만 지나치게 크다고
어떻게 과녁을 맞힐 수 있으리오? 척계광 장군의 이 말은 특별히 초보자의
경우를 말한 것일 뿐 활쏘기의 정법(正法)은 아니다.

9. 凡場中較射　要須業業恐不中　決不可有一毫自放之意　都如無監射官
　　在上　與平日自射一般　慢慢枝枝　知鏃過指　如何不中〈第九〉

시험장에서 활솜씨를 측정할 때는 명중시키지 못할까 조심을 해야 하고
조금이라도 방심해서는 안 된다. 마치 위에 감사관(監射官)이 없는 것 같
은 기분으로 평일 혼자서 쏠 때와 같이 화살 하나하나마다 촉이 손가락 위
로 올라오는지를 확인하고 쏘면 시험장에선들 어찌 명중시키지 못하리오
〈제9단〉.

此訓　場中射者　都要意氣安閑　如無監射官在上一般　言言切中　惟業業
恐不中　不可有一毫自放之意　此二句　非是　何也　今人在場中　不中之根
正坐此病　每見場中射者　不患其不業業　但患其用心太過　業業失其常度

神昏氣沮 不及展其所長耳 惟善射一志幷慮傍若無人 自能登場 與平日無
異 意氣安舒 而舍矢如破矣 又何事業業爲念 惟恐不中爲

시험장에서 쏠 때는 감사관이 없는 듯 마음을 편히 하라는 것은 옳은 말이
나 매사 명중 못 할까 조심해야 하고 조금이라도 방심하면 안 된다는 말은
틀렸다. 요즘 사람들이 시험장에서는 과녁을 맞히지 못하는 것은 바로 이런
병 때문이다. 시험장에서 활 쏘는 사람들을 보면 오히려 너무 조심하는 것이
걱정이다. 너무 조심하면 평상심을 잃고 정신이 혼미해져서 기(氣)의 흐름이
막히므로 제 능력을 발휘하지 못한다. 그러나 활을 잘 쏘는 사람은 마치 곁에
아무도 없는 듯이 정신을 집중해 두루 살피는 것이 시험장에서도 평소와 조
금도 다름이 없고 편안한 의기(意氣)로 과감하게 화살을 내보낸다. 그가 무엇
때문에 조바심하고 과녁을 맞히지 못할까 염려하겠는가?

10. 凡中的之箭　可取必者　皆自從容閑暇中能之　未有忙忽而可取必者
　　　忙忽而有中者　亦幸耳〈第十〉

명중이 된 화살 가운데 취할 만한 가치가 있는 화살은 침착한 자세로 쏘아
서 명중된 화살이다. 황망 중 느닷없이 명중된 화살은 취할 가치가 없다. 황
망 중 느닷없이 명중된 화살은 행운으로 명중된 화살일 뿐이다〈제10단〉.

此等從容閑暇議論　極是　然今人平時談射　孰不知閑暇爲美　一或登場
不覺心動神馳　五官無主者　以胸中射法利弊未析　手中把持未有定衡耳　若
平時習射手中百法閑熟　登場自有主持　而從容閑暇之規模自若也　苟不習
于法　而徒慕安閑之度　口雖言之而神不與也　射法詳于捷徑門

침착한 자세로 쏘라는 말은 매우 옳은 말이다. 그러나 요즘 사람 중에 평소
활쏘기를 말할 때 그것이 좋음을 모르는 사람은 없는데 일단 시험장에 가게
되면 자신도 모르는 사이에 마음은 흔들리고 정신은 분산되고 오관(五官)은

모두 막혀 사법대로 하고 있는지도 따져 보지 못하고 줌통을 쥔 손은 느슨해
지고 만다. 평소 습사 중에 모든 사법을 깊이 익혀야 시험장에서도 침착성을
잃지 않는다. 어찌 사법은 익히지 않고 침착함만 헛되이 사모할 것인가? 그렇
게 되면 말로는 침착해야 한다고 해도 정신이 이를 따라오지 않는다. 사법은
앞의 ≪사학입문정종≫, 첩경문(捷徑門)에 상세히 설명해 놓았다.

11. 凡射至五六矢之外 猶未中的 更要從容審決 不可因不中而自忙 若
    忙則七八九矢更無中理也〈第十一〉

5~6발을 쏘아도 하나도 맞히지 못했을 때는 다시 침착하게 조준해서 쏘아
야 하며 명중이 되지 않았다고 당황하면 안 된다. 당황하면 다음 화살들을 명
중시킬 도리가 없게 된다<제11단>.

此說今人安閑乃射家之要訣 然欲安閑 必自平時熟習射法 而膽勇德度
養之 有素方得于五六矢不中之後 悠然自得 需之七八九矢 而復中 若而
人者 今日之安閑 可卜他日之造詣 不可以常人目之 戚公老于兵間 故見
及此 後之習射者 欲求安閑 必於所以安閑處 三致思哉

이 말은 침착한 것이 활 쏘는 사람들의 요결(要訣)이라는 것이다. 그러나
침착해지려면 평소에 사법을 익숙하게 익혀서 담용(膽勇)과 덕(德)을 키워야
한다. 그렇게 해야 5~6발을 하나도 맞히지 못한 후에도 태연해질 수 있고
계속 쏘았을 때 맞힐 수가 있다. 그러나 침착만 하면 솜씨를 발휘할 수 있다
는 것은 평범한 사람은 어려운 일이다. 척계광 장군은 전쟁터에서 늙은 사람
이라 그리된 것이다. 후일 활을 쏘는 사람은 그렇게 침착해지려면 어찌해야
침착해질 수 있는지를 늘 생각해 보아야 한다.

12. 凡射 前手如推泰山 後手如握虎尾 一拳主定 前後正直 慢開弓 緊放
　　箭 射大 存于小〈言射矢過大者 宜存壓其前手 則矢自小〉射小 加于大〈矢發
　　小者 加擧其前手 則矢大〉務取水平 前手撇 後手絕〈第十二〉

앞손은 태산을 밀듯이 하고 뒷손은 호랑이 꼬리를 잡듯 해야 한다. 앞 주먹
은 고정시키고 두 팔은 곧게 펴야 한다. 활은 서서히 벌려야 하고 가볍고 힘
차게 화살을 내보내야 한다. 화살이 과녁을 넘으면 아래로 존(存)하며<화살이
과녁을 넘을 때 앞 손을 낮추면 화살 나가는 거리가 저절로 짧아짐을 말한다.> 화살이 과녁
에 못 미치면 위로 가(加)한다<쏜 화살이 과녁에 미치지 못할 때 앞 손을 더 들면 화살
은 멀리 나가는 것을 말한다.>. 앞뒤 두 팔은 항상 곧게 펴고 발시 때 앞손은 별
(撇)하고 뒷손은 절(絕)한다<제12단>.

　按此說 前推後握 前撇後節 俱是用臂之力 期於前後手相應 此亦射家
可行之說 又云射過大者 壓低前手 矢過小者 加擧前手 亦是可行之法 但
二說俱是用臂力而不知用肩力 則前後手之力有盡 引弓彀時 發矢而用撇
絕 豈矢必兩手盍相應乎 兩手不相應 則發矢必有左右大小之偏 若射大
存壓低其前手 則前肩聳 後肩低 骨節不直 主持不定 矢發亦有左右大小
之偏 故射者 果得用肩之法 則彀時 前後手與肩 平直如衡 前肩從下達上
送前掌直出 後肘6)從高瀉下 後手7)平脫 兩手分開之時 矢之左右大小俱
在兩肩轉運之間 自然相應 發無不中矣 不必存小加大 而矢自無大小 不必
左撇右絕 而矢自無東西之偏 用肩法 捷徑門幷指迷集五卷內 言之已詳

앞손은 태산을 밀듯이 하고 뒷손은 호랑이 꼬리를 잡듯이 한다거나 앞손은
별(撇)하고 뒷손은 절(絕)한다는 말은8) 모두가 팔의 힘을 쓰되 앞뒤 두 손이

---

6) 원문에는 '後手'로 되어 있으나 '後肘'의 오기(誤記)로 보여서 수정했다. 앞의 ≪사학입문정종≫, 변혹문
(辨惑門), 교사태조지혹(郊射太早之惑) 장 참고.
7) 원문에는 '向前'으로 되어 있으나 '後手'의 오기(誤記)로 보이므로 수정했다. 앞의 ≪사학입문정종≫, 첩
경문(捷徑門), 논경법(論輕法) 장 참고.
8) 별(撇)과 절(絕)에 대해서는 앞의 해제(解題) 참고.

서로 호응하게 하라는 것으로 써 볼 만한 말이다. 또한 화살이 과녁을 넘으면 앞손을 낮추고 화살이 과녁에 미치지 못하면 앞손을 올리라는 말도 역시 써 볼 만한 말이다. 그러나 이들은 모두 손의 힘을 쓰라는 말일 뿐 어깨의 힘을 써야만 함은 모르는 말이다. 앞뒤 두 손의 힘에는 한계가 있는데 활을 가득 벌렸을 때 별(撇)과 절(絶)의 동작으로 화살을 내보내려 한다면 두 손이 어찌 서로 호응할 수 있겠는가? 두 손이 서로 호응 못 하면 화살은 반드시 좌우대소 어느 한쪽으로 치우친다. 또 화살이 과녁을 넘는다고 앞손을 낮추면 앞 어깨는 올라오고 뒤 어깨는 내려가 골절이 펴지지 않고 흔들리게 되므로 내보낸 화살은 역시 좌우대소 어느 한쪽으로 치우친다. 따라서 활을 쏘는 사람이 어깨 쓰는 법을 체득하면 활을 가득 벌렸을 때 앞뒤 손과 어깨가 모두 저울대와 같이 펴지고 이때 낮추어 놓은 앞 어깨를 위로 올리는 힘으로 앞 손바닥을 앞으로 밀고 뒤 팔꿈치를 위에서 아래로 쓸어내리면서 뒷손을 시위에서 수평으로 벗겨 내면 두 손을 벌릴 때 두 어깨의 움직임을 통해 화살을 좌우대소 어느 쪽으로건 마음대로 내보낼 수 있으므로 앞 손을 내리거나 올리지 않아도 과녁에 명중시킬 수 있다. 이렇게 하면 화살이 과녁보다 짧거나 길게 날아갈 일이 없어 앞손을 별(撇)하고 뒷손을 절(絶)할 필요도 없고 화살이 좌우로 치우칠 일도 없다. 어깨를 쓰는 방법은 앞의 ≪사학입문정종≫, 첩경문(捷徑門)과 뒤의 지미집(指迷集) 5권에 상세히 설명해 놓았다.

13. 凡射必力勝其弓 但先持滿射之 先近而後遠 此不易之法也〈第十三〉

활을 쏠 때는 사람의 힘이 활의 힘을 이겨야 한다. 활을 가득 벌린 후 버티다 쏘아야 하며 또 가까운 곳부터 쏘다가 점차 먼 곳을 쏘아야 한다. 이는 바꿀 수 없는 원칙이다〈제13단〉.

射者寧使人力有餘 足以制其弓 無過用勁弓以爲弓所制 古今不易之論 但學射而執自近及遠之說 此世俗不通之論也 夫射須求合法 則左右大小 之分 目能見之 手能持之 可遠可近 無不中的矣 若不合法之射 近或可偶

中 漸遠則中數亦漸寡 更遠則不中矣 此必然之理 今人不肯講究射法之精
義 而專講自近及遠之法 愚矣 唐荊川先生纂輯武編 亦同是說 何哉

　활을 쏠 때는 사람의 힘에 여유가 있어서 활을 제어할 수 있어야 하고 너
무 억센 활을 써서 사람이 활의 힘에 눌리면 안 된다는 것은 고금에 바꿀 수
없는 원칙이다. 그러나 활을 배울 때는 가까운 과녁부터 시작해서 먼 과녁을
쏘아야 한다는 말은 흔히 쓰지 않는 방법이다. 무릇 활을 쏘려면 사법을 이해
해야 하며 사법을 터득하면 좌우대소(左右大小)의 구분을 눈으로 볼 수 있고
손으로 감당할 수 있게 되어 먼 과녁이건 가까운 과녁이건 모두 맞힐 수 있
게 된다. 그러나 만약 사법을 모르고 쏘면 가까운 과녁은 우연히 맞힐 수도
있지만 과녁이 멀어질수록 명중률은 점점 떨어지고 과녁이 더 멀어지면 결국
못 맞힌다. 이는 필연의 이치이다. 요즘 사람들은 정확한 사법을 강구하지는
않고 단지 가까운 과녁부터 쏘라는 말만 하는데 이는 어리석은 말이다. 당형
천(唐荊川) 선생이 엮은 ≪무편(武編)≫에서도 이런 말에 동의하고 있는데
어쩐 일인가?

14. 凡對敵射箭 只是膽大力定 勢險節短則發無不中矣 對敵射法 將弓
　　扯起 且勿盡滿勿輕發 只用四平架手 立定不退 則勢自險矣 若近
　　十數步 一發必能中 必能殺人而後發矢 則節自短矣 馬上之賊 只
　　當看大的射 不可射人 諺云 射人先射馬 擒賊先擒首 是也〈第十四〉

　적을 쏠 때 과감히 힘을 내 기세를 험히 하고 절(節)을 짧게 하면9) 모두
명중시킬 수 있다. 적을 쏘는 사법은 시위를 끝까지 당기지 않지만 경솔히 쏘
면 안 된다. 팔을 들어 올려 활을 벌리고 바로 서서 물러나지 않는다면 기세
가 저절로 험해진다. 적이 10여 보 내에 들어와 단발에 명중시켜 죽일 수 있

---

9) 원문의 '세험절단(勢險節短)'은 ≪손자(孫子)≫, 〈세편(勢篇)〉에 있는 "세(勢)는 급류에 빠르게 휩쓸려 내
　려오는 바위덩어리 같아야 하고 절(節)은 나뭇가지를 부러뜨리며 재빠르게 튀어 오르는 놀란 새와 같아야
　한다. 잘 싸우는 사람은 세는 험하고 절은 짧다[激水之疾 至於漂石者 勢也 鷙鳥之疾 至於毀折者 節
　也 是故 善戰者 其勢險 其節短]."는 구절에서 인용한 말로서 세(勢)가 험하다는 것은 힘이 넘친다는 말
　이고 절(節)이 짧다는 것은 가까운 거리에서 공격한다는 말이다.

게 되었을 때 화살을 내보내면 절(節)이 저절로 짧아진다. 말 탄 적을 쏠 때 큰 표적을 쏘아야지 사람을 맞히려 하면 안 된다. "사람을 쏘려면 먼저 그 말을 쏘고 적을 사로잡으려면 먼저 그 우두머리를 사로잡으라."10)는 말은 이를 두고 하는 말이다<제14단>.

此戚公親履戎伍百戰破倭　故臨陣能使士卒立定　引弓持滿不發　對賊近方發矢殺賊　此有制之兵　必勝而無敗者也　然必得智勇之將　因能授任　練習士衆如一人　方能臨敵致命　今用匹夫之勇　資郎紈褲爲將　練習無制　望敵卽奔　雖有射法　孰肯持滿立定　射賊乎　故得智勇如戚公者爲主師　必能選膽勇之人爲列校　而收射賊之功　故曰　有必勝之將　無必勝之兵　今患無戚公耳　寧患無列校　又寧患無兵乎　嗟嗟　今天下諸患　無任戚公者耳　寧患無戚公

척계광 장군은 이렇게 직접 500회의 전투를 치르며 왜적을 격파했고 전투에 임하면 병사들이 똑바로 서서 활을 가득 벌리고 기다리다 적이 접근하면 쏘아 죽이게 통제할 수 있었다. 이렇게 군기가 확립된 군대는 패배를 모르고 항상 이기는 군대이다. 그러나 반드시 지용(智勇)을 갖춘 장수를 얻어 능력에 따라 임무를 부여하고 병사들이 마치 한몸같이 움직이게 훈련을 해야 전투에 임해 그렇게 할 수 있다. 오늘날 필부의 용기나 지닌 자들을 등용하고 비단옷을 걸친 부유한 자들이 장수가 되니 군기는 없고 적을 만나면 도망치기가 바쁘다. 그들이 사법을 안다 한들 어찌 활을 벌리고 바로 서서 적을 쏠 수 있으랴? 척계광 장군 같은 지용을 갖춘 인물이 병력을 지휘해야 담력 있고 용감한 사람들을 선발해서 장교로 쓸 수 있고 그렇게 해야 적을 쏘아 죽일 수 있게 된다. 그래서 반드시 승리하는 장수는 있어도 반드시 승리하는 군대는 없다는 말이 있는 것이다. 그러나 지금의 모든 걱정거리는 척계광 장군 같은 인물이 없는 것이지 장교가 없고 병력이 없는 것이 아니다.

---

10) 두보의 「출새곡(出塞曲)」이라는 연시(連詩) 중 전출새(前出塞)라는 시에서 인용한 구절이다. 이 시는 "挽弓當挽强　用箭當用長　射人先射馬　擒賊先擒王"이라는 구절로 시작된다.

15. 凡馬 須要平日飼養調度縱蹲 廳令進止 觸物不驚 馳道不削 前兩足
從耳下齊出 後兩足向前培之 則疾且穩 而人可用器矣 故馬者 戰陣
時 人命之所寄也 胡馬慣戰數培中國 豈特風氣使然 亦居常調度之
功也〈第十五〉

말은 평소 적절히 먹이고 수시로 조련해서 지시대로 달리고 서고, 무엇이 몸에 닿아도 놀라지 않고, 길을 달릴 때는 옆으로 벗어나지 않고, 앞의 두 다리를 귀밑까지 들어 올려 나란히 앞으로 내딛고 뒤의 두 다리를 평소보다 두 배 멀리 앞으로 뻗게 해야 한다. 이렇게 하면 달릴 때 흔들림이 적어 말 등에서 무기를 쓸 수 있다. 전쟁터에서는 사람 목숨을 말에게 맡긴다. 호마(胡馬)는 중국말보다 월등히 전투에 익숙한데 어찌 기후 때문에 그러랴? 이는 평소 조련을 잘 해 두기 때문이다〈제15단〉.

臨陣之馬 必先飼養 戢其耳目 無令驚駭 習其馳逐 閑其進止 人馬相親
然後可使 古人臨陣 衝突長驅疾徐不亂者 皆馬力爲之 然非訓之平時 倉
猝豈爲我用 戚公以馬爲人之命 居常必先調度 此不易之法 昔吳西河有云
日暮途遠 必數上下 寧勞于人 愼無勞馬 非愛馬而輕人也 欲節其力 以備
卒然之用也 則馬之爲人命可知 今國家之馬養之于官者 烏有取之 民者無
制 市之吏者 徒事虛名 不適于用 吾不知猖猝將何所給也

전투용 말은 먼저 잘 먹이고 눈과 귀를 단속해서 놀라지 않도록 하고 달리기를 익히게 하면서 조용히 나가고 서게 함으로써 사람과 말이 친해진 이후라야 부릴 수 있다. 옛사람들이 전투 때에 적과 충돌하며 오래 달리면서도 속도를 마음대로 조절할 수 있었던 것은 모두 말의 힘 덕분이었다. 평소에 훈련시키지 않은 말은 급할 때 쓸 수가 없다. 척계광 장군은 말을 사람의 목숨같이 여겼었다. 평소 조련해야 함은 바꿀 수 없는 원칙이다. 옛말에 "날은 저물고 갈 길은 멀면 누구나 모두 서두르기 마련이나 사람이 수고를 할지언정 말을 지치게 하면 안 된다."고 했는데 이는 말만 아끼고 사람은 경시해도 좋다는 것이 아니라 말의 힘을 아껴 두었다 위급한 상황에서 쓰라는 것이다. 말을 사람 목숨과 같이 여기는 것은 이 때문이다. 요즘 나라에서 키우는 말을 보아도 쓸 만한 말이 없고 민간에서도 말을 훈련하지 않으며 지방관청에도 말을 키우는 관리들도 직책만 있지 그들이 하는 일이 없으니 그들의 말은 쓰기에 적합하지 않다. 급한 일이 생기면 어디에서 말을 공급할 것인지 모르겠다.

16. 騎射須要開弓至九分滿 記之 記之 卽至七八分滿亦 亦難中也〈第十六〉

기사(騎射)에서도 반드시 9할 정도는 활을 벌려야 한다. 결코 결코 잊어서는 아니 된다. 만약 7~8할 정도만 벌리면 명중이 어려워진다〈제16단〉.

騎射 雖比步射之遠 卽近至尋丈 亦須開弓至十分滿與步射同 方可命中 何也 射之法 莫如牢固爲主 固之道 莫如彀 惟彀而後 目力可審 骨節可直 發矢方準 若開弓不滿至十分 骨節未盡 體勢俱鬆 兼之馬馳身驟 發矢必不齊 戚公云七八分滿亦難中愚 謂九分滿 亦未盡善 故制馬箭之式 比步箭 應長半寸許 射時極力引滿 鏃猶在弓弝外半寸 則開弓時 方敢放膽控弦 無不彀之患 制步箭 隨人臂之短長爲之 詳擇物門

기사(騎射)는 보사(步射)에 비해 표적에 가까이 접근해서 쏘지만 보사와 다름없이 활을 가득 벌려서 쏘아야 표적을 맞힐 수가 있다. 사법에서 가장 중요한 것은 자세를 굳히는 것으로서 자세를 굳히는 가장 중요한 조건은 활을 가득 벌리는 것이기 때문이다. 활을 가득 벌려야만 눈으로 조준할 수 있고 골절도 펴지고 정확하게 화살을 내보낼 수가 있다. 활을 가득 벌리지 않으면 골절이 완전히 펴지지 않아서 자세가 모두 허술해진다. 그렇게 되면 말을 타고 달릴 때도 화살을 일정하게 내보내기가 어렵다. 7~8할 정도만 벌리면 명중이 어렵고 9할 정도는 벌려야 한다는 척계광 장군의 말도 미진한 면이 있다. 따라서 기사 때 쓰는 화살은 보사 때 쓰는 화살보다 반 치[寸]쯤 길게 만들어서 활을 힘껏 벌렸을 때 촉끝의 반 치 정도가 줌통 앞에 남아 있게 해야 한

다. 그리하면 마음 놓고 활을 벌릴 수 있으므로 가득 벌리지 못할 염려가 없
다. 보사에서 쓰는 화살의 길이는 팔 길이의 장단에 따라 정해야 한다. 이에
관해서는 앞의 ≪사학입문정종≫, 택물문(擇物門)에서 상세히 설명했다.

17. 騎射把箭 以三矢爲率 須以箭二枝 連弓弝把定 又以一枝搭掛弦中
    爲便 其有以箭揷衣領內或揷腰間俱不便 決要從吾言〈第十七〉

기사(騎射)에서는 화살 3발을 쥐고 쏘는 것이 기준이며 1발은 시위에 먹여
놓고 나머지 2발은 줌통과 함께 앞손으로 쥐고 있어야 편하다. 나머지 2발을
옷깃에 꽂아 놓거나 허리춤에 꽂아 놓는 사람도 있지만 모두 불편하다<제17단>.

    按戚公所言 特就武場應試者而云 然故以一矢掛弦 二矢連弓弝握之 非
指對敵言也 若臨陣對賊 帶箭不止三四矢 必須箭服弓室置之腰間 方可容
百枝 乃 能 射敵殺賊 若止三四枝 何以却衆寇 若以二矢握之弓弝 則握
弓必不固 亦難命中殺敵 吾邑 參戎公 錢三持 射評言之詳矣 若論武場應
試 以一矢掛弦 二矢握之弓弝 亦無不可 但此特應試 非實用也 多難之秋
丈夫作事應試時 卽當爲實用之地 何可自同于衆人 故騎射矢不置腰間 必
然有失

화살 1개는 시위에 먹여 놓고 나머지 2개는 줌통과 함께 앞손에 쥔다는 척
계광 장군의 말은 무과시험장에서 쏠 때를 말한 것으로 적과 싸울 때의 방법
은 아니다. 적과 싸울 때는 화살을 3∼4개만 휴대하는 것이 아니다. 화살통과
활주머니가 허리춤에 있어야만 많은 화살로 적을 쏘아 죽일 수 있고 3∼4개
화살로는 적의 무리와 싸울 수 없다. 화살 2개를 줌통과 함께 쥐면 활을 견고
하게 쥘 수 없어서 적을 명중시켜 죽일 수 없다. 같은 읍내에 사는 참전용사
인 전삼지(錢三持)가 이 문제를 상세하게 말한 바 있다. 무과시험장에서는 1
개는 시위에 먹여 놓고 나머지 2개는 줌통과 함께 쥘 수도 있지만 이는 실전
용은 아니다. 다난한 시대를 사는 장부라면 시험장에서도 실전용 방법을 써야

한다. 기사에서는 화살을 허리춤에 휴대하지 않는다는 말은 실언(失言)임이
분명하다.

18. 凡敎騎射 必勢如追風 目如流電 滿開弓 急放箭〈第十八〉

기사(騎射)에서는 그 기세가 바람을 쫓는 것과 같아야 하고, 눈빛은 번개와
같아야 하며, 활을 가득 벌리고 신속히 화살을 내보내야 한다〈제18단〉.

騎射者 必發矢捷疾 方能中的 故曰如追風 如流電 又云急放箭 此三言
人人能之 惟滿開弓之法 人多不能 何也 騎射 出矢速 對的近 使存苟且
之意 孰肯恣力引滿 如對的乎 故戚公云滿開弓者 戒人勿蹈不滿之病也
此射家之正法 然騎射莫妙于彀 人皆知之 卒莫能彀者 未知所以彀法耳
彀法云 何騎射與步射同 肩臂骨節平直而已 惟骨節直 引弓只用骨力 不
用筋力 弓不期彀而自彀矣 故工於步射者 未有騎射而不彀者也.

기사(騎射)에서는 발시 동작이 빨라야 과녁을 맞힐 수 있으므로 기세가 바람
을 쫓는 것과 같고 눈빛은 번개 같아야 하고 또 신속히 화살을 내보내야 한다
고 말한 것이다. 이 세 가지는 누구나 알지만 활을 가득 벌려야 함은 모르는
사람들이 많다. 왜인가? 기사에서는 과녁에 접근해 신속히 화살을 내보내야 하
는데 누가(보사 때 같이) 힘껏 활을 벌리려 하리오? 활을 가득 벌리라는 척계
광 장군의 말은 활을 가득 벌리지 못하는 병폐를 경고한 말이다. 활을 가득 벌
리는 것이 정법(正法)이다. 기사 때도 활을 가득 벌리는 것이 매우 중요함을
누구나 알지만 결국 그러지 못하는 것은 가득 벌려야만 하는 이유를 모르기 때
문이다. 활을 가득 벌리는 법에서는 기사와 보사(步射)에 별 차이가 없다. 어깨
와 팔의 골절들이 곧게 펴지면 활을 가득 벌린 것이며 골절의 힘을 쓰되 근육
힘을 쓰지 않는다. 이렇게 하면 가득 벌리려 하지 않아도 저절로 가득 벌어진
다. 보사에 능한 사람으로 기사에서 활을 가득 벌리지 못하는 사람은 없다.

19. 凡騎射 或對賊 或對的 搭箭時 目止視賊視的 不可看手搭箭 只宜
　　信手搭之〈第十九〉

　기사(騎射)에서도 적을 쏠 때나 과녁을 쏠 때나 눈으로 단지 적이나 과녁
만 보아야 한다. 손을 보면서 오늬를 시위에 먹이면 안 되며 손으로만 먹여야
한다＜제19단＞.

　搭箭 若用目視 則發矢不捷 射的 則騎馳過的而不及中 射賊 則賊知避
遠而不能中 惟一心視的與賊 信手搭箭射之 則神注而發矢迅速矣 然須平
居演試 百倍其功 乃能信手搭箭 而無逼箭墮矢之患 信手搭箭者 馬箭式
須用一扣 切勿用兩扣者 忙促時 若用兩扣 必然有失＜兩扣者 卽俗號四扣齒箭
也＞ 善騎射者 熟習久試 當自知之

　눈으로 보며 오늬를 시위에 먹이면 화살을 빨리 내보낼 수 없어 과녁을 쏠
때 말이 과녁을 지나쳐 버려 맞힐 수 없고 적을 쏠 때는 적이 알고 멀리 피
해 버려 맞힐 수 없게 된다. 눈으로 오직 과녁이나 적만 보고 손으로만 오늬
를 먹이면 정신이 집중되고 화살을 빨리 내보낼 수 있다. 평소 수없이 연습을
해야 손으로만 오늬를 먹여도 화살을 구부러지게 짓누르거나 땅에 떨어뜨리
지 않을 수 있다. 손으로만 오늬를 시위에 먹이더라도 기사에 쓰는 화살도 오
늬가 한 번 갈라진 것을 써야지 두 번 갈라진 것을 쓰면 안 된다. 분망한 중
에 오늬가 두 번 갈라진 화살을 쓰면 반드시 실수하게 된다＜오늬가 두 번 갈라진
화살은 속칭 사구치(四扣齒) 화살을 말한다.＞.11) 기사에 능숙한 사람은 오래 연습하고
시험을 해 보았기에 이를 당연히 알고 있다.

---

11) ‘十’ 자로 갈라진 오늬를 말하는 것으로서 화살을 시위에 물릴 때 눈으로 보지 않고 쉽게 물리게 하려고
오늬의 끝을 ‘十’자로 갈라서 사용하는 경우가 있었던 것으로 보인다.

무경사학정종지미집(武經射學正宗指迷集) 권삼(卷三)

녹무비요략사법(錄武備要略射法)[1] 〈공계육단(共計六段)〉

1. 夫射 有漢射 有胡射 漢射者 左手鷹爪持弓 右手單搭扣弦 惟務巧勝
   胡射者 左手滿把持弓 右手雙搭扣弦 惟以力勝〈第一〉

한족(漢族)과 호족(胡族)의 활쏘기는 다르다. 한족은 왼손은 응조(鷹爪) 방
식으로 줌통을 쥐고 오른손은 단탑(單搭) 방식으로 시위를 당기는데 이는 솜
씨 위주의 사법이다. 호족은 왼손은 만파(滿把) 방식으로 줌통을 쥐고 오른손
은 쌍탑(雙搭) 방식으로 시위를 당기는데 이는 힘 위주의 사법이다〈제1단〉.

要略云 漢射用鷹爪持弓者 用單搭 胡射用滿把持弓 用雙搭 是不論弓
力之强弱 而槪以漢射胡射 論持弓搭箭矣 不知持弓之法 須視弓之軟勁
軟弓宜鷹爪 勁弓宜滿把 何也 力弱之人 弓用軟 矢難遠到 故用鷹爪 助
其勢 以鷹爪持弓者 掌根實 虎口鬆 矢發揷天而大 力大之人 弓用勁 矢
發必遠 故用滿把 殺其勢 以滿把持弓者 掌根雖實 虎口亦緊 發矢平疾
此用軟弓者利用鷹爪 用勁弓者宜滿把也

≪무비요략≫은 응조 방식으로 줌통을 쥐는 한족은 단탑 방식으로 시위를

---

[1] 명나라 정자이(程子頤)의 병법서(兵法書)인 ≪무비요략(武備要略)≫의 사법(射法) 부분에 있는 일부 구
절들을 비판한 내용이다.

당기고 만파 방식으로 줌통을 쥐는 호족은 쌍탑 방식으로 시위를 당긴다 했
는데 이는 활의 힘은 따지지 않고 한족의 방법과 호족의 줌통 쥐는 법과 시
위 당기는 법을 논한 것일 뿐 줌통 쥐는 방법을 모르고 한 말이다. 활의 세기
를 먼저 보고 연한 활에는 응조 방식으로 억센 활에는 만파 방식으로 줌통을
쥐어야 한다. 왜인가? 힘이 약한 사람은 부드러운 활을 쓰게 되어 화살을 멀
리 보내기가 어렵기 때문에 응조 방식으로 줌통을 쥐어서 그 기세를 돋우는
것이다. 응조 방식으로 줌통을 쥐면 장근(掌根)이 실하고 호구(虎口)가 느슨
하므로 화살을 내보내면 하늘 높이 떠올라 멀리 날아간다. 힘이 센 사람은 억
센 활을 쓰므로 쏜 화살이 멀리 날아가기 때문에 만파 방식으로 줌통을 쥐어
그 기세를 꺾는 것이다. 만파 방식으로 줌통을 쥐게 되면 장근도 실하나 호구
도 긴장하게 되므로 화살을 낮고 빠르게 내보낼 수 있다. 이것이 연할 활은
응조 방식으로 억센 활은 만파 방식으로 줌통을 쥐어야 하는 이유이다.

若搭弦法 無論弓之軟勁 皆宜雙搭 何也 以雙搭力全 單搭力弱耳 凡軟
弓用單搭者 以單搭脫弦快捷 雙搭脫弦遲滯耳 若雙搭脫弦時 以中指收緊
勿開 只用食指大指開脫 則脫弦鬆快 反過於單搭矣 其法詳于辨惑門 早
射勁弓章內 宜參考之

시위를 당길 때는 활의 세기와 관계없이 모두 쌍탑 방식을 써야 한다. 왜
그런가? 쌍탑은 힘이 있지만 단탑은 힘이 없기 때문이다. 부드러운 활로 쏘면
서 단탑으로 시위를 당기면 뒷손을 시위에서 빠르게 벗겨 낼 수 있다. 반면
쌍탑은 뒷손을 시위에서 벗겨 내기가 느리지만 발시 때 중지를 펴지 말고 오
므리고 엄지와 검지만 펴면 오히려 단탑 방식보다 더 쉽게 시위에서 벗겨 낼
수 있다. 그 구체적 방법을 앞의 ≪사학입문정종≫, 변혹문(辨惑門), 조사경
궁지혹(早射勁弓之惑) 장에 상세히 설명해 놓았으니 참고 바란다.

2. 其足法 無過丁字不成八字不就 隨箭改移 只在後足 射右改左 射左
   改右 乃射中中的之 竅也〈第二〉

족법(足法)은 두 발을 ‘丁’ 자나 ‘八’ 자 모습이 되지 않게 하면 되고 쏠
방향에 따라 뒷발 위치만 바꾸면 된다. 왼쪽을 쏘려면 뒷발을 오른쪽으로 옮
기고 오른쪽을 쏘려면 뒷발을 왼쪽으로 옮기는 것이 과녁을 맞힐 수 있는 요
령이다<제2단>.

按立足法 不丁不八者 旣不並足立 而失之體浮 又不蹲到作坐馬之態
此立法之善者也 又云立足法 隨箭改移 只在後足 射右邊 前足跟立定 不
易 將後足移在左邊 若射左邊 前足跟亦立定 不易 將後足移在右邊 此亦
改移之善法

두 발을 ‘丁’ 자나 ‘八’ 자 모습이 안 되게 하라는 입족법(立足法)은 두
발을 모아서 서면 몸이 허공에 뜨니 이를 피하고 또 말 등에 올라앉았을 때
의 발 자세로 서지도 말라는 것으로서 좋은 말이다. 또한 쏠 방향에 따라 뒷
발만 바꾸라는 입족법(立足法)도 오른쪽을 쏘려면 앞발 발꿈치를 고정시키고
뒷발만 왼쪽으로 옮기고 왼쪽을 쏘려면 앞발 발꿈치는 역시 고정시켜 놓고
뒷발만 오른쪽으로 옮기라는 것으로서 쏠 방향을 바꾸는 좋은 방법이다.

乃世俗又有執 射偏于右者 使後足遷右 射偏于左者 使後足遷左之說者
此不通之論也 何也 制發矢偏斜之弊 只在目力審視詳明 及 肩臂腰脊轉運
之間耳 與足何與而必藉後足改移乎 假 如望南射者 體勢向西北立 望西射
者 體勢向東北立 向北向東射 體勢可以例推 凡立法以穩便爲主 足立定向
如山不移 何必屑屑改移其足 謂矢發之偏斜分毫 必藉於足 過矣 吾邑參戎
公 錢三持 見人改足之說 曉之曰 假令騎射 足亦可移乎 則改足之說 謬尋
可知矣 非改足之謬也 世人不思精求射法爲必中計 而專持改足以求中 乃
不可耳 若足立未穩 體勢與的未甚相對合 宜後足少移 亦無不可

세간에는 화살이 조준점보다 오른쪽으로 치우쳐 날아가면 뒷발을 오른쪽으로 옮기고 왼쪽으로 치우쳐 날아가면 뒷발을 왼쪽으로 옮기라는 말도 있지만 이는 옳지 못한 말이다. 왜 그런가? 화살이 치우치지 않도록 하는 것은 눈으로 명확하게 조준점을 조준하고 어깨와 팔과 허리와 척추를 어찌 움직이는가에 달린 것이기 때문이다. 발과 무슨 관계가 있다고 뒷발을 옮겨 이를 방지한다는 말인가? 남쪽을 쏠 때는 몸이 서북쪽을 향하고 서쪽을 쏠 때는 몸이 동북쪽을 향하며 북쪽이나 서쪽을 쏠 때도 이런 예에 따라 몸의 방향을 정하는 법이며[2] 서는 법에서는 편안하게 서는 것이 가장 중요하다. 발 위치를 한 번 잡으면 마치 산과 같이 이를 옮기지 않아야 한다. 무엇 하러 불편하게 발을 옮긴다는 말인가? 화살이 조금 빗나가면 발을 옮겨 바로잡는다는 것은 잘못이다. 나와 같은 읍내에 사는 참전용사 전삼지(錢三持)는 이렇게 발을 옮겨야 한다는 사람을 보면 "기사에서도 발을 옮길 수 있다는 말이오? 이를 보면 발을 옮겨야 한다는 것은 크게 잘못된 말임을 알 수 있는 것 아니오?"라며 타이른다. 화살이 빗나간다고 발을 옮겨 바로잡을 수는 없다. 정밀한 사법을 터득하려 하지 않고 단지 뒷발 위치를 바꾸어 과녁을 맞히려고 함은 잘못이다. 다만 선 자세가 편안하지 못하고 과녁과 크게 틀어져 있을 때는 뒷발을 조금 옮겨도 무방할 것이다.

3. 要略云 考之 射家有三勢 曰大架子 曰中平架子 曰小架子 大架子者 直身並足而立 左手直如箭 右手平如衡 弓稍直竪 拉滿弦 挨右腮旁 鏃引至左手中指之末 左手虎口緊 手頸一直 弓稍前指認定的心 右手 微仰掌 往後一施 胸骨開 背肉緊 矢去疾速而不滯 雖文而不雄 以於 官場〈第三〉

≪무비요략≫은 활 쏘는 자세를 대가자(大架子), 중평가자(中平架子) 및 소가자(小架子) 세 가지로 말한다. 대가자(大架子)는 몸을 곧게 해서 두 발을 모아 서고, 왼팔은 화살대와 같이 펴고, 오른팔은 저울대와 같이 수평으로 펴

고, 고자는 곧게 세우고, 시위는 가득 당겨 오른쪽 뺨 곁에 붙이고, 촉이 중지 끝에 닿을 때까지 화살을 끌어당기고, 왼손은 호구(虎口)에 힘을 주어서 손목을 곧게 펴 위 고자를 과녁 중심을 향해 앞으로 쓰러뜨리고, 오른손은 손바닥이 약간 위를 보게 하며 뒤로 조금 빼고, 가슴뼈는 벌리고 등 근육은 조여 주는 자세로, 이런 자세로 쏜 화살은 머뭇거림 없이 빠르게 날아가며 힘이 넘치지는 않지만 보기에 좋은 자세로서 무과 시험에 유리한 자세라고 한다<제3단>.

按要略　大架子之病有六　一在直身　二在並足　三在弓稍直竪　四在虎口緊　五在弓稍前指　六在後手往後一施　何也　射法身勢全在站立安穩　而後審固諸法皆從此出　若兩足並緊而立　站無勢　全體皆浮　當風靜之日　發矢可準　一値風颺衝突　體浮搖動　發矢必偏斜矣　若直身與直竪弓稍者　引弓不得勢　何以能彀　今人多坐此病　夫彀弓之本　全在前肩向前番下　前肩既番　前臂方可番直向地　肩臂盡番　虎口自斜　弓稍不得不斜矣　弓斜則胸必欽　而身又安能直乎　故引弓必欲彀者　直弓直身之說　不可行也

《무비요략》의 말대로라면 대가자(大架子) 자세는 여섯 가지의 병폐가 있다. 몸을 곧게 하는 것,[3] 두 발을 모아서 서는 것, 고자를 똑바로 세우는 것, 호구에 힘을 주는 것, 위 고자를 앞으로 쓰러뜨리는 것, 뒷손을 뒤로 조금 빼 주는 것을 말한다. 왜인가? 사법에서 가장 중요한 몸의 자세는 편안히 서는 것이며 그리해야 조준하고 자세를 굳히는 여러 사법들을 제대로 지킬 수 있다. 두 발을 가깝게 모아서 서면 기세가 약해서 몸 전체가 들뜬다. 그런 자세도 바람이 없으면 정확한 발시가 가능하겠지만 억센 바람이 불면 몸이 들뜨고 흔들려 화살이 반드시 치우친다. 몸을 곧게 하고 고자까지 똑바로 세우면 활을 힘차게 벌릴 수 없어서 결국 가득 벌릴 수 없다. 요즘 많은 사람에게 이런 병폐가 보인다. 활을 가득 벌릴 수 있는 기초는 전적으로 앞 어깨를 앞으로 돌려 낮추는 데 있다. 앞 어깨를 돌려 낮추면 앞 팔을 아래로 내리뻗을

---

3) 몸을 곧게 한다는 것은 앞 어깨를 낮추지 않은 것을 말한다.

수 있고 어깨와 팔을 모두 아래로 내리뻗으면 호구는 저절로 기울어지게 되면서 고자 역시 어쩔 수 없이 기울어지게 된다. 고자가 기울어지면 가슴은 수축된다. 이때 어찌 몸이 곧아질 수 있겠는가. 따라서 활을 가득 벌리려면 활과 몸을 곧게 세우라는 말을 따르면 안 된다.

至于後手一施之說　益又不宜　弓彀時　臂力已竭　況持弓直竪之人　前肩未番　肩力未奮　惟持前臂撐持　若後手往後一施　矢必偏於右矣　縱使前臂能撐　亦屬勉强　安得從容中的乎　兼之　虎口又緊　發矢時　弓稍前指的心則矢不能及遠　彼謂以於官場　謬矣　又謂文而不雄　不雄則是文　亦何所用之　大抵握弓　虎口緊者　矢出多傷于小　若勁弓又當別論　終不若不用虎口惟以肩力　送前掌直出之爲愈也　又有用虎口　雖緊而矢能及遠者　必後手低右前手耳　但能低者　前肩必聳　發弓全憑兩臂撐持　臂力有盡　弓必不能彀此又不可不知

(발시 때) 뒷손을 뒤로 조금 빼는 것은 결코 해서는 안 될 동작이다. 활이 가득 벌어지면 팔의 힘은 이미 소진된다. 더욱이 활을 곧게 세워 들면 앞 어깨를 앞으로 돌려서 낮추지 못하므로 어깨에 힘이 솟지 않아서 오직 앞 팔로만 활을 지탱하게 되는데 이때 뒷손을 뒤로 빼면 화살은 반드시 오른쪽으로 치우치게 된다. 이때 앞 팔로 지탱하려고 해도 억지힘을 써야 하니 어찌 편안하게 과녁을 맞힐 수 있겠는가? 거기다가 호구에 힘을 주고 발시 때 위 고자를 과녁 중심을 향해 쓰러뜨리면 화살은 멀리 갈 수 없으니 이런 사법이 무과시험장에서 유리하다는 것도 잘못이다. 또한 힘이 넘치지는 않지만 보기에 좋은 자세라고 했는데 힘이 넘치지 않는다면 보기에 좋다고 무슨 소용이 있는가? 줌통을 쥘 때 호구에 힘을 주면 화살 나가는 거리가 크게 짧아진다. 억센 활의 경우는 별개의 문제지만 결국 호구에 힘을 주지 말고 어깨 힘으로 앞 손바닥을 똑바로 밀어 주는 것이 더 좋은 방법이다. 호구에 힘을 주고도 화살을 멀리 보낼 수가 있다면 이는 뒷손을 앞손보다 낮춘 것이 분명한데 뒷손을 낮추게 되면 앞 어깨가 반드시 솟아오르고 이때 화살을 내보내려면 전

적으로 팔 힘에 의존하게 된다. 그러나 그런 방식으로는 팔 힘이 떨어지면 활을 가득 벌릴 수 없다. 이를 알고 있어야 한다.

4. 中平架子者 左足直 右足微灣 左手如推泰山 右手如握虎尾 弓稍微斜 拉滿弦 挨右腮下 鏃至左手中指之末 左手虎口緊 認定的心 一撇 右手仰掌往後一絶 胸骨開 背肉緊 矢去平而疾 文而且雄 利于戰陣〈第四〉

중평가자(中平架子) 자세는 왼쪽 다리는 펴고 오른쪽 다리는 약간 구부리며, 왼손은 태산을 밀듯이 하고 오른손은 호랑이의 꼬리를 잡듯이 하며, 고자는 약간 기울이고, 시위는 가득 당겨 오른손을 뺨 아래 붙이고, 촉이 중지 끝에 닿게 화살을 당기며, 왼손은 호구에 힘을 주어 과녁 중심을 조준한 후 위고자를 앞으로 쓰러뜨리는 별(撇) 동작을 취하고 오른손은 손바닥이 위를 보게 해서 조금 뒤로 빼는 절(絶) 동작을 취하며, 가슴뼈는 벌려 주고 등 근육은 조여 주는 자세다. 이 자세에서는 화살은 낮고 빠르게 날아가며 보기에도 좋고 힘도 있는 자세로 전투에 유리하다<제4단>.

按要略中平架子之病有五 一在右足微灣 二在右手拉弦挨右腮下 三在虎口緊 四五在前手一撇後手一絶而已 五病中 惟拉弦挨右腮下 爲害最大 餘無大害也 何也 持弓在手 何藉于足 而取必于右足微灣乎 若發矢時 前手虎口緊 恐矢傷于小 不能及遠 前手撇 矢多偏左 後手絶 矢多偏右 惟兩手相應 矢出方準 然撇絶之間 兩手各分一路 豈能盡勻 矢不能不少遍耳 故曰四病俱無大患也 惟拉弦挨右腮下 爲患最大者 以轂弓之根本 全在前肩下捲 故方引弓時 前後拳臂勢 反高于前肩 及引弓既轂 發矢時 將前肩從下達上 送前掌直出 矢方超揚

《무비요략》의 설명대로라면 중평가자 자세 역시 다섯 가지의 병폐가 있다. 오른쪽 다리를 약간 구부리는 것, 오른손으로 시위를 당겨 뺨 아래 붙이

는 것, 호구에 힘을 주는 것, 앞손은 별(撇) 동작을 취하고 뒷손은 절(絶) 동
작을 취하는 것을 말하며4) 이 다섯 가지 중 가장 해로운 것은 오른손을 뺨
아래에 붙이는 것이다. 활은 손으로 쥐는데 오른발을 구부릴 필요가 무엇인
가? 또 발시 때 앞손의 호구에 힘을 주면 화살은 짧게 날아가기 쉽다. 또 앞
손이 별(撇) 동작을 취하면 화살은 왼쪽으로 치우치기가 쉽고 뒷손이 절(絶)
동작을 취하면 화살은 오른쪽으로 치우치기가 쉽다. 두 손이 서로 호응해야
화살이 정확히 날아가는데 이렇게 별(撇) 동작과 절(絶) 동작을 취하는 사이
에 두 손이 따로 움직이면 균형을 맞출 수 없으므로 화살이 치우치지 않을
수 없다. 그러나 이 네 가지 병폐는 그리 큰 병폐는 아니며 시위를 쥔 오른손
을 뺨 아래에 붙이는 것이 가장 큰 병폐이다. 활을 가득 벌리는 근본은 전적
으로 앞 어깨를 앞으로 돌려서 낮추는 것이다. 이렇게 하면 활을 벌렸을 때
앞뒤 손과 팔의 높이가 앞 어깨보다 높아지고 활을 가득 벌린 후 화살을 내
보낼 때 앞 어깨를 밑에서 위로 올리면서 그 기세로 앞 손바닥을 앞으로 밀
면 화살은 잘 떠오른다.5)

夫尺蠖之屈 以求伸也 引弓之初 前肩反低于前後拳臂者 正尺蠖之屈也
及弓彀時 而發矢 前肩送前掌直出者 正尺蠖之求伸也 此法 後手拉弦 必
須在右腮之上 與耳齊 則前肩方得下捲 若拉弦挨右腮之下 後手太低 前
肩必聳 引弓將彀 前肩無力撑持 右手又往後一施 矢必偏右 且6)引弓亦
必不能彀 故曰 拉弦挨右腮下者 爲病最大也 弦挨右腮上者 前肩低 出矢
皆從兩肩竝力運開 則兩肩合爲一氣 故分開之力始勻 乃若弦挨右腮下 則
全憑兩臂分開 發矢用臂而不用肩 兩手各自爲氣 撇絶必不相應 故深知弦
挨右腮下之病者 方能深知弦挨右腮上之妙也

무릇 자벌레가 몸을 구부리는 것은 다시 펴서 앞으로 나가려는 준비동작이다. 활을 벌리기 시작할 때 앞 어깨를 앞뒤의 두 손과 팔보다 낮춘 것은 마치 자벌레가 몸을 구부리는 것과 같고, 활을 가득 벌린 후에 화살을 내보낼 때는 앞 어깨를 밑에서 위로 올리면서 그 기세로 앞 손바닥을 앞으로 미는 것은 마치 자벌레가 몸을 펴는 것과 같다. 이때 뒷손으로 시위를 당겨 귀와 같은 높이로 뺨의 위에 붙여야 앞 어깨를 낮출 수 있다. 시위를 당긴 손을 뺨 아래 붙이면 뒷손이 너무 낮아 앞 어깨가 솟아오르며 그렇게 되면 활을 벌렸을 때 앞 어깨가 무력해져서 이때 뒷손을 뒤로 던져 주면 화살은 오른쪽으로 치우칠 수밖에는 없다. 이 때문에 시위를 쥔 오른손을 뺨 아래 붙이는 것이 가장 큰 병폐라 한 것이다. 오른손을 뺨 위에 붙여야만 앞 어깨가 낮아져서 두 어깨를 움직이는 힘으로 화살을 내보낼 수 있게 되고 두 어깨가 한 기운으로 움직여서 앞뒤 손의 균형이 맞게 된다. 오른손을 뺨 아래 붙이면 벌린 활을 두 팔의 힘으로만 버티게 되므로 화살을 내보낼 때 어깨가 아니라 팔로 내보내게 되고 두 손이 따로 움직이게 되어 별(撇) 동작과 절(絶) 동작이 서로 호응 못 한다. 시위를 뺨 아래에 붙이는 병폐를 잘 알아야 시위를 뺨 위에 붙이는 효과를 잘 알 수 있게 된다.

5. 小架子者 兩足俱灣 出弓 如懷中吐月 架箭如弦上懸衡 左手臥弓 右手摸奶 拉滿鏃上左手中指末 左手虎口緊 對的心 右手仰掌一齊分撒 臂膊俱合 胸骨自開 背肉自緊 矢去水平而疾者 又能穿扎 雄而有威 步騎俱利 能開勁弓 最得射中之奧矣〈第五〉

소가자(小架子) 자세란 두 다리를 모두 구부리고, 활을 벌릴 때는 가슴에서 달을 토해내듯이 하고, 화살을 시위에 걸 때는 마치 시위에 저울대를 걸듯이 하고, 왼손은 활을 기울이고 오른손은 젖가슴에 대고 촉이 왼손 중지 끝에 올라올 때까지 화살을 당긴 후 왼손은 호구(虎口)에 힘을 주고 과녁의 중심을 향하고 오른손은 손바닥이 위를 보게 하면서 두 팔을 함께 벌려 두 팔뚝의 힘이 모이면 가슴뼈는 저절로 벌어지고 등 근육은 저절로 조여지는 자세로 화살을 낮고 빠르게 내보내서 갑옷도 뚫을 수 있는 힘과 위엄을 갖춘 자세이다. 보사(步射), 기사(騎射) 모두에 유익하며 억센 활도 벌릴 수 있고 활쏘기의 깊은 맛을 가장 잘 느낄 수 있다<제5단>.

按小架子云 兩足俱灣 弓如懷中吐月 箭如弦上懸衡 諸語 皆是虛架子 與射無盜 不必論矣 其云 右手摸奶 是開弓時之一大病 又云虎口緊 臂膊俱合<兩臂一齊撒開　臂膊從背後俱合也>者 是發矢時之二大病也 何也 開弓以必彀爲主 而彀弓之本 又在前臂骨節平直 若右手摸奶 過於低下 則前肩必聳 前手亦低 肩骨不直 發矢必持兩臂一齊分撒 臂力有限 兩臂外貌雖見分撒 內剛不足 必不及彀而分撒矣 弓旣未彀而虎口緊 發矢必不及遠 如是而欲兩臂膊俱從背後合 胸骨開 背肉緊 開勁弓而出矢水平 徒虛語耳

소가자 자세에 대한 설명에 의하면 두 다리를 모두 구부리고 가슴에서 달을 토해 내듯이 활을 벌리고 시위에 저울대를 걸듯 화살을 시위에 먹이고, 오른손은 젖가슴에 댄다고 하는데 이는 모두 공허한 자세로 활쏘기에 아무 도움도 되지 않는다. 오른손을 젖가슴에 대는 것은 활을 벌리는 동작에서 하나의 큰 병폐이다. 또한 호구에 힘을 주고 두 팔뚝의 힘을 모은다는 것<두 팔을 앞뒤로 동시에 벌리면 두 팔뚝의 힘이 등 뒤로 모인다는 것> 역시 두 가지의 큰 병폐이다. 왜 그런가? 활을 벌릴 때 가장 중요한 요소는 가득 벌리는 것이며 가득 벌릴 수 있는 근본은 앞 팔 골절이 곧게 펴지는 것이다. 그런데 오른손을 젖가슴에 대면 너무 높이가 낮아 이로 인해 앞 어깨가 반드시 솟아오르고 앞손 역시 낮아져 어깨뼈가 펴지지 않아 두 팔을 앞뒤로 벌려 주는 동작에 의존해 화살을 내보내게 된다. 그러나 팔의 힘은 한계가 있어서 비록 겉모양은 두 팔을 벌려도 내강(內剛)이 부족해 반드시 활을 가득 벌리지 못한 채 두 팔을 벌리게 된다. 활을 가득 벌리지 못한 데다 또 호구에 힘을 주면 화살은 결코 멀리 나갈 수가 없다. 이렇게 하면서도 두 팔뚝의 힘이 등 뒤로 모여 가슴뼈가 벌어지고 등 근육이 조여지므로 억센 활을 벌려 수평으로 화살을 내보낼 수 있다는 것은 쓸모없는 헛소리에 불과하다.

穎見名射多矣 始初引弓雖滿 四五年 或十數年[7] 或垂老之年 坐不滿之
病者 百人而百 然從莫知所以不滿之故者 亦百人而百 則皆摸妳之病 誤
之也 摸妳之害 一至此 今人不察 以爲妙法 紀藉載之 世家習之 後學者
戶誦而心印之 入於骨髓 可痛也 夫故欲去摸妳之病 而求彀弓之法者 前
中平架子中 及 弓工妻章內 捷徑門 言之詳矣 智者採言

나는 소위 명궁이라는 사람을 많이 보았는데 처음에는 활을 가득 벌리다가
4~5년이나 십여 년, 아니면 나이가 들면 활을 가득 벌리지 못하는 병이 생
기는 사람이 백이면 백인데도 끝내 왜 그렇게 되는지를 모르는 사람 역시 백
이면 백이다. 모두가 오른손을 젖가슴에 대는 병폐 때문이다. 오른손을 젖가
슴에 대는 폐해가 이 정도인데도 요즘 사람들은 이를 알지 못하고 묘법(妙法)
으로 여기면서 사법서(射法書)마다 이를 인용하고 있어서 대를 이어 이런 방
법을 익히고 있고 후학(後學)들이 하나같이 이를 암송하면서 마음에 새겨 두
고 있으니 가슴 아픈 일이로다. 오른손을 젖가슴에 대는 병을 없애고 활을 가
득 벌리는 법을 앞의 《사학입문정종》, 첩경문(捷徑門)과 위의 제1권 녹고
인사법유언 (錄古人射法遺言) 중 궁공(弓工)의 처(妻)에 관한 장(章) 및 바
로 앞의 중평가자(中平架子) 부분에서 상세히 설명했으니 현명한 사람이라면
나의 말을 따르기 바란다.

諸家射法 無過此三者之勢 站立不同 射法亦異 惟身法內志正外體直
無殊傳也 謹識之 以爲學者券

어느 사법(射法)에서건 이 세 가지 자세 외에는 없는데 서는 방법도 모두
다르고 쏘는 방법도 역시 모두 다르다. 다만 신법(身法)에서는 "내지정 외체
직(內志正外體直)"이라는 말만은 이를 달리 전하는 경우가 없이 모두 중시
하며 활을 배우는 사람들의 좌우명(座右銘)으로 여기고 있다.

---

7) 원문에는 '數十年'으로 되어 있으나 '十數年'의 오기(誤記)로 보여 수정했다.

按無備要略云　三勢　站立不同　射法各異　今觀三架子勢　果有或直身　或
灣足　或蹲倒之不同　彼云站立不同　此誠然矣　三勢皆是前肩聳起　前後兩
臂皆低　則骨節不直之病　實同一轍　安得云射法各異乎　又云身法　內志正
外體直　無殊傳也　則不免言是而行非矣　何也　三勢　骨節皆不直　引弓一彀
臂力將竭　前拳必然顫動　非外體直矣　手旣顫動　審視必不能詳明　何以正
內志乎　由此觀之　三勢皆坐不彀之病　當爲世戒　何足爲後學者之券耶

≪무비요략≫에서는 세 가지 자세가 서는 법도 다르고 쏘는 법도 다르다
했는데 과연 세 가지 자세를 보니 바로 서는 자세도 있고 한쪽 다리를 구부
리는 경우도 있고 쪼그려 앉는 자세가 있어 같지 않다. 서는 방법이 다르다는
것은 참으로 그러하다. 그러나 세 가지 자세 모두 앞 어깨가 솟아 있고 앞뒤
팔이 모두 낮으니 골절이 곧게 펴지지 않는 병폐가 있는 자세들로서 내용상
으로는 전혀 다르지가 않다. 어찌 쏘는 방법도 서로 다르다 할 수 있으랴? 또
신법(身法)에서는 "내지정 외체직(內志正外體直)"이란 말을 달리 말한 경우
가 없다고 했지만 말은 옳은 말이지만 실제는 그렇지 못하다고 보지 않을 수
없다. 왜 그런가? 세 가지 자세 모두 골절이 펴지지 않은 자세로서 활을 가득
벌린 후 팔의 힘이 떨어지려 하면 앞 주먹이 반드시 흔들릴 것이므로 "외체
직(外體直)"이라 할 수 없다. 또 손이 흔들리면 뚜렷한 조준도 불가능해지니
어찌 "내지정(內志正)"이라 할 수 있겠는가? 이를 보면 세 가지 자세 모두
활을 가득 벌리지 못하는 병폐가 있는 자세로 경계해야 할 자세들뿐이다. 어
찌 후학(後學)들의 좌우명(座右銘)이 될 수 있다는 말인가?

6. 身法有六忌　忌頭縮　忌身歪　忌前倒　忌後仰　忌臀露　忌腰彎　六忌明
　　而立身之法　善矣〈第六〉

신법(身法)에는 여섯 가지를 꺼린다. 목은 움츠리면 안 되고, 몸은 비틀거나
앞으로 기울이거나 뒤로 제치면 안 되며, 엉덩이는 뒤로 빼면 안 되고, 허리는 휘
어지면 안 된다. 이 여섯 가지만 분명히 하면 신법(身法)이 좋게 된다〈제6단〉.8)

按法 頭不宜縮 又不宜太仰 犯却垂之病 胸欲欽則無前突之病 大約兩
足必須直立而脡其腹 則前倒後仰臀露腰彎之病 俱可免矣 身法之弊 大約
俱在初學時習性 後卒難改 惟始初虛心好問 聞病則速變 得法則固守 熟
習之後 動中繩墨 終身可寡過矣 嗟嗟 天下事 皆因始之不愼 後悔無及
故知射之精義 可以進德 可與語道矣

신법(身法)에 의하면 목을 움츠리거나 뒤로 젖히거나 앞으로 숙이는 병폐
(病弊)가 생기면 안 된다. 가슴은 끌어들여야 앞으로 튀어나오는 병폐가 없어
진다. 대략 두 다리로 곧게 서되 배에 힘을 주고 펴면 몸이 앞으로 기울어지
거나 뒤로 젖혀지거나 허리가 휘어지는 병폐들이 모두 없어진다. 신법의 병폐
는 대개 처음 활을 배울 때의 습관으로 인해서 생기며 나중에는 고치기가 어
렵다. 처음 배울 때 마음을 비우고 남에게 묻기를 꺼리지 말고 자신의 자세에
병폐가 있다는 말을 들으면 속히 고쳐야 한다. 사법에 맞는 자세가 익숙해지
면 언제나 바른 자세가 되어 평생 큰 잘못이 없게 된다. 세상의 모든 일이 시
작할 때 조심하지 않으면 나중에 후회해도 소용없다. 사법의 핵심을 잘 알면
덕(德)을 키우고 도(道)를 말할 수 있다.

---

8) 신법(身法)에서 나쁜 자세를 당나라 왕거(王琚)의 ≪사경(射經)≫은 "턱을 옆으로 빼거나 목을 숙이거나
   가슴을 앞으로 내밀거나 등을 뒤로 젖히면 안 된다[頤惡傍引 頸惡却垂 胸惡前凸 背惡後偃]."고 4가지
   를 말했고 명나라 척계광의 ≪기효신서≫나 이정분(李呈芬)의 ≪사경≫은 이를 그대로 인용하고 있다. 그
   러나 정자이(程子頤)의 ≪무비요략≫은 원문과 같이 6가지를 말했는데 청나라 주용(朱墉)의 ≪무경칠서
   휘해(武經七書彙解)≫는 이를 그대로 인용하면서도 '忌身脡' 부분만 '忌身歪'로 수정 인용한 구절도 있
   고 그 외에 "목 움츠리기, 가슴 웅크리기, 몸을 앞으로 기울이거나 뒤로 젖히기, 궁둥이 내밀기, 허리 휘어
   지기, 발 구르기 등등 이루 다 열거할 수 없다[忌頭縮 忌胸捉 忌前探 忌後仰 忌臀露 忌腰彎 忌頓足
   種種不一]."고 말한 부분도 있다. 일본의 우게이우(宇惠)의 교정본(校訂本)에는 원문의 '忌身脡' 부분은
   '忌胸脡'의 오기(誤記)일 것 같다는 주(註)가 있다. 필자는 ≪무경칠서휘해≫와 같이 원문의 '忌身脡' 부
   분을 '忌身歪'로 수정했다.

잡록사법유언(雜錄射法遺言)[1] 〈공계십육단(共計十六段)〉[2]

1. 莫患弓軟 服當自遠 莫患力羸 引之自侭〈侭滿也〉〈第一〉

활이 연하다고 걱정하지 마라. 사람이 활을 부리면 화살은 의당 멀리 날아
간다. 힘이 약하다고 걱정하지 마라. 시위를 당기다 보면 의당 가득 벌릴 수
있다〈제1단〉.[3]

勁弓方可遠到 軟弓豈能及遠 卽服習之久 人弓相親 大小如意 矢發可
中近的耳 若射遠 則弓力有限 非挿天而大 則不能到 何云 服當自遠乎
軟弓必欲遠到 亦有一法 大約 弓之上手宜微軟 下手宜微勁 此弓之常式
也 若以下手之微勁者 以火揉之 倒作上手 軟弓亦可及遠 但軟弓及遠 矢
必挿天而大 終難中的 僅可偶用 非可爲訓也 若力弱之人 欲彀勁弓 必熟
肩臂平直之法 方能引弓使滿 苟不得法 骨節不直 而妄欲彀弓 急引固不

---

1) 예부터 여러 사법서(射法書)에 반복 인용되는 구절들에 대한 비판이다.

2) 이 부분의 내용이 모두 16단(段)으로 되어 있다고 했는데 그 형식을 보면 먼저 6가지 사법유언(射法遺言)
에 대해 평한 다음 혹문십발(或問十發)이라는 제목하에 문답 형식으로 자신의 견해를 다시 설명하는 글
10가지가 있다.

3) 명나라 척계광(戚繼光)의 ≪기효신서(紀效新書)≫에 있는 말로 당나라 왕거(王琚)의 ≪사경(射經)≫에
있는 "활이 연하다고 걱정하지 마라. 사람이 활을 부리면 화살은 의당 멀리 날아간다. 힘이 약해서 걱정이
되더라도 늘 연습하면 시위를 당길 수 있게 된다(莫患弓軟 服當自遠 若患力羸 恒當引之)."는 말을 마
지막 부분만 약간 수정한 것이다.

滿 緩引亦不能滿 何云緩引自伾乎

억센 활은 화살을 멀리 보낼 수 있다. 그러나 연한 활로는 화살을 멀리 보낼 수 없다. 오래 연습해서 사람과 활이 친숙해져도 화살이 날아가는 거리를 조절할 수 있고 가까운 과녁은 맞힐 수도 있지만 활의 힘이 한계가 있어서 하늘 높이 화살을 쏘면 조금 멀리 보낼 수는 있어도 먼 과녁까지 보낼 수는 없다. 그런데 어찌 사람이 활을 부리면 화살은 의당 멀리 날아간다고 할 수 있겠는가? 연한 활로 화살을 멀리 보내는 방법이 하나 있기는 하다. 활은 윗부분은 약간 연하고 아랫부분은 약간 억센 것이 보통이다. 약간 억센 아랫부분에 불기를 쬐어 주무른 후 활의 아래와 위를 바꾸어서 쓰면 연한 활이라도 화살을 약간 멀리 보낼 수 있다. 그러나 연한 활로 화살을 멀리 보내려면 화살을 하늘 높이 떠올려야 하는데 과녁을 넘기기는 쉬워도 맞히기는 어려우므로 한 번 시험해 볼 만한 방법이기는 하나 배울 만한 방법은 못 된다. 힘이 약한 사람이 억센 활을 벌리려면 어깨와 팔을 곧게 펴는 방법을 익혀야 한다. 그런 방법을 익히지 못하면 골절이 펴지지 않고 골절이 펴지지 않은 채로 활을 가득 벌리려 하면 함부로 급히 벌려도 가득 벌릴 수 없고 서서히 벌려도 가득 벌릴 수 없다. 어찌 서서히 벌린다고 가득 벌릴 수 있으랴?4)

2. 法曰 鏃不上指 必無中理 指不知鏃 同於無目〈第二〉

사법에서는 촉이 손가락까지 못 오면 화살은 결코 명중 못 하고 손가락으로 촉을 감지 못하면 눈이 먼 것과 같다고 한다<제2단>.5)

---

4) 사법유언에서는 "시위를 당기다 보면 가득 벌릴 수 있다[引之自伾]."라고 한 부분을 고영은 "시위를 서서히 당기면 가득 벌릴 수 있다[緩引自伾]."고 해석한 것이다.

5) 척계광의 ≪기효신서≫에 있는 말로서 당나라 왕거의 ≪사경≫ 중 "鏃不上指 必無中矢 指不知鏃 同於無目"이란 말을 약간 수정한 것이다. 청나라 주용의 ≪무경칠서휘해≫는 이를 "鏃不上指 必無中矢 指不知鏃 同于無目"으로 인용했다. 왕거의 ≪사경≫에서는 화살촉을 감지하는 손가락을 엄지라 했으나 명나라 척계광의 ≪기효신서≫는 중지(中指) 끝이라 했다. 왕거는 줌통을 쥘 때 하삼지 셋으로 쥐고 엄지를 중지 위에 올려놓는 방법을 취했기 때문에 엄지로 화살촉을 감지한다고 말한 것으로 보인다. 척계광 역시 줌통을 쥘 때 하삼지 셋으로 쥐고 엄지로 중지를 눌러 주라고 했는데 이때 어떻게 중지의 끝으로 화살촉을 감지할 수 있는지 이해가 되지 않는다. 중지의 끝으로 화살촉을 감지할 수 있으려면 새끼손가락과 약지 두 손가락으로 줌통을 쥐어야 할 것이다.

按鏃不上中指之末者 特引弓不彀耳 而必其無中理者 甚言不彀之害 以
警世必欲其彀也 然人卒不肯學彀者 以不彀之人 發矢能齊 亦能中的耳
假如引弓不彀者 箭鏃在弓弙外半寸許 是爲不彀 若箭箭皆然 則發矢亦齊
所以能中 但不能彀者 矢發多傷于小 而中的者少耳 且不彀之射 骨未盡
而直 惟持筋力引弓 久後筋力少疲 引弓日漸不彀 始雖不彀而能齊 後漸
不齊矣 彀弓旣不能齊 矢出又安能齊乎 故曰 鏃不上指 發無中理也

촉이 중지(中指) 끝까지 끌려 들어오지 못하면 활을 가득 벌리지 못한 것
이고 화살이 결코 명중 못 한다는 것은 활을 가득 벌리지 못했을 때의 폐해
를 말하는 것으로서 사람들에게 활을 반드시 가득 당기도록 경계한 것이다. 가
득 벌리는 방법을 배우려 하지 않아서 가득 벌리지 못하는 사람도 일정하게만
화살을 내보낸다면 과녁을 맞힐 수는 있다. 활을 가득 벌리지 못한다는 것은
촉을 줌통 앞에 반 치(寸)가량 남겨 두는 것인데 쏠 때마다 모두 그렇다면 화
살을 일정하게 내보낼 수 있으므로 과녁을 맞힐 수 있을 것이다. 그러나 활을
가득 벌릴 수 없으면 화살 나가는 거리가 짧아지기 쉬워 명중률은 떨어진다.
더욱이 그렇게 쏘면 골절이 곧게 펴지지 않아 근육 힘으로만 활을 벌리게 되
므로 오래 쏘다 보면 근력이 떨어져 활을 점점 더 못 벌리게 되며 처음에는
가득 벌리지 못해도 일정하게는 벌리다 점차 일정하게 벌리지도 못하게 된다.
활을 일정하게 벌리지 못하는데 어찌 화살이 일정하게 나가겠는가? 그렇기 때
문에 촉이 손가락까지 못 오면 화살은 결코 명중 못 한다고 하는 것이다.

夫云指不知鏃同于無目者 是目不能視而寄目于指矣 豈知射遠之法 目
視在弓右 自箭桿至鏃以達于的一目可睹 何必寄目於指 惟射近二十步之
內者 視在弓左目不見鏃 然不必藉力於指何也 用箭必量臂之長短 故長人
用長箭 短人用短箭 各以骨節盡處爲彀 又何藉指之知鏃乎 或者臨敵矢竭
倉猝而用短箭 不得不寄目於指耳 然亦特論其變 非論射法之常也

손가락으로 촉을 감지 못하면 눈이 먼 것과 같다는 것은 눈으로 촉을 볼

수 없어서 눈이 할 일을 손가락에 맡긴다는 뜻이다. 하지만 그렇게 쏘면 어찌 멀리 쏘는 방법을 알리오. 시선을 활 오른쪽에 두면 화살대로부터 촉을 거쳐 과녁까지 한눈에 볼 수 있어서 굳이 눈의 역할을 손가락에 맡길 필요가 없다. 단 20보 내 가까운 과녁을 쏠 때는 시선을 활 왼쪽에 두므로 눈으로 촉을 못 보지만 이때도 손가락에 의존할 필요는 없다. 화살 길이는 팔 길이를 보고 정하는 법이다. 큰 사람은 긴 화살을 쓰고 작은 사람은 짧은 화살을 쓰면서 골절이 모두 펴지면 활은 가득 벌어지므로 굳이 손가락으로 촉을 감지해 활을 가득 벌렸음을 알 필요는 없다. 혹 전쟁터에서 갑자기 화살이 떨어지면 큰 사람이 짧은 화살이라도 써야 할 때가 생기고 이때 어쩔 수 없이 손가락에 눈의 역할을 맡길 수밖에 없다. 그러나 이는 임시변통의 방법일 뿐 정상적 사법이라고는 할 수 없다.

3. 法曰 前手攢緊 不由不狠〈第三〉

사법에서는 앞손이 줌통을 힘껏 감아쥐면 화살이 힘차게 날아가지 못하는 경우가 없다고 한다〈제3단〉.[6]

發矢之狠 由於引弓之彀 由于骨節之直 故竭周身之力 以彀弓 盡弓之力 以遣箭 方得平狠 若止謂前手攢緊而狠 何也 如使前手虎口緊 則矢發必小 不能及遠 若五指一齊攢緊 只是把握之固而已 矢何由狠乎 意者 引弓極彀時 前手攢緊撇出 乃爲狠耳 然撇法 矢多偏於左 若[7]以前肩下捲彀弓之際 以肩力達之 前掌直托 而出矢可平衡至的 乃爲狠之正法 而無勉強之艱難 彀法詳捷徑門 幷後或問八章內 宜合看

화살이 힘차게 나가는 것은 활을 가득 벌리고 골절을 곧게 폈기 때문이다. 따라서 온몸의 힘으로 활을 가득 벌려 활 힘으로 화살을 내보내면 화살은 힘

---

6) 명나라 이정분(李呈芬)의 ≪사경(射經)≫에 있는 말이다.
7) 원문에는 '不若'으로 되어 있으나 '若'의 오기(誤記)가 분명하므로 수정했다.

차게 날아간다. 앞 손이 줌통을 힘껏 감아쥐면 화살이 힘차게 날아간다고 말할 이유가 무언가? 앞 손 호구(虎口)에 힘이 들어가면 화살은 결코 멀리 못 간다. 다섯 손가락을 모두 힘껏 감아쥐면 줌통 쥐는 것이 견고해질 뿐 화살이 힘차게 나갈 이유는 없다.8) 그 말의 의도는 활을 가득 당긴 후 앞 손을 힘껏 감아쥐고 별(撇) 동작으로 화살을 내보내면 화살이 힘차게 날아간다는 것일 뿐인데 별(撇) 동작으로 화살을 내보낸다면 화살은(우궁의 경우) 왼쪽으로 치우치기 쉽다. 앞 어깨를 앞으로 돌려 낮추고 활을 가득 벌렸을 때 앞 어깨를 위로 올리는 힘으로 앞 손바닥을 곧게 앞으로 밀면 화살은 힘차게 과녁까지 간다. 이것이 화살을 힘차게 내보내는 정법(正法)이며 억지로 힘을 쓸 필요가 없는 방법이다. 활을 가득 벌리는 법은 앞의 ≪사학입문정종≫, 첩경문(捷徑門) 및 뒤의 혹문십발(或問十發) 장, 제8절에 상세히 언급했다. 함께 보아야 한다.

4. 法曰 息氣開弓 怒氣放箭〈第四〉

쉬는 기세로 활을 벌려 노한 기세로 화살을 내보내라고 하는 사법도 있다 <제4단>.9)

夫謂息氣開弓者 以射爲動事也 若又以粗浮之氣開弓 恐欲速而未能彀 故以息氣開之 則沈瀆握固 緩引自滿耳 放箭以怒氣者 以爲息氣之後 繼 以怒氣 是果銳發於恬澹之中 靜而能斷 發必中節耳 此有得於射中之一見 者 乃有此議論也 孰知又有不必然之道乎 夫開弓猛事也 以强勁之弓 游 優息氣引之 氣衰則力必索 如何能彀 且射者中微於百步之外 以粗而實精 者也 若以怒氣發之 必且震蕩激裂 何以中微於遠

---

8) 이 부분은 조심해 읽어야 할 부분이다. 하삼지로만 줌통을 쥐고 별(撇) 동작을 쓰지 않아도 줌통을 단단히 쥐지 않으면 화살이 힘차게 나가지 못한다. 줌통은 지지대 역할을 하며 화살을 내보낼 때 지지대가 느슨하면 아무리 활을 가득 벌려도 화살은 힘차게 나가지 않는다.

9) 출전을 찾을 수 없다. 구전(口傳)으로 전해진 말로 보인다.

쉬는 기세로 활을 벌리라는 것은 활쏘기를 동적인 일로 보는 것으로서 활을 벌릴 때도 거치고 들뜬 기세가 되면 급한 마음에 가득 벌리지 못할 수 있으니 쉬는 기세로 벌려야 침착하게 줌통을 단단하게 쥐고 서서히 시위를 당기게 되므로 활이 저절로 가득 벌어진다는 것이다. 또한 노한 기세로 화살을 내보라는 것은 쉬는 기세를 노한 기세로 이어받는다는 것이며 침착하고 여유 있게 활을 가득 벌린 다음에 과감하고 예리하게 화살을 내보내야만 한다는 것이며 이렇게 안정과 결단을 겸비하면 중도(中道)에서 벗어나지 않는다는 것이다. 이렇게 하는 것이 활쏘기에 이롭다는 견해도 있지만 다른 견해도 있어서 활을 벌리려면 큰 힘이 필요한데 억센 활을 쉬는 기세로 서서히 벌리면 약한 기세로 어찌 가득 벌릴 수 있냐며 의심한다. 또한 활쏘기는 백 보 밖의 작은 표적을 맞히는 일로서 겉은 거칠어 보여도 실상은 정밀성이 필요한데 노한 기세로 화살을 내보내면 몸도 마음도 흔들리는데 어찌 표적을 맞힐 것인지 의심한다.

潁嘗思之 射者 自開弓以至于發矢 只特此 一口氣呼而不及吸者也 始之開弓當急 而緩則過遲而氣散 旣而發矢當徐 而疾則過逼而氣促 故開弓者 莫若幷氣悉力 以怒氣開之 一引便殼 則氣有餘而力銳 一殼而相機導彀 甘以發之 則氣和平而中節 且始之殼弓旣速 則氣有餘 而後之發 矢從容有斟酌 而無差忒 故曰怒氣開弓息氣放箭 方是不易之論 若息氣開弓於前 則蹈氣散之 失而弓難殼 怒氣發矢於後 又太急而氣促 矢亦不準 惟智者審之

내가 이 문제를 생각해 본 적이 있는데 쉬는 기세로 활을 벌리고 노한 기세로 화살을 내보내기만 한다면 이는 입으로 숨을 내쉬기만 하고 들이마시지는 못하는 것과 같다. 활을 벌릴 때는 빨리 벌려야 하는데 서서히 벌리면 너무 지체되어 기력이 흩어진다. 반면 발시는 서서히 해야 하는데 급하게 발시하면 너무 짓눌러서 기력이 궁핍해진다. 활을 벌릴 때는 기력을 모아서 노한 기세로 벌려야 시위를 당기면 곧 활이 가득 벌어져서 기(氣)에 여유가 있고

힘은 예리해져 쉽게 활을 벌려 때맞추어 느긋이 화살을 내보낼 수 있고 기
(氣)가 온화해서 중도(中道)를 벗어나지 않는다. 또 처음에 활을 빨리 가득 벌
렸기 때문에 기(氣)에 여유가 있어 나중에 침착하게 헤아려 보고 정확하게 발
시할 수 있다. 따라서 노한 기세로 활을 벌리고 쉬는 기세로 발시하라는 것이
더 옳다. 먼저 쉬는 기세로 활을 벌리면 기(氣)가 흔들려 흩어지므로 활을 가
득 벌릴 수 없고 나중에 노한 기세로 화살을 내보내면 너무 급해 기(氣)가 궁
핍해지고 화살 역시 정확하게 나가지 못한다. 현명한 사람은 이를 알 수 있다.

5. 人有云 百弩千弓萬彈〈第五〉

쇠뇌 백 자루가 활 천 자루나 탄(彈) 만 자루와 같다고 말하는 사람이 있
다〈제5단〉.10)

是以學弩易於射學 射易於彈之說也 人皆以射易於彈 故初習之人 謂射
不必學法 遽往郊野演試 初射時 筋强力銳 心志專一 不懼不懾 蕩蕩無所
顧慮 百日之間 機勢一熟 引弓可彀 便能中的 自以爲射法果易 而資稟之
果能過人矣 抑孰知無法之射 骨節未直 肩聳臂垂 胸脡臀骩 專以筋力引
弓 其强易弱 不四五年 引弓手顫 日漸不滿 始之未彀者 半寸許 未幾而
二三寸矣 數年而後 益不能彀 無一矢至的 卽終身習之 不得其門而入者
比比也 寧可千日計效乎 此病擧目皆然 辨惑門具之詳矣 此潁之親試而且
親見者 此病犯過者 聞言始信 不曾犯過而初蹈此病者 聞言不信也

이는 쇠뇌 쏘기가 활쏘기보다 쉽고 활쏘기는 탄(彈) 쏘기보다 쉽다는 말이
다. 활쏘기가 탄(彈) 쏘기보다 쉽다고 하므로 활을 처음 배우는 사람 중 활을
쏘려고 사법을 배울 필요가 없다며 바로 야외로 나가 활을 쏘아 보는 사람도
있다. 처음에 쏠 때는 근력도 있고 의지도 확고해서 아무렇게나 쏘아도 백 일
쯤 지나 익숙해지면 활을 가득 벌려 과녁을 맞힐 수 있다. 그리되면 사법이

---

10) 역시 출전을 찾을 수 없다. 구전(口傳)으로 전해진 말로 보인다.

별것 아니라면서 자신의 자질이 매우 뛰어난 것으로 생각한다. 그러나 누가 알았으랴? 사법을 모르고 쏘면 골절은 펴지지가 않고 어깨는 솟고 팔은 처지고 가슴과 궁둥이는 튀어나온 모습으로 오로지 근육 힘으로만 활을 벌리게 되는데 근육의 힘은 쉽게 약해지므로 4∼5년이 지나지 않아서 활 벌리는 손이 부들부들 떨려서 활 벌리기가 점점 어려워진다. 이렇게 되면 처음에는 화살이 줌통 밖으로 2∼3치(寸)쯤 남을 정도로 활을 못 벌리던 것이 몇 년 더 지나면 더 벌리기가 힘들어져서 결국 과녁을 맞히지 못하게 되며 평생을 쏘아도 바른 사법을 터득하지 못하는 사람들이 많다. 어찌 천 일(千日)의 노력이 효과를 거두랴? 주위를 둘러보면 사실상 모든 사람이 이런 병폐를 지니고 있음을 알 수가 있다. 앞서 ≪사학입문정종≫, 변혹문(辨惑門)에서 이에 대해 상세히 말했는데 이는 내가 직접 시험해 보고 또 직접 보았던 일이다. 이런 병폐를 경험해 본 사람은 내 말을 들으면 바로 믿지만 경험해 보지 못한 사람은 들어도 믿지 않는다.11)

6. 唐荊川先生武編云發矢法 弓前稍畫地 後稍合右髆 後手心微向上絕
   出〈第六〉

당형천(唐荊川) 선생이 ≪무편(武編)≫에서 말한 발시 방법을 보면 활의 위 고자는 땅을 향해 획을 긋듯이 하고 아래 고자는 오른쪽 팔뚝 쪽으로 보내며, 뒷손은 손바닥이 약간 위를 보게 하면서 절(絕) 동작으로 뒤로 약간 빼내라고 한다〈제6단〉.

出箭而前手撇 尙恐矢偏左 後手絕 尙恐矢偏右 今按此法 發矢時 弓前稍畫地 後稍合右髆 則比之撇絕 其勢又震動十培 是粗浮搖蕩之甚者也豈能中的

---

11) 탄(彈)이란 화살이 아니라 작은 돌이나 흙덩이를 쏘아 내보냈던 도구를 말하며 모습은 활과 거의 같다. 탄(彈)으로 쏘는 돌이나 흙덩이를 환(丸)이라 했다. 시위 가운데 조그만 가죽이나 헝겊 조각을 달아서 돌이나 흙덩이를 쥐고 쏘았고 주로 새를 잡을 때 썼다. 환(丸)은 관통력이 없어서 이에 맞아 땅에 떨어진 새가 살아 있으면 가금(家禽)으로 키울 수 있었을 것이다.

화살을 내보낼 때 앞손이 별(撇) 동작을 취하면 화살이 왼쪽으로 치우치기 쉽고 뒷손이 절(絶) 동작을 취하면 오른쪽으로 치우치기 쉽다. 위의 사법을 보면 발시 순간 활의 위 고자는 땅을 향해 획을 긋듯이 하고 아래 고자는 오른쪽 팔뚝 쪽으로 보내라 했는데 이는 별절(撇絶) 동작보다도[12] 진동이 열 배는 더 커 매우 거칠게 들뜨고 멋대로 흔들리게 되는 동작인데 어찌 과녁을 맞힐 수 있으랴?

故欲中微于百步之外 非沈毅審固者不能 古云後手發矢前手不知 方能中微及遠 此千古不易之正法 豈粗浮者 所及哉 彼畫地合膊之說 外觀雖美 求之實用則疎 年少初學者 見其綽躍 可愛 鮮不爲其所誤 細觀唐先生荊川所纂輯 非迂則晦 其間有數行明白可行者 皆出自古語 已爲紀效新書所錄出 其餘者 想爲好事者附謂云爾

백 보 밖 작은 표적을 맞히려면 침착하게 조준해 굳힐 수 있어야 한다. 뒷손이 화살 내보내는 것을 앞손이 모른다는 옛말대로 해야 멀고 작은 표적을 맞힐 수 있으니 이는 만고불변의 정법(正法)이다. 거친 동작으로는 그리할 수 없다. 위 고자는 땅을 향해 획을 긋듯이 하고 아래 고자는 오른쪽 팔뚝 쪽으로 보내는 동작은 멋은 있지만 쓸 만한 점은 없다. 어린 사람이 처음 활을 배울 때 그런 큰 동작을 보면 멋있다고 하겠지만 좋은 점보다는 잘못된 점이 많다. 당형천 선생의 글을 자세히 보면 에둘러 말하거나 모호해서 무슨 말인지 모를 곳이 많고 ≪기효신서≫에 수록된 옛말들을 다시 인용한 곳도 여러 곳 보이며 나머지도 호사가들의 말을 옮겨 놓은 것 같다.

---

12) 별절(撇絶) 동작에 대해서는 앞의 해제(解題) 참고.

혹문십발(或問十發)[13]

1. 或曰 孔子大聖也 於射之義 謂其有修身好學孝悌忠信之道 又爲其可
   以戰勝無敵 可以臨民順治 今先生又推孔子之意 謂修齊治平之道 總
   不出此 何也

혹자는 "공자(孔子)는 대성(大聖)으로 수신호학(修身好學)과 효제충신(孝
悌忠信)의 도(道)를 활쏘기의 취지로 말했고 또 전승(戰勝)을 위한 무적(無
敵)의 무기이면서 백성을 순치(順治)하는 수단이라고 했는데 고영 선생은 이
말의 뜻을 수신제가치국평천하(修身齊家治國平天下)의 도(道)로 추론하고
있소. 왜 그런 것이오?"라고 묻는다.

曰道者 上天下地而無不包 往古來今而無不貫 射而進於道 無施不可矣
今人但知習射 而不深惟其道 所以終身習之 識不可廣 而志趣猶 夫人耳
請以射之道 繹之 當其持弓之初 必先穩立 安其體 其開弓也 猛勵迅疾
期其彀 及旣彀也 固氣竝力 持其盈 矢之將發也 詳審慮精 目愈注 力愈
奮 怒張之 氣愈歛而愈雄 鏃浸進而不已 肩旋運而徐分 矢發之後 氣定神
完 形體凝然不動 是謂後手發矢前手不知

내가 알기로는 도(道)란 온 세상에 품지 못하는 것이 없고 고금(古今) 어
디에도 통하는 것이다. 활을 쏘아 도(道)를 터득하면 이를 세상에 알려야 한
다. 요즘 사람들은 습사(習射)만 알고 그 도(道)를 깊이 생각하지 않는다. 그
때문에 평생 습사를 해도 식견을 넓힐 수 없고 그 의지와 취향이 변하지 않
는다. 사도(射道)를 말하자면 활을 쥐면 먼저 단정하게 서서 몸을 편하게 해
야 하며, 활을 벌릴 때는 거센 기운으로 속히 가득 벌려야 하며, 가득 벌어졌
으면 기력을 모으고 굳혀서 풀리지 않아야 하고, 화살을 내보내려 할 때는 세
밀히 살펴 표적을 더욱 주목하고, 힘을 더욱 돋우고, 노기(怒氣)를 버리고 기

---

13) 고영(高穎)이 자신에게 묻는 말 10가지에 대한 대답의 형식으로 자신의 사법을 설명한 내용이다.

(氣)를 더욱 모으고 키워 화살촉을 물이 스미듯 끌어당겨 어깨를 천천히 움직여 화살을 내보내야 하며, 화살이 활을 떠난 다음에도 기(氣)를 안정시키고 정신을 집중해서 몸을 굳혀 움직이지 말아야 한다. 이를 두고 뒷손이 화살을 내보냄을 앞손이 모른다고 한다.

謹始慮終而得射之正道　廣其道而推之　夫射之始而安其體者　壯固根本之道也　旣而猛力彀弓者　勵精極致之道也　又旣而竝氣　持盈者　非翼翼小心　謹身修行　保業持安之道乎　及其發矢　形神愈銳　怒氣愈微者　又非競業以善後無怠無荒　兼剛柔强弱　而時出之道耶　矢發之後　形氣安閑者　卽雍容和平　以養淸淨恬熙之道　何以蹴此

시종일관 삼가고 조심해서 활쏘기의 정도(正道)를 터득하면 이 길을 따라서 정진해야 한다. 활을 쏠 때는 처음에는 몸을 편히 해야 활쏘기의 기초가 견고해져서 큰 힘으로 활을 가득 벌려서 정밀한 솜씨를 발휘할 수 있다. 그런 후에는 기력을 더 모아서 가득 벌려진 활을 버틸 수 있어야 사소한 일로 몸과 마음이 안 흔들리고 이렇게 근신 수행(謹身修行)해야 편한 몸으로 마음을 지킬 수 있다. 화살을 내보낼 때는 형신(形神)을 더 날카롭게 해야 노기(怒氣)가 누그러져 다투는 마음이 없어지고 이런 후에야 마지막 단계에서 소홀함 없이 강유(剛柔)와 강약(强弱)을 겸비해 때맞추어 화살을 내보낼 수 있다. 발시 이후에도 형기(形氣)를 편안히 해야 화평한 모습으로 침착함을 유지할 수 있다. 더 이상 필요한 것은 없다.

由此觀射　則於孔子之言與修齊治平之道　果相通矣　今人習射未彀而卽發者　固不足道　其有將彀卽脫　無暇堅持周謀者　是爲謹始怠終　行衰於末路　功隳於垂成　以此推之　修身治民　爲將爲君之道　胥失之矣　射之所包至廣　故於射學之終而極論之　此天造地設之理　非勉强湊泊成章也

활쏘기가 이런 것이라면 공자의 말과 수신제가치국평천하(修身齊家治國平

天下)의 도(道)라는 나의 말이 상통하는 것임을 알 수 있다. 활을 가득 벌리기도 전에 급히 화살을 내보내는 것은 참으로 도(道)라고 할 수 없다. 활을 가득 벌리기 전에 화살을 내보내면 굳건히 버티면서 두루 살펴볼 여유가 없어진다. 이는 처음에는 부지런해도 결국은 게으른 것이며 마지막이 초라하면 아무것도 이룰 수 없다. 결국 수신(修身)이라는 장수의 도(道)와 치민(治民)이라는 군주의 도(道)가 모두 무너지는 것이다. 활쏘기의 내포(內包)는 지극히 넓어서 사학(射學)에서는 언제나 이에 대한 논의가 끝없이 벌어진다. 이는 자연의 이치이며 억지로 꾸며 낸 말이 아니다.

2. 或曰 射者乘機發捷 以殲敵 放目睫者也 今觀射法 一矢之中轉折多方 則學射者必欲盡習于法 發捷之頃 不其艱沮遲留而碍機勢乎

혹자는 "활쏘기란 기회를 놓치지 말고 빨리 쏘아서 적을 죽이는 일이므로 눈을 깜박이면 안 되는 법인데 고영 선생의 사법을 보아 하니 화살 하나를 쏘는데도 구구절절 복잡하게 생각할 일이 많으니 배운 사법대로 모두 점검하고 쏘면 재빨리 쏘아야 할 때도 시간이 지체되어 기세를 발휘하지 못할 것 아니오?"라고 묻는다.

曰不然 射法雖煩 得勢則捷譬之破竹 數節之後 迎刃而解 無復著手處者 得勢故也 故學法者 熟習之久 巧妙自生 舍矢如破矣 何患轉折之多方 假使學法之人與不學法者 分曹角射 得法之射 手一開而卽彀弓 旣彀而能持 體固神完 畜猛銳之 全力而甘以出之 故其出也 中微及遠 得勢得機 習之滋久 愈增多味 日新其好學 無己之心 而樂生矣<樂非止于射也 樂其理也 理明而道存 其人之志趣 愈遠 而樂射不倦矣>

내가 알기로는 그렇지 않다. 사법이 복잡하기는 해도 한 번 솜씨와 힘을 갖추면 파죽지세로 빨라진다. 몇 고비만 잘 넘기면 칼질 한 번에 모든 것이 해결되고 더 손볼 곳이 없어지듯이 되는 것은 힘이 생겼기 때문이다. 사법을 몸에 익히면 파죽지세로 재빨리 화살을 내보낼 수 있다. 화살 하나 쏘는 데도 구구절절 복잡하게 생각할 일이 많다고 걱정할 일이 아니다. 사법을 익힌 사람과 이를 모르는 사람이 서로 편을 갈라 활을 쏜다면 사법을 익힌 사람은 한 번 시위를 당기면 바로 활을 가득 벌려 버틸 수 있으므로 자세를 굳혀 정신을 집중할 수 있고 사나운 기세를 축적해 더욱 예리한 기세로 전력을 다해 서서히 화살을 내보낼 수 있다. 따라서 그는 멀리 있는 작은 표적도 맞힐 수가 있다. 솜씨와 힘을 갖춘 후에 이를 익히면 더욱 재미를 느끼게 되어 나날이 배우는 것이 즐겁게 되며 자연과 하나가 되어서 삶을 즐기게 된다<즐거운 것은 활쏘기만이 아니다. 사물의 이치를 터득하는 것도 즐거워지므로 이치에 밝아지고 도(道)를 지킬 수 있다. 그의 의지와 취향은 더욱 높아져서 활쏘기에 싫증을 느끼지 못하게 된다.>.

其不學法者 將彀則脫 促急猥瑣 魂神脆脆 肩聳身欹 機勢俱失 此得法與不得法之分也 法何可不學也 第學法者 始習甚難 不學法者 始射甚易 庸人樂從其易而憚其所難 智者雖不憚其難 而苦于無所適從也 此穎射學之所由作也

반면에 사법을 모르는 사람은 활을 가득 벌리기도 전에 화살을 내보내게 되고 심란하고 분주하고 불안해지므로 앞 어깨는 솟아오르고 몸은 비틀리고 기세를 모두 잃게 된다. 이것이 사법을 터득한 사람과 터득하지 못한 사람의 차이이다. 어찌 사법을 배우지 않을 수 있으랴? 사법을 배우는 사람은 처음 배울 때는 매우 어렵지만 사법을 배우지 않는 사람은 처음에만 쉽게 쏜다. 옹졸한 자는 쉬운 길 따라가기를 좋아하고 어려운 일들은 기피한다. 그러나 현명한 사람은 어려운 일들을 회피하지 않으며 따라야 할 도(道)를 모르면 고민한다. 이것이 바로 내가 이 사법서를 쓴 이유이다.

3. 或曰 射法以簡便爲高 今先生射法 必欲前後肩臂平直 骨節痠痛 月餘
方止 年少手柔者亦須二十餘日始安 不亦難乎 何不少貶爲可幾及也

혹자는 "사법은 간편해야 좋은 것이오. 지금 고영 선생의 사법을 보니 반드
시 앞뒤 어깨와 팔을 곧게 펴야 하고 이렇게 하려면 골절의 통증이 1개월은
지나야 비로소 가라앉고 골절이 부드러운 어린 사람도 20여 일은 지나야 편
안해진다는데 그 통증이 가라앉는 시간은 왜 줄일 수 없는 것이오?"라고 묻
는다.

曰不然 予之敎人以難 乃其所以易也<難易之說 捷徑門詳矣> 請以弩喩 弩
之所以易於取中者 以弩身直也 直則持滿不動 故發矢必準 人之肩臂 猶
弩身也 可無直乎 此而不直 正所謂舍正路而不由 終身習射不得其門而入
也<入門之法 詳于捷徑門> 然平直之本 全在前肩 故令下捲 而肩窩前向 又
恐前肩過突而括臂之病起 令前拳14)䡅<音竅>與目齊 肩窩前向<肩上小潭 曰
窩> 勿復退縮而愈下而斂之<此有口訣 筆不能盡> 則括臂之患消 後肩反聳
前肩反低 方爲平直<此法 詳于辨惑門 引弓篇> 與弩身等則持弓自然滿固不搖
而射法盡矣 是爲一勞永佚 何惜兩月之艱辛 不以破終身之迷也 若不求合
法 只求簡便 今人 不習法而射者比比 簡便執一焉 終身習之 茫無所得
簡便安在哉 子欲予少貶以便拙射誤矣

내가 알기로는 그렇지 않다. 내 비록 어려운 방법으로 가르치지만 이유는
간단하다<무엇이 쉽고 무엇이 어려운지 앞의 ≪사학입문정종≫, 첩경문(捷徑門)
에서 상세히 설명했다.>. 쇠뇌에 비유해 보면 쇠뇌가 쏘기 쉬운 것은 지지대가 단
단하기 때문이다. 지지대가 단단하면 시위를 가득 당겨 버티며 흔들리지 않을
수 있고 이로 인해 정확한 발시가 가능하다. 사람의 어깨와 팔은 쇠뇌에 비유
하면 지지대와 같다. 어찌 곧게 펴지 않을 수 있으랴? 어깨와 팔을 곧게 펴지
않는 것은 옳은 길을 따라가지 않고 버리는 것이라 평생 활을 쏴 보았자 그

---

14) 원문에는 '令拳臂前'으로 되어 있으나 '令前拳'의 오기(誤記)임이 분명하므로 수정했다. 뒤의 제5단 참고.

옳은 문으로 들어설 수 없다<입문 방법은 앞의 ≪사학입문정종≫, 첩경문(捷徑門)에 상세하게 설명해 놓았다.>. 그러나 어깨와 팔을 곧게 펴는 기초는 전적으로 앞 어깨에 있어서 앞 어깨를 앞으로 돌려 낮추어 어깨눈이 앞을 보게 해야 한다<어깨 위에 약간 움푹 파인 부분이 어깨눈이다.>. 앞 어깨가 솟아오르면 어깨와 팔이 곧게 펴지지 않는 병이 생길 수 있다. 앞 주먹을 눈높이로 높이[翹<중국 발음은 'qiào'이다.>] 올리고 어깨눈이 앞을 향하게 해서 다시 솟아오르지 않도록 더욱 낮추어 주면<이에 관한 구결(口訣)이 있지만 글로는 표현할 수 없다.> 팔이 펴지지 않는 병이 없어진다. 처음에 뒤 어깨는 올리고 앞 어깨는 낮추어야 나중에 어깨와 팔이 곧게 펴진다<구체적 방법은 앞의 ≪사학입문정종≫, 변혹문(辨惑門), 요초 인궁지혹(潦草引弓之惑) 장에 상세하게 설명해 놓았다.>. 활 쏠 때 팔이 쇠뇌의 지지대와 같게 되면 활을 가득 벌려 지탱하는 것이 굳어져서 흔들리지 않는다. 이것이 사법의 전부라 할 수 있다. 이는 한 번의 수고로 평생 편안해지는 길이다. 어찌 2개월쯤 고통을 참고 평생의 미혹을 깨뜨리지 않을 수 있으랴? 사법을 익히지는 않고 간편한 것만 찾으며 활을 쏘는 사람이 많은데 간편함만 고집한다면 평생을 활을 쏘아도 얻을 것이 없다. 무엇을 위해 간편함을 찾는가? 그대의 말은 통증을 느끼는 기간을 줄여 간편하게 졸사(拙射)를 만들라는 말이다.

4. 或曰 旣云兩肩平直矣 又云 後肩聳起 反高于前肩 何耶

혹자는 "앞서 두 어깨를 곧게 펴라고 했는데 이제 또 뒤 어깨를 들어 앞 어깨보다 높이라 하는 것은 왜 그런 것이오?"라고 묻는다.

以前肩易聳 後肩易低 故引弓未彀時 使前肩反低 及發矢 兩肩一齊竝力 平平運開 始得其平直如衡 而弓不求彀 而彀自至矣<此段宜與辨惑門 引弓篇 合看爲美>

내가 알기로는 그것은 앞 어깨는 솟아오르기가 쉽고 뒤 어깨는 낮아지기가

쉽기 때문이다. 활이 가득 벌어지기 전 앞 어깨를 낮추었다 발시를 준비하면
서 두 어깨에 힘을 모아 수평으로 벌려 주어야 두 팔과 어깨가 저울대같이
곧게 펴질 수 있다. 이때는 활을 가득 벌리려 하지 않아도 저절로 가득 벌어
진다<이 단(段)은 앞의 ≪사학입문정종≫, 변혹문(辨惑門), 요초인궁지혹(潦草引弓之惑)
장과 함께 보는 것이 좋다.>.

5. 或曰 旣云兩臂平直矣 發矢時 後肘稍垂者 何也

　　혹자는 "앞서 두 어깨와 팔을 곧게 펴라고 했는데 발시 때는 뒤 팔꿈치를
내리라고 하는 것은 왜 그런 것이오?"라고 묻는다.

日引弓滿極之時 兩肩旣平 兩拳又平 前拳與目齊 後拳與耳齊 若後肘
不稍稍下垂 則後臂更無退步 後拳如何發矢 故 後肘下垂則手心向前 發
矢得勢 卽所謂後手發矢前手不知之法也 今人又有引弓未轂 後肘便垂 是
徒慕下垂之名 而不深惟其義者矣

　　내가 알기로는 활을 가득 벌렸을 때 두 어깨는 곧게 펴고, 두 주먹은 같은
높이에 있으면서 앞 주먹은 눈과 그리고 뒤 주먹은 귀와 같은 높이에 둔다.
이런 상태에서는 뒤 팔꿈치를 야금야금 내려 주지 않으면 뒤 팔이 조금도 뒤
로 물러날 수가 없으므로 뒤 주먹이 화살을 내보낼 수가 없다. 뒤 팔꿈치를
내려 주면 뒷손의 손바닥이 앞을 보게 되면서 힘찬 발시가 이루어진다. 이것
이 바로 뒷손이 화살을 내보내는 것을 앞손이 모르게 한다는 사법인 것이다.
요즘에 활을 쏘면서 활을 가득 벌리기도 전 뒤 팔꿈치를 낮추는 사람이 있는
데 이는 뒤 팔꿈치를 내려 주라는 말만 헛되이 귀하게 여기고 그 깊은 뜻은
헤아려 보지 않은 것이다.

6. 或曰 恐後拳發矢無勢 後肘下垂 以張其勢 是矣 後拳如何獨與耳齊
   不肯下垂 以便其勢 只令後肘獨垂乎

혹자는 "뒤 주먹의 발시가 힘이 없을까 염려해 뒤 팔꿈치를 내려 줌으로써
발시의 기세를 키우려는 것 같은데 이때 어찌 뒤 주먹은 귀 높이에 그대로
있을 수 있다는 것이오?"라고 묻는다.

曰後拳與前拳 如衡之相對 豈得獨垂 使後拳一垂 必牽動前拳俱垂矣
兩拳旣垂 前肩復聳 骨節俱鬆 發矢必不準 此發矢時 後拳只宜與前拳相
對平脫 令手心向前 輕開 毫不得下垂耳

내가 알기로 뒤 주먹은 앞 주먹과 저울대같이 마주 대하고 있어야 하는데
어찌 앞 주먹은 그대로 두고 뒤 주먹만 홀로 내려올 수 있는가? 뒤 주먹을
내리면 앞 주먹도 영향을 받아 같이 내려오게 된다. 이렇게 두 주먹이 모두
내려오면 앞 어깨는 다시 솟아올라서 골절들이 모두 느슨해지며 따라서 발시
는 반드시 부정확하게 된다. 발시 때는 뒤 주먹을 앞 주먹과 마주 대하면서
수평으로 시위에서 벗겨 내되 뒤 손바닥이 앞을 보게 하면서 가볍게 벗겨 내
면(뒤 주먹이나 앞 주먹이나) 조금도 밑으로 내려가지 않을 수 있다.

7. 或曰 旣云兩拳平對矣 何前拳與目齊 後拳稍低 與耳根齊 何也

혹자는 "앞서 두 주먹이 수평으로 마주 대해야 한다고 했는데 어찌 앞 주
먹은 눈높이에 두고 뒤 주먹은 그보다 조금 낮게 귀뿌리 높이에 두는가?"라
고 묻는다.

曰此法但指武場中射的於八十步者然耳 亦指軟弓射遠 故前拳稍高 矢
可遠到 若勁弓射近 後手反高 尚恐矢益過的端 斟酌在 人不可執一<審法
詳捷徑門>

내가 알기로는 그렇게 하는 것은 무과 시험장에서 80보 거리에 있는 (먼)
과녁을 쏠 때 그렇다는 것이다. 연한 활로 먼 거리 과녁을 쏠 때도 마찬가지
이다. 이는 앞 주먹이 약간 높아야 화살이 멀리 가기 때문이다. 만약 억센 활
로 가까운 과녁을 쏠 때는 뒤 주먹을 앞 주먹보다 높여도 오히려 과녁을 넘
길 수 있다. 현장에서의 짐작은 각자 알아서 할 일이며 어느 한 가지만 고집
할 수 없다<조준법에 대해서는 앞의 ≪사학입문정종≫, 첩경문(捷徑門)에 상세히 설명
해 놓았다.>.

8. 或曰　人言胸前肉開　背後肉緊之法者　衆矣　然卒未見其人者　何也

　혹자는 "많은 사람들이 가슴 앞의 근육은 벌리고 등 뒤의 근육은 조이라고
하지만 실제로 그렇게 하는 사람은 보이지 않는데 왜 그런 것이오?"라고 묻
는다.

　曰人但聞其言　未繹其奧耳　夫兩臂之力　根於肩　前肩之力　根於背　後肩
之力　根於胸　彀極發矢之時　須用背骨<俗云飯超骨>　竝力向前番下送　前肩
從下達上　而前拳之出矢　始平而疾　胸前之骨竪起送　後臂從高瀉下<向背後
瀉>　而後拳之脫弦　始輕而勻　如此則胸前肉不期開而自開　背肉不期緊而
自緊矣<前捷徑門　審彀勻輕注之法　皆托根于此>　今人不知此法　如武備要略云
中平架及小架子　俱用前手撇後手絶　兩手一齊分撤　爲胸前肉開背後肉緊
非也　何也　射貴剛中　剛蘊於內　而柔出之　則發矢猛厲而能中節　若以撇絶
爲彀　則銳氣盡發於外　內剛不足　用臂而不用肩　弓必不彀　兩手分撤　身勢
搖動　矢必不準　卽或中的　居常乃爾　若臨利害之場　必多喪失　此皆潁之所
屢試而歷覽者　故書之　以示知者

　내가 알기로는 사람들은 그런 말을 들어도 그 깊은 뜻은 모른다. 두 팔은
힘의 뿌리가 어깨에 있고, 앞 어깨는 힘의 뿌리가 등에 있고, 뒤 어깨는 힘의
뿌리가 가슴에 있다. 활을 가득 벌린 후 발시할 때는 반드시 앞 어깨의 어깨

뼈[背骨]<속칭 반초골(飯超骨)>15)를 최대로 낮추었다가 위로 올려 주면 화살이 앞 주먹을 똑바로 빠르게 빠져나가기 시작하고, 가슴뼈를 벌려 뒤 팔을 위에서 아래로 쓸어내리면<등 뒤쪽으로 쓸어내린다.> 뒤 주먹이 앞 주먹과 균형을 이루면서 시위에서 가볍게 벗겨지기 시작한다. 이렇게 앞뒤의 균형을 맞추면 가슴 앞의 근육은 벌리려고 하지 않아도 저절로 벌어지고 등 뒤의 근육은 조이려고 하지 않아도 저절로 조여진다<앞의 ≪사학입문정종≫, 첩경문(捷徑門)에서 말한 심·구·균·경·주(審·彀·勻·輕·注)의 여러 사법의 기초가 모두 여기에 있다.>. 그러나 요즘 사람들은 이 방법을 모른다. ≪무비요략≫에서 말하는 중평가자(中平架子)나 소가자(小架子)의 자세는 모두 앞 손은 별(撇) 동작을 뒷손은 절(絶) 동작을 취하면서 앞뒤 두 손을 동시에 앞뒤로 던지고 뿌려 주는데 이는 가슴 앞 근육은 벌리고 등 뒤 근육은 조이는 동작이 아니다. 왜 그런가? 활쏘기에서 중요한 것은 내강(內剛)과 중도(中道)이다. 속이 강직, 온화하면서도 부드럽게 화살을 내보내면 화살은 사나운 기세로 과녁에 명중되나 두 손이 별절 동작을 취하면 밖으로는 예기가 드러나지만 팔만 쓰고 어깨는 쓰지 않아 활을 가득 벌릴 수도 없고 두 손을 앞뒤로 던지고 뿌리므로 자세가 흔들려 화살을 정확히 내보낼 수 없다. 평소에는 과녁을 맞힐 수 있을지 몰라도 이해득실이 걸리게 되면 모든 것을 잃는다. 이는 내가 직접 보고 시험해 본 일이므로 현명한 사람들이 이를 알 수 있도록 글로 옮기는 것이다.

9. 或曰 先生射學入門 僅言射法已耳 指迷集 條著諸法之利弊已耳 至
   對的發矢時之病 何一言不及也

혹자는 "고영 선생의 ≪사학입문정종≫에는 사법에 대한 말들만 있고 ≪지미집≫도 여러 사법들의 장단점들만 조목조목 열거해 놓았을 뿐이오. 과녁 앞에서 활을 쏠 때 생기는 병들에 대한 말은 왜 한마디도 없는 것이오?"라고 묻는다.

---

15) 견갑골(肩胛骨) 또는 반시골(飯匙骨)을 말한다. 앞의 ≪사학입문정종≫, 첩경문(捷徑門), 논구법(論彀法)
   장 말미의 주석(註釋) 참고.

曰凡人對的時 存一求中之心 百病俱生 不可名狀 因病而藥 必須目覩
而口授 不能豫擬而筆也 假如良醫之治疾 手到病除 然不能未病而投之劑
也 今子欲以病筆之 書無乃未病而藥歟

내가 보기에는 흔히 과녁 앞에 서면 단지 명중에만 관심이 있고 온갖 병들
이 생겨도 어떤 병인지 모른다. 그러나 병을 직접 보아야 약(藥)을 말할 수가
있고 처방을 말할 수 있지 병을 예단하고 처방을 미리 글로 써 놓을 수는 없
는 법이다. 아무리 양의(良醫)라 해도 환자를 보고 병을 고칠 수는 있어도 아
직 무슨 병인지 모르는 사람에게 처방을 말할 수는 없다. 지금 그대는 활 쏠
때의 병들을 글로 써 놓으라고 하지만 내가 그렇게 하지 못하는 것은 무슨
병인지를 보지 못해 처방을 미리 낼 수 없기 때문이다.

10. 或曰 先生所云尺蠖勢 引弓時 先將前肩下捲 以蓄其屈曲之勢 弓將
　　　彀時 兩臂從高壓下 俟臂平直 則矢隨出 弓必彀而矢疾 故名尺蠖
　　　勢 今觀要略所云三架子勢 俱是引弓時 先將前肩聳起 兩臂下垂 亦
　　　蓄其屈曲之勢 及弓將彀 兩臂托直 求伸而出矢 亦是先曲後伸之意
　　　云何弓多不彀乎

혹자는 "선생이 말하는 척확세(尺蠖勢)는 먼저 앞 어깨를 앞으로 돌려 낮
추어서 그 구부린 힘을 축적한 다음 활이 가득 벌어질 때쯤 두 팔을 위에서
아래로 내려 두 팔을 수평으로 펴 주면서 화살을 내보내는 자세로 활을 가득
벌릴 수 있고 화살을 빨리 날려 보낼 수 있어 척확세라는 이름을 붙인 것인
데 《무비요략(武備要略)》이 말한 세 가지 자세를 보면 모두 활을 벌릴 때
는 앞 어깨를 들어 올리고 두 팔은 낮추어서 역시 그 구부린 힘을 축적했다
가 활이 가득 벌어질 때쯤 두 팔을 아래에서 위로 들어 올려서 두 팔을 수평
으로 펴면서 화살을 내보내는 자세이니 이 역시 먼저 구부렸다가 나중에 편
다는 뜻이오. 그런데 무슨 이유로 그렇게 하면 활을 가득 벌릴 수 없다는 것
이오?"라고 묻는다.

曰此理易曉 人未之察耳 大抵自上而下者 其勢順 自下而上者 其勢逆
尺蠖勢 先下前肩 彀時 兩臂從上壓下 以求伸 其勢順 故彀弓易 若三架
子勢 先聳前肩 兩臂從下托起 以求直 則彀弓難 但聳肩易 下肩工夫難
故人樂從其易耳 嗟嗟 天下事 焉有易而能精者乎 故技而能精者 其始必
先有所甚難也 而況射之道至大 非可一藝目乎

내가 생각하기에 그 이치는 간단하나 사람들이 제대로 보지 못할 뿐이다.
대체로 위에서 아래로 내리는 기세는 순조로운 기세이고 아래에서 위로 올리
는 기세는 거슬리는 자세이다. 척확세는 먼저 앞 어깨를 낮추어 놓고 활이 가
득 벌어질 때쯤에 두 팔을 위에서 아래로 내리면서 펴 주므로 기세가 순조로
워서 활을 가득 벌리기가 쉽다. 반면에 ≪무비요략≫이 말한 세 가지 자세는
먼저 앞 어깨를 올려놓은 다음에 두 팔을 밑에서 위로 올리면서 팔을 펴려
하기 때문에 활을 가득 벌리기 어렵다. 어깨는 올리기는 쉬워도 낮추기는 어
렵기 때문이다. 그래서 사람들은 쉬운 길로 가는 것을 좋아하는 것이다. 그러
나 쉬운 길로 가서 잘할 수 있는 일이 천하에 어디 있겠는가? 일을 잘하는
사람은 처음에 어려운 과정을 거치는 법이다. 더욱이 사도(射道)는 극히 심오
한 경지로 육예(六藝) 중 하나가 아닌가?

인궁살방도(引弓撒放圖) 〈범구도 공십단(凡九圖 共十段)〉

1. 인궁체세도설(引弓體勢圖說〈第一〉)

射之法 莫先於彀 彀之托根 全在前肩下捲 爲尺蠖屈曲之勢 而下屈之
勢 又須預蓄 於開弓搭箭之初＜弓旣開之後 兩臂爲弓所束 前肩不能復下 故云預蓄
于開弓之初＞ 故開弓之初 先下前肩 使肩窩前向 後手扣弦 將肘向上緊提
前掌托實弓心 前臂番直向地 兩手一齊撑開約二尺許 然後前拳虓＜音蔽＞
起＜前肩下實不起 只將前臂斜起故曰虓＞ 與後拳齊力 引滿 此時前肩反低 後肩
反高 急將前肩從下達上 送前掌托出 則前肩下屈之勢 至此方伸 與前後
肩臂平直如衡＜雖曰如衡 到底前肩之勢 須下曲達上 則出箭方狠 前肩將直 卽出矢方爲
出得其機 故狠 苦肩直過而後出矢 銳氣已盡 出不得機勢 何能狠＞ 猶尺蠖之屈而求伸
弓不期彀而彀矣 不然 開弓搭箭時 與武備要略所載三等架子者 先將前肩
聳起 引滿之後 兩臂已爲弓所局 前肩如何而下 骨節如何能直 引弓如何
能彀乎 故欲彀弓者 盍先於開弓時 體勢求之哉 然耳聞不若目覩 以言敎
人 不如以形示人 潁先以要略三架子勢圖之於先 而創尺蠖勢圖之於後 兩
圖並陳 使智者並覩而審所擇焉 大架子 中平架子 坐馬架 三勢 予觀大江
南北及九邊 射者俱不出此 故武備要略錄之此勢 從來已久 而非自要略始
也 故表而出之 使知射家之流弊 賢者不能免也

사법에서는 활을 가득 벌리는 것이 최우선이고 그 근본은 모두 앞 어깨를 앞으로 돌려 낮춤으로써 척확(尺蠖), 즉 자벌레가 몸을 구부린 것 같은 자세를 취해서 활을 벌릴 수 있는 힘을 우선 축적하는 데 있다<앞 어깨를 먼저 낮추지 않으면 활을 벌린 후는 두 팔이 활에 묶여 앞 어깨를 낮출 수 없으므로 활을 벌리기 전에 힘을 축적한다 했다.>. 따라서 활을 벌릴 때는[1] 먼저 앞 어깨를 낮추어서 어깨눈이 앞을 보게 하고, 뒷손은 시위를 붙들고, 뒤 팔꿈치는 바짝 치켜들고, 앞 손바닥으로는 줌통을 실하게 밀면서 앞 팔을 내리뻗은 상태에서 두 손으로 활을 2자[尺]쯤 벌린 후에, 앞 주먹을 높이[䯲<중국 발음은 'qiào'다.>] 올리면서<앞 어깨를 최대한 낮추어서 솟지 못하게 하고 앞 팔만 약간 높혀서 올리므로 높이 올린다고 했다.> 뒤 주먹과 힘을 합해서 활을 벌린다. 이때 앞 어깨는 낮고 뒤 어깨는 높은 상태에서 급히 앞 어깨를 위로 올려 주면서 앞 손바닥을 앞으로 밀어 주면 낮추어 놓았던 앞 어깨가 펴지고 앞뒤 어깨와 팔이 모두 저울대같이 일직선이 되고<저울대와 같이 일직선이 된다고 했지만 아래로 낮추어 놓았던 앞 어깨가 위로 올라오는 기세를 타고 발시해야 화살이 빨라진다. 앞 어깨가 곧게 펴지는 순간 화살이 나가야 타이밍이 맞아 화살이 빠르게 나간다. 어깨가 곧게 펴지는 시점을 지나서 화살이 나가면 이미 예기(銳氣)가 빠져서 타이밍을 놓친 것이다. 이때 어찌 화살이 빠를 수 있겠는가?> 이때 구부린 자벌레가 몸을 펴듯이 활은 가득 벌리려 하지 않아도 저절로 가득 벌어진다. 그러나 ≪무비요략(武備要略)≫에 있는 세 가지 자세와 같이 활을 벌릴 때 먼저 앞 어깨를 올리면 활이 가득 벌어지기 전에 두 팔이 활에 묶이므로 앞 어깨를 내릴 수 없고 골절을 펼 수도 없기 때문에 활을 가득 벌릴 수 없다. 활을 가득 벌리려면 활을 벌리기 전 올바른 자세부터 취해야 한다. 글을 읽는 것은 실제 모습을 눈으로 보는 것만 못하므로 이제 나는 먼저 ≪무비요략≫이 말한 세 가지 자세와 함께 내가 창안한 척확세(尺蠖勢)를 그림으로 차례로 보여 주고 현명한 사람들이 이를 보고 선택할 기회를 주려고 한다. 내가 전국을 돌아다니며 본 활 쏘는 자세는 대가자(大架子) 중평가자(中平架子) 및 소가자(小架子)라는 세 자세 외에는 없었다. ≪무비요략≫이 말한 세 가지 자세는 예부터 있던 자세로 정자이 선생 자신이 창안해 낸 자세는 아니다. 내가 이렇게 대놓고 말하는 것은 정자이

---

1) 원문의 '開弓搭箭'은 시위에 화살을 먹인 활을 벌린다는 의미이다.

선생같이 현명한 사람이라도 활을 쏠 때 흔히 생기는 병폐들을 면하지 못함을
알게 하려는 것이다.

2. 무비요략탑전개궁도(武備要略搭箭開弓圖〈第二〉)

　　如此勢　引弓搭箭　前肩預聳　前後手預低　骨節不直　引弓惟持筋力　撑開
未彀時　前肩不得番直推出　後手不得從高瀉下之勢　用一分力　方能開弓一
分如平地拽石　步步費力　引弓將彀　臂力已竭　前拳顫動　不能撑持　後手不
能凝定　斟酌　急忙吐出　如何能彀　必須如後面尺蠖勢引弓　先下前肩　前拳
對的直推　後臂從高壓下　則彀弓得勢　非前肩聳者　十培之易　旣彀之後　蓄
全力以發矢斟酌如意

　　이런 자세는 활을 벌리기 전에 앞 어깨는 솟고 앞뒤 손이 낮아서 골절이 안 펴
지므로 단지 근육 힘으로만 활을 벌리게 되는데 활이 가득 벌어질 때쯤에 앞 어깨
를 앞으로 밀어낼 수도 없고 뒷손을 위에서 아래로 내릴 수도 없는 자세이다. 따라
서 활을 벌릴 때 평지에서 바위덩어리를 끄는 것같이 계속 힘을 써야 하므로 활이
가득 벌어질 때쯤 팔 힘은 고갈되고 앞 주먹은 흔들려서 더 이상 벌린 활을 버틸 수가 없
고 뒷손 역시 굳게 버틸 수가 없어서 황망 중에 촉을 앞으로 토해 내게 된다. 어찌 활을 가

득 벌릴 수 있으랴? 활을 벌릴 때는 반드시 뒤에 설명할 척획세(尺蠖勢)와 같이 벌려야 한
다. 먼저 앞 어깨를 낮추었다 올리면서 앞 주먹을 앞으로 밀고 뒤 팔을 위에서 아래로 눌러
내리면 활을 벌릴 때 힘이 솟아서 앞 어깨가 솟아 있는 자세보다는 활 벌리기가 10배는 쉬
워질 뿐 아니라 활을 가득 벌린 후 마음먹은 대로 큰 힘으로 화살을 내보낼 수 있다.

3. 무비요략대가자도(武備要略大架子圖〈第三〉)

　　此大架子　前肩稍平直　比之中平架子稍善　畢竟前後手低　而前肩聳起
引弓嗀時　後臂肘膊合緊　更無退步　則後臂只有吐出之病　恐其吐也　後手
往後一施　矢必偏右　前肩聳起　弓將嗀時　肩力更不能向前抽出一分　强欲
抽出　必然一撇　矢必偏左　久射之後　筋力一竭　矢漸不嗀　始之不嗀者　僅
寸許　不五年而寸許者漸至二三寸矣　此時終日習射　無一矢至的　人皆知不
嗀之病使然　孰知肩聳之流弊乎

　　이 대가자(大架子) 자세는 앞 어깨가 좀 펴지므로 뒤의 중평가자(中平架
子) 자세에 비하면 조금 낫기는 하나 결국 앞뒤 두 손보다는 앞 어깨가 높고
활을 가득 벌렸을 때 뒤 팔꿈치와 팔뚝이 하나로 뭉쳐 있어서 전혀 뒤로 물

러날 여지가 없어서 뒤 팔이 화살을 토해 내는 병폐가 생길 수밖에 없다. 화살을 토하지 않고 쏘려고 뒷손을 뒤로 빼면 화살은 반드시 오른쪽으로 치우친다. 앞 어깨가 솟아 있으므로 활이 가득 벌어질 때쯤 어깨 힘이 전혀 앞으로 밀고 나갈 수 없으며 강제로 밀고 나가려고(앞손이) 별(撇) 동작을 취하면 화살은 필히 왼쪽으로 치우친다. 이렇게 오래 쏘면 근력이 고갈되어 활 벌리기가 점점 더 어려워지고 처음에는 1치(寸)쯤 덜 벌리다가 5년도 지나지 않아 1치가 2~3치로 늘어난다. 이쯤 되면 온종일 쏘더라도 단 한 발도 과녁을 못 맞힌다. 누구나 이는 활을 가득 벌리지 못했기 때문임은 알지만 앞 어깨가 솟아 그렇게 된다는 것은 아무도 모른다.

4. 무비요략중평가세도(武備要略中平架勢圖〈第四〉)

　按中平架子　前肩獨聳　前後手皆低　比大架子尤甚　引弓　前後肩臂骨節不能平直　肩力無所用　全靠兩臂撑持　雖大力之人　弓一彀時　兩臂必然顫動　弱弓且然　況無力之人引勁弓乎　又況前拳既低　矢出必不能遠到　恐不能及遠也　臨發時　將前拳一擎2)而出　則雖見遠到　然大小之間　必無定準穎見拙射犯此病者屢矣　雖言之諄諄　奈聽者之默默乎

---

2) 원문에는 '檠'으로 되어 있으나 '擎'의 오기(誤記)가 분명하므로 고쳤다.

이 중평가자(中平架子) 자세는 앞 어깨는 솟아 있고 앞뒤 두 팔이 모두 낮은 것이 대가자(大架子) 자세보다 심해서 활을 벌릴 때 앞뒤 어깨와 팔의 골절이 펴질 수가 없다. 따라서 어깨 힘은 쓸 수가 없고 두 팔에만 의존해서 벌린 활을 버티게 되는데 힘이 센 사람이라도 활을 벌린 후에는 두 팔이 반드시 떨리게 된다. 연한 활도 그러한데 하물며 힘없는 사람이 억센 활을 쓴다면 어떻게 되겠는가? 더욱이 앞 주먹이 낮아서 화살이 결코 멀리 날아갈 수가 없는데 화살을 멀리 보내려고 발시 순간 앞 주먹을 들어 올리면서 화살을 내보내면 비록 화살이 멀리 나가는 것같이 보이기는 하지만 제멋대로 멀리 나가기도 하고 가까이 나가기도 한다. 이런 병이 있는 졸사(拙射)들을 나는 많이 보았는데 그들에게 잘 일러 주어 보기도 했지만 그들은 듣기만 할 뿐 묵묵부답이었다.

5. 무비요략소가자도(武備要略小架子圖〈第五〉)

按此圖　乃摸奶之勢　前後肩俱高　兩臂低　骨節不平直　甚於大架中平架 有力無所用之　日日三四廻射矢　猶準　五六廻後射　無定準　一臨利害之場 中心無主　兩臂筋疲顫動　矢不知偏於何所矣　年未及衰　必犯不穀之病　今 人左此弊者　十之九而未悟其爲骨節不直之故者　種種也　又有學伸骨而不 得其竅　半途而廢者有之　又有己不能學而沮他人之學　且謂直骨節之無是 理　則誤甚矣　故曰可爲智者道　難爲俗人言也

이는 뒷손을 젖가슴에 대는 자세로서 앞뒤 어깨는 높고 두 팔은 낮고 골절
이 펴지지 않은 것이 대가자(大架子)나 중평가자(中平架子) 자세보다 더 심
해 힘을 쓸 수 없다. 하루 3~4순(巡)은 그런대로 제법 쏠 수 있어도 5~6순
(巡) 이후는 제대로 쏠 수 없고 이해득실이 걸리면 중심이 흔들리고 근육이
피로해져 팔이 흔들리므로 화살이 멋대로 치우친다. 젊어서도 활을 가득 못
벌리는 병폐가 생긴다. 열에 아홉은 이런 병폐가 있지만 골절이 안 펴져서 그
렇다는 것을 대개 깨닫지 못한다. 골절을 편다는 것을 배웠어도 그 요령을 알
지 못해서 중간에 자세가 망가지는 사람도 있다. 또한 자신이 배울 수 없게
되자 다른 사람도 못 배우게 하면서 골절을 펴라는 것은 이치에 맞지 않는
매우 잘못된 말이라고 하는 경우도 있다. 그러니 현명한 사람의 말은 들어야
하나 속인들의 말은 듣지 말라는 것이다.

6. 무비요략살방세도(武備要略撒放勢圖〈第六〉)

如此之勢發矢　前手如托泰山後手如抱嬰孩即此謂也　但前手撤後手絶
外貌殊見雄猛然氣陷俱現於外　巧力不從肩出　矢發氣浮身動　何能及遠中
微　且骨節不直　引弓必不能彀而能爲怒張之氣　觀美亦何益乎　何如尺蠖勢
前肩低而前後臂俱高　發矢時　前肩從下達上送前拳直出　後臂從高瀉下　愈

瀉愈欵 矢皆從肩內抽出 捷疾而身色不動 內剛外恬 賢於此勢遠矣 以上
文 武備要略引弓撒放圖 以下指迷集引弓撒放圖

　　이런 발시 자세는 앞손은 태산을 미는 듯하고 뒷손은 애기를 안는 듯한 자세이
다. 그러나 앞손은 별(撇) 동작을 뒷손은 절(絶) 동작을 취하므로 겉으로는 힘차
보이지만 실제는 기(氣)가 빠진 모습이며 솜씨와 힘이 어깨로부터 나오지 않아서
발시 때 기(氣)는 흩어지고 몸은 움직여서 멀리 있는 작은 표적을 맞힐 수 없다.
또 골절이 펴지지 않아 결코 활을 가득 벌릴 수 없다. 노한 기세로 화살을 내보
내므로 보기에는 좋아도 도움이 될 것이 없다. 반면 척확세(尺蠖勢)는 처음에 앞
어깨는 낮고 팔이 높기 때문에 발시 때 앞 어깨를 위로 올리면서 앞 주먹을 밀어
주고 뒤 팔을 쓸어내릴 때 활이 더욱 가득 벌어진다. 또 어깨 힘으로 화살을 내
보내므로 화살은 빠르지만 몸은 안 흔들린다. 속으로 강직하고 겉으로 평온한 자
세이므로 위의 자세들보다 훨씬 현명한 자세다. 이상은 ≪무비요략≫의 인궁살방
도(引弓撒放圖)이고 다음은 ≪지미집(指迷集)≫의 인궁살방도이다.

7. 지미집척확세개궁도(指迷集尺蠖勢開弓圖〈第七〉)

尺蠖惟屈所以能伸 開弓將前肩先下 前臂番直向地 後肘朝上扣弦提起

前肩下定不動 只將前臂擧起 兩拳一齊撑開 前拳與目齊 後拳與腮齊 而
弓已彀矣 此時 前肩尙低 前後臂俱高 前肩從下達上 送前掌托出 後臂從
高瀉下 而後拳平引 則弓不期彀而自彀矣 如諸葛弩之控弦 只以後機從高
壓下 弩身直挺 安定不動 故不努力而弩自彀

척확(尺蠖), 즉 자벌레는 몸을 구부리므로 다시 펼 수 있다.[3] 활을 벌릴 때
도 이렇게 우선 앞 어깨를 낮추고 앞 팔을 펴서 지면을 향해 뻗은 채로 뒤
팔꿈치를 위로 들어 올려 시위를 뽑아 올린다. 그 후 앞 어깨는 낮춘 채 움직
이지 말고 앞 팔만 들어 올리면서 두 주먹이 힘을 모아 활을 벌리면서 앞 주
먹이 눈높이가 되고 뒤 주먹이 뺨 높이가 되면 활은 거의 가득 벌어진다. 이
때 앞 어깨는 아직 내려가 있고 두 팔은 높이 있는 상태에서 앞 어깨를 위로
올리면서 앞 손바닥을 밀어 주고 뒤 팔꿈치를 서서히 내리면서 뒤 주먹을 수
평으로 끌어당기면 활은 가득 벌리려고 하지 않아도 저절로 가득 벌어진다.
마치 제갈량 쇠뇌의 시위를 당길 때와 같다. 제갈량 쇠뇌는 쇠뇌의 지지대가
전혀 움직이지 않아서 누름틀을 누르기만 하면 힘들이지 않고도 저절로 가득
벌어진다.

今人不知彀法 引弓先聳前肩 全持臂力撑開 故弓一彀 臂力已竭 隨卽
吐出 不能從容審的 如何發矢必準 若用尺蠖勢彀弓 後手向上一提便彀
旣彀之後 前肩從下按實 則前拳直撑 力量有餘 後拳平引 與前拳相對 以
張其勢 兩肩並實運開 輕勻以發矢 大小左右 隨意所指 何難於中的乎哉
輕勻法 詳捷徑門

요즘 사람들은 활을 가득 벌리는 법은 모르고 활을 벌릴 때 우선 앞 어깨
를 위로 들어 올린 채 팔 힘으로만 벌린다. 그리하면 활이 가득 벌어질 때쯤
은 팔 힘이 고갈되면서 촉을 토해 내게 되고 여유 있게 과녁을 조준할 수 없

---

3) ≪주역(周易)≫의 64괘(卦) 및 386효(爻)를 해설해 놓은 공자(孔子)의 ≪역계사(易繫辭)≫에서 "尺蠖
  之屈 以求信也"라는 구절을 인용한 것이다.

으므로 정확한 발시가 불가능하다. 그러나 자벌레와 같은 모습으로 활을 벌리
면 뒤 팔을 위로 들어올리기만 하면 곧 활이 가득 벌어지고 가득 벌어진 후
도 앞 어깨가 밑에서 단단히 받쳐 주니 여유 있게 앞 주먹을 밀 수 있고, 앞
주먹을 미는 것에 호응해서 뒤 주먹을 수평으로 당겨 기세를 늘이며 두 어깨
를 동시에 힘차게 열어 주면 가볍게 균형을 맞추어 화살을 내보내면서 방향,
거리를 마음대로 조절할 수 있다. 이렇게 하는데 어찌 과녁을 명중시키는 것
이 어렵겠는가? 경쾌한 발시의 방법과 균형을 맞추는 법을 앞의 ≪사학입문
정종≫, 첩경문(捷徑門)에서 상세히 설명했다.

8. 지미집척확세인궁장구도(指迷集尺蠖勢引弓將彀圖〈第八〉)

引弓將彀時　前肩愈按實下捲　迷前掌根托實弓心　大抵引初滿時　前拳虬
起　與鼻齊　後拳　與耳齊　弓極彀時　前拳撑實對的　後拳漸低與腮齊　此時
前肩尚低于前後拳臂　則骨節猶未平直也　然臂力將盡　以肩力繼之　兩臂並
力瀉開　矢鏃已至弓弝中間浸進　則兩臂平直　彀極矣　將發矢時　後拳無退
步　故後肘宜漸垂　輕勻以脫出　後肘垂圖在後

활이 가득 벌어질 때쯤에는 앞 어깨를 더욱 아래로 낮추면서 앞 손바닥으로 줌통을 밀어야 한다. 대체로 활이 가득 벌어지기 시작할 때는 앞 주먹은 높이[訖] 올렸으므로 코 높이에 있고 뒤 주먹은 귀 높이에 있게 된다. 그러나 활이 가득 벌어지면 앞 주먹은 팽팽히 과녁을 향하고 뒤 주먹은 점차 낮아져 뺨 높이에 있게 된다. 이때 앞 어깨가 앞뒤 주먹과 팔보다 여전히 낮으므로 아직까지는 모든 골절이 수평으로 펴진 상태가 아니다. 그러나 팔의 힘이 고갈되어 가면 비로소 어깨 힘으로 이어받아 두 팔을 서서히 함께 벌려 주며 이때 화살촉이 줌통 중간까지 들어오고 두 팔이 수평으로 펴지면서 활이 완전히 벌어진다. 화살을 내보내야 할 때가 되면 뒤 주먹을 더는 뒤로 당길 수 없으므로 뒤 팔꿈치를 조금씩 아래로 낮추어 앞뒤 두 팔과 어깨에 균형을 맞추면서 뒤 주먹을 가볍게 시위에서 벗겨 내야 한다. 뒤 팔꿈치를 낮추는 모습은 뒤의 살방도(撒放圖)를 보라.

9. 지미집척확세인궁구극시임발도(尺蠖勢引弓彀極矢臨發圖〈第九〉)

弓極彀時 後臂骨節已盡 後肘與膊合緊 發矢時 後肘不垂 後拳更無退步 故以肘稍垂< 矢發時 方可垂 若未發時 肘不宜垂> 後拳切勿垂 只宜平脫 今人學尺蠖勢者 始初亦知下前肩矣 至弓彀發矢時 後肘稍垂 後拳亦從之而

垂 引弓非不彀也 但後拳垂 前拳亦爲後拳所牽而垂 前拳旣垂 前拳復聳
矣. 孰知前拳若垂 發矢必不及遠. 前肩復聳 則前臂主持不定, 矢出亦不
準 而始初下前肩之功俱不效. 所以學尺蠖勢者 未見其美也. 故學尺蠖勢
而先下前肩者 當極彀時 發矢 必將後拳守定 與前拳相對 勿垂 只將後肘
垂 而前肩從下送 前拳從上達出.

활이 완전히 벌어지면 뒤 팔 골절은 완전히 펴지고 뒤 팔꿈치와 뒤 팔뚝이
하나로 굳어진다. 따라서 발시하려 할 때 뒤 팔꿈치를 밑으로 떨어뜨리지 않
으면 뒤 주먹이 전혀 뒤로 물러나지 않는다. 따라서 뒤 팔꿈치를 약간 낮추되
<뒤 팔꿈치를 발시 때 낮추어야 하며 발시 전에 낮추면 안 된다.> 뒤 주먹은 절대 낮추지
말고 수평으로 시위에서 벗겨 내야 한다. 자벌레법을 처음 배우는 사람은 앞
어깨를 낮추는 법은 잘 알지만 활을 가득 벌린 후 발시하려고 뒤 팔꿈치를
약간 낮출 때 뒤 주먹까지 함께 낮춘다. 이는 활을 가득 벌리지 못했기 때문
은 아니지만 뒤 팔꿈치를 낮출 때 뒤 주먹까지 낮추면 이 뒤 주먹을 따라 앞
주먹까지 내려오고 앞 주먹이 내려오면 앞 어깨가 다시 위로 솟는다. 앞 주먹
이 내려오면 화살이 멀리 가지 못한다는 것을 잘 알아야 한다. 앞 어깨가 다
시 위로 솟으면 이로 인해 앞 팔이 흔들려 화살이 힘차고 정확하게 나가지
못하기 때문이다. 이렇게 되면 처음 앞 어깨를 낮추려고 기울였던 공이 모두
물거품이 된다. 자벌레법을 배워도 효과가 없는 것은 이 때문이다. 따라서 자
벌레법을 배울 때는 먼저 앞 어깨를 낮춘 후에 활을 가득 벌리고 발시할 때
는 뒤 주먹을 앞 주먹과 같은 높이로 고정시켜서 낮추지 말고 뒤 팔꿈치만
낮추어야 하며 앞 어깨를 밑에서부터 수평으로 올려서 펴 주면서 앞 주먹이
위에서 앞으로 밀고 나가야 한다.

弓愈滿 前肩愈下 後肩愈聳 兩肩繃開 鏃至弓弬中間侵進 兩拳相對平
脫 此時前肩之下屈者方伸 後肘之勢將垂 而矢正從此出 是得機于此 得
勢于此 而尺蠖之法 方見全美 而收其效 使前肩未盡伸 而矢卽出 則失之
早 前肩已伸 而矢不出 則失之遲 後肘不垂而矢出 則氣未足而出無勢 後

肘既垂而後出矢則氣竭　出亦無勢　是前肩後肘之間遲速失宜　出矢皆不可
言得機勢　惟前肩下極　方伸　後肘平極將垂　矢正從此發　飽滿充足　不先不
後　方爲得機得勢　嗟嗟　非沉雄之士　安能至此哉　夫射法只有三大端　始而
引弓之速觳也　既而持盈之堅固也　終而發矢之得機勢也　非尺蠖勢者　不
能到此妙境也<尺蠖勢妙境　在此數行　智者勿輕也>

　　활을 벌릴수록 앞 어깨를 더 낮추고 뒤 어깨를 더 올리면서 두 어깨를 벌
리되 화살촉이 줌통 중간까지 들어오면 앞뒤 두 주먹이 마주 보면서 뒤 주먹
을 수평으로 시위에서 벗겨 내야만 한다. 이때 낮추어 놓은 앞 어깨가 올라와
수평이 되면서 뒤 팔꿈치를 낮추는 시점이 바로 화살이 나가는 시점이다. 바
로 이 순간에 화살의 힘과 정확성이 생겨 자벌레법도 비로소 효과를 거둘 수
있다. 앞 어깨가 올라와서 아직 수평이 되지 않은 시점에 화살이 나가면 너무
빠른 것이고 앞 어깨가 수평이 되었어도 화살이 나가지 않았으면 너무 늦은
것이다. 뒤 팔꿈치를 낮추지 않는데 화살이 나가면 기(氣)가 아직 부족해 화
살이 무력하고 뒤 팔꿈치를 낮춘 후 화살이 나가도 역시 기(氣)가 고갈되어
화살이 무력하다. 이는 앞 어깨를 수평으로 하면서 뒤 팔꿈치를 낮추어서 화
살을 내보내야 하는데 그 타이밍을 놓친 것으로서 화살에 힘과 정확성이 없
어진다. 앞 어깨를 최대한 낮추었다가 수평으로 펴 주면서 뒤 팔꿈치를 최대
로 수평을 유지하다가 낮추는 바로 그 순간 화살이 나가야 한다. 이때 화살이
나가면 적절하다. 빠르지도 늦지도 않아야 화살이 힘과 정확성을 얻는다. 참
으로 침착하고도 담대한 사람이 아니면 이렇게 할 수 없다. 무릇 사법의 큰
요점은 셋뿐이다. 활을 벌리기 시작했으면 신속히 가득 벌려야 한다. 활을 가
득 벌렸으면 버티면서 자세를 굳혀야만 한다. 마지막으로 정확하고 힘차게 발
시해야 한다<척확세(尺蠖勢)의 비결도 바로 이 몇 마디의 말 중에 있다. 현명한 사람이라면 이
를 소홀히 해서는 아니 된다.>.

10. 지미집척확세살방도(指迷集尺蠖勢撒放圖〈第十〉)

發矢法不專用臂　專托力於肩　直推而出　不撇不絶　前肩從下送　前掌根
直托　而前虎口自然不緊　彀極　肘垂而矢卽發　掌心自然向前　輕勻平脫　體
勢反覺朝後　聲色不動　出矢自雄　正所謂後手發矢前手不知者也　較之要略
所載撒放勢　專以撇絶發矢　矢銳氣盡露於外　彀弓沈雄之實則不足　手4)動
身搖　矢發偏斜者　異矣

　발시 때는 팔의 힘이 아니라 어깨의 힘으로 줌통을 앞으로 밀고 나가야 하
며 두 손으로 별절(撇絶) 동작5)을 취하면 안 된다. 낮추어 놓았던 앞 어깨를
올려 수평으로 펴 주는 힘으로 앞손 장근(掌根)을 똑바로 밀어 주면 호구(虎
口)에는 힘이 들어가지 않는다. 활이 가득 벌어졌을 때 뒤 팔꿈치를 낮추면
바로 화살이 나가고 뒤 손바닥은 자연스럽게 앞을 바라보면서 가볍게 시위에
서 벗겨진다. 이때 몸의 자세가 뒤를 돌아보는 듯한 느낌이 들고 자세와 표정
이 흔들리지 않으면 화살은 힘차게 날아간다. "뒷손이 화살 내보내는 것을 앞

---

4) 원문에는 '重'으로 되어 있으나 '手'의 오기(誤記)로 보여 수정했다.

5) 고영이 말하는 별절 동작은 중국 한족의 전통적인 별절 동작을 말하는 것은 아니다. 앞의 해제(解題) 참고.

손이 모른다.”는 말이 바로 이것이다. ≪무비요략≫의 살방세(撒放勢)는 별절(撇絶) 동작을 취하므로 겉으로는 예리한 기운이 한껏 드러나 보이지만 사실은 활을 가득 벌려 침착하고 결단력 있게 발시하는 내실(內實)이 부족해서 손과 몸이 흔들리므로 척확세와는 달리 화살이 빗나간다.

무경사학정종지미집 후서(武經射學正宗指迷集 後序)

眉山蘇氏云 有意而言 意盡而言止者 天下之至言也 故意盡則無以言爲
矣 夫射一技耳 習之者不過一張弛焉止矣 何射學兩集數千言不止也 無乃
意盡而言不止耶 而非也 射雖一技乎 而其道至大 大道至一也 而害道之
說 則至紛 惟其道紛然雜出 則一言一行之偏 皆足爲道之蠹 而道始不明
於天下 無惑乎 今之射者 雖有良材美質 童以習之 白首而茫無所得 皆雜
亂之說 錮之也 此予所以不能無言 而言 所以屢遷變易 而不能自已也 言
雖屢遷 而總之發明變幻 驅除異說 使天下群然 以歸於正道 猶禹之治水
疏鑰決排 無非盡驅之海 孟氏之闢邪放慆 無非羽翼聖教 則予之數千言不
止者 卽疎鑰闢放之意也 烏可已也

의미 있는 말만 하고 의미 없는 말은 하지 말라는 소동파의 말은 천하에
옳은 말이니 의미 없는 말을 하면 안 된다. 활쏘기가 단순한 기술에 불과하다
면 습사란 활을 한 번 벌렸다 늦추는 것에 불과한데 이 사법서 양 집(兩集)
에 수천 마디 말을 늘어놓은 이유는 무엇인가? 이 말 중에도 무의미한 말이
있을까? 아니다. 활쏘기는 하나의 기술이나 사도(射道)는 매우 큰 길이고 이
큰 길의 목적지는 분명하다. 반면에 해가 되는 길은 말이 매우 난잡하고 한마
디 한마디가 모두 사도를 좀먹는 벌레와 같다. 그러나 옳은 길은 처음에는 잘
알 수 없지만 사람을 미혹으로 이끌지는 않는다. 좋은 자질을 지닌 사람이 어
릴 때부터 활쏘기를 시작해서 늙도록 쏘아도 아무 성과도 거두지 못하는 것

은 난잡한 말들에 붙들려 있기 때문이다. 이 때문에 나는 침묵할 수 없었고 수없이 많은 말을 늘어놓을 수밖에 없었다. 나는 수없이 많은 말을 늘어놓았지만 이를 한마디로 말하자면 종잡을 수 없는 환상들을 폭로하고 이설(異說)들을 몰아내서 사람들로 하여금 정도(正道)로 들어서게 하려는 것이다. 우(禹)임금은 뒤엉킨 물줄기들을 정리해 거침없이 바다로 흐르게 했고 맹(孟)씨는 사기(邪氣)를 물리쳐 세상의 두려움을 없애고 성인의 교훈을 실천했다. 내가 수천 마디 말을 늘어놓은 것도 엉킨 것들을 풀어 주고 사기를 물리쳐 두려움을 없애 주려는 것이었다. 어찌 침묵할 수 있으랴?

乃今之論射者　輒曰　射之道　始而開弓　不過兩手平直如衡而已　旣而發矢　不過兩臂輕勻而已　終焉中的　又不過審視詳明而已　則射之道　兩言盡之　奚以多言爲也　不知所以如衡　所以輕勻　所以精詳而明辨者　其間先後疾徐　合宜中節之道　則不可勝窮也　而天下邪僻迂疏之說　足以蠱我　宜節之道者　又不可勝窮也　夫邪正不兩立　利害不同途　今欲盡擧射中之法　安得不搜射中之弊　而詳示其端　則予之書不爲無意　而有意之言　是爲至言以至言告天下　天下必有以誠應者

활쏘기를 논할 때 흔히 활을 벌릴 때는 두 손이 저울대와 같이 수평이 되면 그만이고, 발시 때는 두 팔로 가볍게 균형을 맞추면 그만이고, 과녁을 맞히려면 조준만 분명하게 하면 그만이지 여러 말이 필요 없다고 한다. 그러나 그들은 어찌해야 그렇게 되는지 모른다. 그런 일들은 선후와 완급이 중도(中道)를 벗어나지 않아야만 하는데 사람들은 이를 모른다. 그들은 세상의 온갖 난잡한 말들이 자신을 좀먹어도 중절(中節)의 도(道)를 모른다. 무릇 사(邪)와 정(正)이 다 옳을 수 없고 이로운 길과 해로운 길이 같을 수는 없다. 사법을 말하려면 활쏘기의 병폐를 연구해 그 이유를 상세히 알려 주어야 한다. 내책 속의 말들은 아무 생각 없이 한 말이 아니라 생각이 있어서 한 말로서 지극히 옳은 말이다. 지극히 옳은 말을 천하에 고했으니 이제 이에 감응하는 사람이 반드시 생길 것이다.

故是書也 不藉貴人言 以弁其首 亦不假文士之筆 以飾其辭 而直書其
所自信者 示人 以明白詳顯之辭 發射中隱微之秘 昭如日星 辨於眉列 使
後世博雅君子見之 知其爲理之正厚重 少文者讀之 亦能曉暢 而通其意
曾不効世儒之纂輯 文非不古 意非不幻 而皆粉飾於虛張 容貌之粗 而於
志正體直之由 中微及遠之根 竅杳無所得 則奚取於文辭之古也 射學兩集
乃予四十餘年射癖所鐘 要皆考集四方射家之精意 出於天成自然之節 非
有勉强矯拂之偏 一朝盡吐 傳之 其人者 亦嘗竊計之矣

이 글은 귀인들의 말로 서두를 꾸미지도 않았고 문사(文士)들의 글을 빌려
문장을 꾸미지도 않았고 단지 내가 믿는 바를 직서(直書)해서 사람들에게 보
여 준 글로서 명백하고 자세한 설명을 통해 활 쏠 때의 작은 내용까지 확연하
게 알 수 있게 했다. 후세에 박식한 군자들이 보면 그 이치가 바르고 넓고 깊
음을 알게 될 것이고 글을 많이 읽지 못한 사람이 읽어도 쉽게 이해할 것이다.
보통 유생들의 글과는 다르다. 보통 유생들의 글은 새롭고 현실적인 내용이 없
고 모두가 헛된 과장으로 겉만 그럴듯하게 꾸며는 놓았지만 활쏘기의 근본인
내지정(內志正)과 외체직(外體直)이 어떻게 해야 가능한지, 멀고 미세한 표적
을 어떻게 맞힐 수 있는지에 대해서는 아득할 뿐이니 어찌 고풍스러운 문체라
해서 취할 바가 있겠는가? 이 사법서 양집(兩集)은 억지로 꾸며 낸 말이 아니
고 내가 40여 년간 활을 쏘며 쌓인 고벽들을 고쳐 보려고 세상의 온갖 사가
(射家)들의 정밀한 뜻을 참고해 알아낸 천성자연(天成自然)의 이치를 진술한
것이다. 사람이면 누구나 한 번쯤은 나와 같은 생각을 해 보았을 내용이다.

丈夫不能爲將相 以安邦 亦當爲良醫 以濟世 今穎年幾古稀 丁國家多
難之秋 不能爲聖天子分一職之任以佐 時艱而恥 生無益於時 死無聞於後
爲陶士 行之所羞也 故擧射學之奧 集之編 聊以爲當事者 驅除一臂之助
其名之入門云者 屢指射中之捷徑 開示人 以入道之階梯也 名之爲指迷云
者 辨古今射法之利弊 杜人妄趨之徑竇也 儲之歲年 攄之胸臆 以俟君子
自知僭妄之愆無所可逃 然罪我者 恒於斯 知我者 必虛心好學之士 未爲

拙射所惑 而惟理自聽者也 罪我者 必多聞自是之老 積學滋久 而以先入
之言 爲主者也 自是者 愈趨愈猿 弊與歲增 虛心者 率由正道 功可日計
嗟嗟 若使中道之道 得行於好學虛懷之士 則穎雖以僭妄獲罪 所忻願也

　　장부(丈夫)로 태어나 장상(將相)이 되어 나라를 편하게 할 수 없다면 의당 양
의(良醫)가 되어 세상의 병을 구제해야 할 것이지만 내 나이 이제 일흔이 다 되
었는데 다난한 시대를 만나 천자(天子)를 위해 아무 직책도 수행할 수가 없으니
때때로 괴롭고 부끄러울 뿐이다. 그러나 살아서도 세상에 도움이 못 되고 죽어
서도 후세에 아무도 기억하지 못할 울적한 선비가 된다면 부끄러울 것이기에 이
제 사학(射學)의 정수를 글로 엮어서 부족하지만 활쏘기의 병폐를 구제하는 일
이나마 맡게 되었다. 이 책 첫 편의 이름을 사학입문(射學入門)이라고 한 것은
여러 번 강조했듯이 활쏘기의 지름길을 사람들에게 알려 줌으로써 그들이 정도
(正道)로 들어설 수 있는 계단이나 사다리가 될 것이기 때문이다. 둘째 편의 이
름을 지미집(指迷集)이라고 한 것은 고금(古今)의 사법들의 장단점들을 사람들
에게 알려 주어서 허황된 곁문으로 빠지는 것을 막아 주려는 것이기 때문이다.
오랜 세월을 준비하며 가슴속에 담아 두었던 생각을 모두 털어놓았으니 이제는
군자들은 허황된 병폐들이 자취를 숨길 곳이 없음을 알기를 기대한다. 나를 미
워하는 사람들은 어쩔 수가 없지만 배움을 즐기면서 마음을 비우고 졸사(拙射)
의 미혹에 빠지지 않고 이치에 맞는 말만 듣는 사람은 나를 아는 사람이라고 할
수 있을 것이다. 나를 미워하는 사람은 이 말 저 말 많이 듣고 스스로 옳다고
여기며 과거에 들은 말들만 중시하면서 자신만 옳다고 여기는 사람이다. 그런
사람은 가면 갈수록 정도(正道)에서 멀어질 것이며 세월과 함께 병폐만 늘게 될
것이다. 그러나 마음을 비운 사람은 정도를 따라 전진해서 곧 큰 효과를 볼 것
이다. 오호! 배움을 즐기고 겸손한 사람이 중도(中道)의 길을 따르게 된다면 나
고영(高穎)은 주제 넘은 자라는 비난을 받을지라도 즐겁기만 할 것이다.

崇禎丁丑仲春既望 高穎識

서기 1637년 음력 2월 16일 고영(高穎)이 쓰다.

부 록

＜＜조선의 궁술≫·사법교범(射法教範)[1]

    조선에 궁시(弓矢)가 있어 온 지 수천 년이고 궁시의 활용이 어떤 나라보다 크게 발전했었는데 이는 조선에만 궁시가 있었기 때문이 아니고, 조선에 궁시가 있은 지 오래되었기 때문도 아니며, 오로지 궁술의 묘기가 있었기 때문이다. 조선의 화살에는 철전(鐵箭), 편전(片箭), 유엽전(柳葉箭) 등 여러 종류가 있었고 나름대로 묘기들이 있었을 것이다. 우리 민족이 이런 묘기들을 가지고 나라의 위엄과 명성을 높였음은 잘 알려진 사실이다. 그러나 이러한 묘기가 입과 마음으로만 전해졌을 뿐 문자로 전해지지 않은 것이 유감이었는데 이제 나이 든 선생과 무인(武人)들이 알려 준 유엽전 쏘는 방법을 정리해 기록으로 남긴다. 신체단련에 가장 적합한 화살이 유엽전이다. 사람의 자연스러운 자세에 따라 왼손으로 활을 쥐고 쏘는 사람을 우궁(右弓), 오른손으로 활을 쥐고 쏘는 사람을 좌궁(左弓)으로 구분하지만 활 쏘는 자세는 좌우만 다를 뿐 나머지는 모두 같다.

---

1) 필자는 일제 강점기에 서울·경기 지역 궁술인들이 결성한 조선궁술연구회의 위촉에 따라 국문학자 이중화 선생이 집필한 ≪조선의 궁술≫ 전문을 현대어로 설명하고 중요한 중국사법서들을 우리말로 옮긴 ≪조선과 중국의 궁술≫이라는 책자를 금년 초 발간한 바 있다. 이 책에서는 ≪조선의 궁술≫에 기록된 "궁술의 교범" 부분을 원문은 가급적 그대로 놓아두고 주석을 통해 그 의미를 해설해 놓았지만 일반 독자들이 읽기에는 불편한 점이 많을 것이므로 이제 원문 전체를 현대어로 직접 옮겨 보았다. ≪조선의 궁술≫에서 중국 사법을 참고한 부분은 각주를 달아 설명해 놓았다.

제1절 활 쏘는 자세

1. 몸

몸은 곧은 자세로 서고 얼굴은 과녁을 정면으로 보아야 한다. 과녁이 이마와 바로 서야 한다는 것은 이를 두고 하는 말이다.

2. 발

두 발은 고무래 '丁' 자나 여덟 '八' 자 같은 옹색한 모습이 되지 않도록 적절히 벌리고 서되 앞발의 발끝이 과녁을 향하도록 하고 몸무게가 앞뒤 두 발에 고루 실리고 또한 발바닥 전체에 고루 실리도록 서야만 한다.[2]

3. 아랫배

아랫배는 힘을 주고 팽팽하게 부풀려야 한다. 아랫배를 팽팽하게 불리지 않으면 엉덩이가 뒤로 빠져서 사법[3]에 맞지 않게 된다. 두 다리에 단단하게 힘을 주면 아랫배가 팽팽하게 부풀게 된다.

4. 가슴통

가슴통은 최대한 수축시켜야 한다. 활을 쏠 때 가슴통이 튀어나오거나 일그러지는 것을 사법[4]에서는 크게 기피한다. 목덜미를 팽팽하게 늘이면 가슴통

---

2) 활을 쏠 때 발의 자세를 비정비팔(非丁非八)이라고 하는 것은 조선뿐 아니라 중국과 일본이 모두 같지만 활쏘기에 불편한 자세를 피하라는 뜻 외에 다른 의미는 있을 수 없다. 즉, 비정비팔은 어떤 고정된 자세를 말한 것이 아니라 피해야 할 자세만 소극적으로 말한 것으로 보아야 옳다. 과녁을 향해 앞발은 '一' 자로 놓고 뒷발은 앞발 뒤에 '1' 자로 붙여 놓고 서는 것이 '丁' 자로 서는 것이고 두 발을 '11' 자로 붙여 놓고 선 후 두 발끝을 안쪽으로 오므리는 것이 '八' 자로 서는 것이다. 상세한 내용은 졸저(拙著), ≪조선과 중국의 궁술≫(한국학술정보, 2010년), 168쪽 이하 참고.

3) 청나라 주용의 ≪무경칠서휘해≫의 사법을 의미한다. 주용은 목 움츠리기, 가슴 웅크리기, 몸을 앞으로 기울이거나 뒤로 젖히기, 궁둥이 내밀기, 허리 구부리기, 발 구르기 등을 피해야 한다고 했다.

4) 당나라 왕거의 ≪사경≫에서 말한 사법을 의미한다. 왕거는 활을 쏠 때는 가슴이 앞으로 튀어나오거나 등이 뒤로 젖혀지는 것은 모두 깊은 병이라고 했다.

이 자연스럽게 수축된다. 혹 타고난 체형 때문에 가슴통이 튀어나오거나 일그러져서 시위가 가슴에 걸려 구부러질 때는 고자의 길이를 줄이거나 시위의 길이를 줄이면 된다. 그러나 가장 좋은 방법으로는 활을 벌릴 때 숨을 아랫배로 내리밀면 가슴통이 자연스럽게 수축된다. 이는 시위가 가슴통에 걸려 구부러지는 것을 피하는 데도 도움이 될 뿐 아니라 누구에게나 좋은 방법이다.

5. 턱 끝

턱 끝은 앞 어깨 쪽으로 돌려서 끌어당겨야 한다. 턱이 들리거나 움직이면 상체도 일그러지고 화살이 순조롭게 빠져나가지 못한다. 있는 힘껏 목덜미를 늘이면 턱 끝이 자연스럽게 당겨진다.

6. 목덜미

목덜미는 항상 팽팽하게 늘여야 한다. 목덜미를 움츠려서 머리를 뒤로 젖히거나 앞이나 옆으로 숙이면 안 된다.

7. 줌손

줌손은 하삼지(下三指), 즉 중지, 약지 및 새끼손가락으로 서서히 단단하게 감아쥐되 등힘, 즉 어깨에서 팔뚝을 거쳐 줌손에 이르는 힘으로[5] 엄지의 뿌리인 반바닥을 통해[6] 줌통을 밀어 주어야 한다. 범아귀, 즉 엄지와 검지 사이는 좁혀야 하고 엄지가 검지보다 엄지가 낮아야 한다. 하삼지가 풀리거나 엄지와 검지 사이로 활을 밀면 화살이 덜 나간다. 반바닥을 줌통 안에 깊이 대고 줌통을 쥐어서 활을 벌렸을 때 손목이 안쪽으로 구부러지면서 등힘이 줌통으로 뻗어 나가지를 못하고 꺾이는 것을 흙받기줌이라 한다. 이렇게 줌통을

---

5) 등힘, 즉 어깨에서 팔뚝을 거쳐 줌손에 이르는 힘을 이용해 활을 벌리라는 부분은 명나라 고영의 ≪무경사학정종≫이 말한 사법과 상통하는 부분이다. 앞의 ≪사학입문정종≫, 첩경문(捷徑門), 논구법(論彀法) 장 참고.

6) 엄지의 뿌리인 '반바닥'을 통해 줌통을 밀어 주라는 부분은 중국 궁술과 차이가 있는 부분이다. 앞의 해제 (解題) 참고.

쥐면 깍짓손이 시위를 놓을 때 시위가 고자의 중심선에 정확히 떨어지지 않
으므로 활에서 벗겨지는 폐단이 생기니 필히 줌통을 고쳐 쥐어야만 한다. 그
렇게 줌통을 쥐지 않으려면 자신의 힘에 비해서 억센 활을 쓰지 말고 반바닥
을 줌통의 중앙 부분에 댄 후에 활을 벌려 가면서 하삼지(下三指)를 서서히
단단하게 감아쥐어야 한다. 줌통을 쥐고 있는 줌손 중지의 가운데 관절이 과
녁을 향했는지를 확인해 보는 것도 좋은 방법이다.

8. 깍짓손

깍짓손은 깍지를 착용한 엄지를 시위에 걸고 검지와 중지 둘로 엄지를 감
싸 쥔 후 시위를 당겨야 한다. 검지 하나로 엄지를 감싸 쥐면 깍짓손 힘이 약
해진다. 약지와 새끼손가락은 펴지 말고 손바닥 속으로 오므려 넣어야 한다.
시위를 당길 때는 깍짓손만으로 당기면 안 되며 뒤 팔꿈치를 높이 치켜들고
깍짓손이 목젖보다 낮아지지 않게 하면서 뒤 어깨와 뒤 팔 전체의 힘으로 시
위를 당겨야 힘차게 화살을 내보낼 수 있다. 뒤 팔꿈치를 낮추고 손목 힘으로
만 시위를 당기는 것을 채찍뒤라고 한다. 이럴 때는 반드시 뒤 팔꿈치를 치켜
들고 뒤 어깨와 뒤 팔 전체의 힘으로 시위를 당겨야만 그런 버릇이 없어지고
사법7)에도 맞는다. 깍짓손을 뒤로 힘차게 뽑아내면서 시위에서 벗겨 내지 못
하고 제자리에서 시위를 놓기만 하는 것을 봉뒤라 하며 봉뒤로 시위를 놓고
화살이 빠져나간 후 모양으로만 뒤 팔을 뒤로 펴 주는 것을 두벌뒤라고 한다.
봉뒤나 두벌뒤로 시위를 놓는 사람은 시위를 충분히 당겨서 깍짓손이 시위에
서 저절로 벗겨지도록 하는 것이 좋은 방법이다.

9. 앞 어깨

앞 어깨가 등뼈와 떨어지면 안 된다. 등뼈와 떨어지면 앞 팔이 허공에 걸려
흔들리거나 움직이기 쉽다. 앞 어깨가 등뼈에서 떨어지면 반바닥으로 줌통을

---

7) 여기서 말하는 사법은 명나라 고영의 ≪무경사학정종≫의 사법을 말한다. 앞의 ≪사학입문정종≫, 첩경문
(捷徑門), 논구법(論彀法) 장 및 변혹문(辨惑門), 교사태조지혹(郊射太早之惑) 장 참고.

지그시 밀면서 깍짓손을 가볍게 시위에서 벗겨 내야 한다. 앞 어깨는 등뼈에 바짝 붙이고 앞 팔꿈치는 비틀어 엎어 주어야 한다. 그렇게 해도 앞 팔이 팽팽하게 펴지지 않으면 깍짓손을 적절히 높인 후에 시위를 충분히 당기는 것이 사법8)에 적합하다.

10. 앞 팔꿈치

앞 팔꿈치는 비틀어 엎어 주어야 한다. 앞 팔꿈치가 엎어지지 않고 젖혀진 것을 붕어죽이라고 하고 엎어지지도 젖혀지지도 않은 것을 앉은죽이라 하는데 모두 부실한 자세다. 이럴 때는 되도록 연한 활을 써야 하고, 활의 중간 부위가 너무 구부러지지 않게 해야 하며, 깍짓손을 가볍게 시위에서 벗겨 내야 한다. 앞 팔꿈치를 비틀어 엎어 주었으면 뒤 팔이 뒤로 펴지게 깍짓손을 힘차게 뒤로 빼내야 한다. 줌손을 단단히 감아쥐고 앞 어깨를 등뼈에 바짝 붙이고 앞 팔꿈치를 비틀어 엎었으면 깍짓손을 바짝 비틀었다 힘차게 뒤로 빼내야 한다. 앞 팔꿈치를 비틀어 엎어 주지 못했거나 앞 팔꿈치를 비틀어 엎어 주었다 하더라도 앞 어깨가 등뼈에서 떨어져 있을 때는 시위를 충분히 당겨서 깍짓손이 저절로 시위에서 벗겨지게 해야 한다.

11. 등힘

등힘은 줌손 외부로부터 생기는 힘이니 이 힘으로 반바닥을 통해 줌통을 힘껏 밀어 주어야 한다. 반바닥으로 줌통을 밀어 주지 못하고 줌손이 꺾이면 등힘을 제대로 이용할 수 없다.

---

8) 여기서 말하는 사법도 고영의 ≪무경사학정종≫에서 말하는 사법을 말한다. 위의 본문 중 ≪지미집(指迷集)≫, 녹무비요략사법(錄武備要略射法) 장 참고.

제2절 초보자가 활쏘기를 배우는 순서

초보자는 좌궁이건 우궁이건 두 발을 나란히 여덟 '八' 자로 놓고 두 발끝은 과녁 좌우 끝을 향하고 얼굴과 이마가 과녁을 정면으로 보게 서서, 앞손을 이마 위로 올려 들리고 깍짓손도 높은 곳에서부터 시위를 끌어내려 활이 충분히 벌어진 다음에 깍짓손을 맹렬하게 시위에서 벗겨 내 화살을 내보내야 한다. 이때 시선이 활의 아래 끝단을 통해 과녁을 보도록 조준해서 쏘며 턱은 앞 겨드랑이 밑에 붙여야 한다. 이런 자세로 활 쏘는 힘이 실해질 때까지 익히고 배워야만 한다.

그러나 활을 들어 올릴 때부터 앞 팔에 힘이 들어가면 활을 가득 벌려 화살을 내보낼 때쯤에는 팔 힘이 풀어져 힘을 쓸 수 없으므로 과녁을 맞히기 어렵다. 따라서 활을 들어 올릴 때는 앞 팔에 힘을 빼고 시위를 거침없이 당기고 활이 가득 벌어질 때쯤에 비로소 앞 팔에 힘을 주어야 앞 팔이 실해진다. 이는 변할 수 없는 원칙이다.

화살의 비거리가 일정해야 명중률이 높아진다. 비거리를 일정하게 하려면 깍짓손을 적절히 높여 놓고 내리면서 시위를 당겨야만 한다. 깍짓손을 낮추어 놓고 올리면서 시위를 당기게 되면 화살이 낮게 날아가기는 하나 비거리가 짧아진다.

활을 들어 올릴 때 활을 옆으로 기울여 줌손이 우궁은 오른 눈의 시선을 좌궁은 왼 눈의 시선을 가로막지 않게 해야 한다. 활을 기울이지 않고 너무 바로 세우거나 너무 옆으로 기울이면 안 된다.

화살을 내보낼 때 앞가슴을 벌리고 등 근육을 조이면서 내보내야 한다. 이렇게 하지 않으면 두 손으로만 무력하게 화살을 내보내게 되므로 사법9)에 맞지 않는다.

화살이 나간 후 줌손과 활대가 아랫배 앞으로 똑바로 내려와야 한다. 줌손을 등힘으로 밀어야만 그렇게 될 뿐 아니라 화살이 위로 떠올랐다가 내려오

---

9) 여기서 말하는 사법도 고영의 ≪무경사학정종≫에서 말하는 사법을 말한다. 앞의 ≪사학입문정종≫, ≪첩경문(捷徑門)≫, 논균법(論勻法) 장 참고.

면서 과녁을 맞히게 된다.

화살을 가득 당겼다 내보낼 때는 야금야금 더 당기다 내보내야 한다. 그리하지 않고 잔뜩 멈추었다 내보내면 화살을 내보내기에 앞서 토해 낸 후 내보내기 쉽다. 이는 사법[10]에 맞지 않는다.

초보자는 활을 들어 올릴 때는 앞뒤 두 손을 모두 높이 들어 올리는 것이 바람직하다. 만약 앞 팔은 내뻗고 깍짓손을 낮추었다 높이면서 시위를 당기면 비록 화살이 낮게 날아가기는 하지만 비거리가 짧아져서 도저히 과녁을 맞히기 어려울 뿐 아니라 나이가 많아지고 늙어 갈 때에는 활을 접어 두고 쏘지 못할 지경에 이른다.

화살을 내보낼 때 화살 깃이 줌손 엄지 위를 훑고 지나가는 때가 있다. 그 원인은 첫째는 화살을 내보낼 때 줌손이 풀어지는 것이고, 둘째는 깍짓손을 낮추어 놓고 높이면서 시위를 당기는 것이며, 셋째는 시위에 화살을 먹이는 절피 위치가 너무 낮은 것이다. 첫째 경우라면 줌손이 풀어지지 않게 주의하고 연한 활을 쓰되 하삼지를 단단히 감아쥐고 화살이 나간 후라도 풀어지지 않게 해야 한다. 둘째 경우라면 깍짓손을 적당히 높였다가 내리면서 시위를 당겨야 한다. 셋째 경우라면 절피의 위치를 높이면 된다.

화살을 내보낼 때 시위가 앞 팔의 팔뚝을 때리는 경우도 있는데 그 원인은 첫째는 반바닥을 줌통의 안쪽에 깊이 대고 줌통을 쥐는 것이고, 둘째는 활을 벌릴 때 깍짓손을 뒤로 충분히 당기지 않고 줌손만 앞으로 미는 것이며, 셋째는 시위 길이가 너무 길어 철떡거리는 것이다. 첫째 경우라면 줌손 반바닥을 줌통 중앙 쪽에 대고 단단히 감아쥐면 된다. 둘째 경우라면 줌손 반바닥으로 줌통을 밀면서 깍짓손으로 시위를 충분히 당겨서 깍짓손이 시위에서 저절로 벗어지게 하면 된다. 셋째 경우라면 시위 길이를 적절히 맞추면 된다.

화살을 내보낼 때 시위가 뺨을 치거나 귀를 치는 수도 있다. 이런 경우에는 턱을 과녁 쪽으로 돌린 후 끌어당겨 목에 붙이면 된다.

활은 이를 쓰는 사람의 힘에 비해서 약간 연한 것을 써야 한다. 너무 강한

---

10) 여기에서 말하는 사법은 청나라 주용의 《무경칠서휘해》의 사법을 말한다. 주용의 《무경칠서휘해》 중 전수병(前手病) 장. 토(吐) 항 참고.

활은 백해무익하다. 활에 줌통 붙이는 중간 부위인 '다림'이 너무 구부러진 것을 '알줌'이라 하는데 '다림'이 너무 구부러지면 활이 잘 벌어지지 않아서 활쏘기에 이롭지 못하다. 그러나 '다림'을 포함한 활의 중심부가 너무 곧아도 활쏘기에 이롭지 아니하다. 활의 중심부는 적절히 구부러진 것이 좋다.[11]

활의 고자도 너무 구부러지면 활을 벌릴 때 헛힘이 들어가므로 쏘기 나쁘고 너무 곧으면 활이 철떡거린다. 도고지를 붙이는 정탈목은 구부러진 듯하고 고자의 끝 부분은 곧은 듯하면 쏘기 편하다.[12]

시위는 자세에 따라서 적당히 맞추어야 한다. 줌통을 비틀어 쥐고 깍짓손을 많이 당기지 않고 쏠 때는 약간 짧은 듯한 시위가 좋다. 앞 팔이 팽팽하게 펴지지 않아 깍짓손을 많이 당겨서 쏠 때는 약간 긴 시위가 좋다. 팔이 길어서 시위를 많이 당기는데 시위가 짧으면 활이 뻑뻑해서 이롭지 못하고 줌통을 비틀어 쥐지도 않고 깍짓손을 뒤로 많이 당기지도 않고 쏠 때는 시위가 길면 출렁거린다.

삼삼이까지만 뿔을 대는 후궁(猴弓)은 화살 비거리가 비교적 일정하고 도고지까지 뿔을 대는 장궁(長弓)은 화살 비거리가 일정하지 않다. 후궁은 화살을 내보낼 때 시위를 당기는 정도가 비교적 균일하고 장궁은 그렇지 못하기 때문이다.

(우궁의 경우) 화살이 평소에 쓰던 것보다 굵으면 화살이 오른쪽으로 치우치고 가늘면 왼쪽으로 치우치는 경향이 있다. 오른쪽으로 치우치는 화살은 이롭지 못하다. 오른쪽으로 치우치는 것을 방지하려고 활을 똑바로 세우거나 엄지를 내밀어 줌통을 너무 비틀어서 쥐거나 깍짓손을 덜 당기는 폐단이 생기기 때문이다. 반면 왼쪽으로 치우치는 화살은 이롭다. 왼쪽으로 치우치는 것을 방지하려고 활을 옆으로 기울이기도 하고 등힘으로 줌통을 밀기도 하며 깍짓손을 충분히 당기기도 하는 등 항상 좋은 동작을 취하게 되기 때문이다.

화살을 내보내기 전에 땅에 떨어뜨리는 일도 있다. 이는 앞 팔에 힘이 들어가거나 활을 너무 세우거나 깍짓손으로 화살 오늬를 쥐고 있기 때문이다. 앞

---

11) 이 부분은 고영의 ≪무경사학정종≫을 참고한 부분이다. 본문 중 택물문(擇物門) 편 참고.
12) 이 부분 역시 고영의 ≪무경사학정종≫을 참고한 부분이다. 본문 중 택물문 편 참고.

팔에 힘이 들어가지 않게 하거나 줌손과 깍짓손을 미리 비틀어 놓고 활을 들어 올리거나 깍짓손으로 화살 오늬를 쥐지 않으면 그런 폐단이 없어진다.

대회장이나 시험장에서는 흥분해 호흡이 가빠지기도 해서 화살을 내보낼 때 시위를 충분히 당기지 못하기 쉬우니 아무쪼록 호흡이 가빠지지 않도록 마음을 안정시켜 온화한 기운으로 시위를 충분히 당길 수 있도록 해야 한다. 화살은 다섯 발 중 가장 가벼운 것으로 첫 발을 쏘는 것이 좋다. 대회장이나 시합장에서는 한 순을 쏘고 난 후에 한참을 쉬었다 다음 순을 쏘게 되므로 첫 발을 쏠 때는 항상 몸이 뻐근해서 시위를 충분히 당기지 못하는 폐단 때문에 화살이 덜 가는 경우가 있기에 이를 예방하기 위함이다.

민경길 ─────────────────────────────────────

∥ 약력

　(전) 육군사관학교 법학교수
　서울대학교 법과대학 졸업
　명지대학교 대학원 졸업(법학박사)
　(전) 국방부, 통일부 국제법 자문위원
　(전) 대한적십자사 국제법 자문위원

∥ 주요 저서

　『군법개론』(일신사, 1986)
　『핵무기와 국제법』(문원사, 1990)
　『군대명령과 복종』(법문사, 1994)
　『북한산』 1～3권(집문당, 2004)
　『병법사』 1～4권(한국학술정보, 2009)
　『조선과 중국의 궁술』(한국학술정보, 2010)

무경사학정종 武經射學正宗

초판인쇄 ｜ 2010년 6월 30일
초판발행 ｜ 2010년 6월 30일

지 은 이 ｜ 고영
옮 긴 이 ｜ 민경길
펴 낸 이 ｜ 채종준
펴 낸 곳 ｜ 한국학술정보㈜
주　　소 ｜ 경기도 파주시 교하읍 문발리 파주출판문화정보산업단지 513-5
전　　화 ｜ 031) 908-3181(대표)
팩　　스 ｜ 031) 908-3189
홈페이지 ｜ http://ebook.kstudy.com
E-mail ｜ 출판사업부 publish@kstudy.com
등　　록 ｜ 제일산-115호(2000. 6. 19)

ISBN　　978-89-268-1143-6 93910 (Paper Book)
　　　　978-89-268-1144-3 98910 (e-Book)

내일을여는지식 ■ 은 시대와 시대의 지식을 이어 갑니다.